“城市轨道交通控制专业”教材编写委员会

国家骨干高职院校建设
郑州铁路职业技术学院项目化教学规划教材建设委员会

高职高专"十二五"规划教材

——城市轨道交通控制专业

城市轨道交通列车运行控制系统

李珊珊　主编

贾　萍　主审

化学工业出版社

·北京·

本书内容分为城轨列车运行控制系统基本知识认知、ATS设备维护、轨旁设备维护、车载设备维护四个项目，以安萨尔多ATC为范本，教学内容以工作项目为依据进行内容和方式的改革和整合，按现场工作任务来划分教学章节，重点培养学生对城轨列控设备的实际操作、维护和故障检修能力。

本书可作为高职高专院校城市轨道交通控制专业的教材，也可作为广大地铁职工的培训教材和相关技术人员的参考用书。

图书在版编目（CIP）数据

城市轨道交通列车运行控制系统/李珊珊主编. —北京：化学工业出版社，2014.4（2023.2重印）
高职高专“十二五”规划教材——城市轨道交通控制专业
ISBN 978-7-122-19800-6

Ⅰ.①城… Ⅱ.①李… Ⅲ.①城市铁路-轨道交通-列车-运行-控制系统-高等职业教育-教材 Ⅳ.①U284.48

中国版本图书馆CIP数据核字（2014）第029403号

责任编辑：潘新文　　文字编辑：云　雷
责任校对：边　涛　　装帧设计：尹琳琳

出版发行：化学工业出版社（北京市东城区青年湖南街13号　邮政编码100011）
印　　装：涿州市般润文化传播有限公司
787mm×1092mm　1/16　印张10¾　字数267千字　　2023年2月北京第1版第6次印刷

购书咨询：010-64518888　　售后服务：010-64518899
网　　址：http://www.cip.com.cn
凡购买本书，如有缺损质量问题，本社销售中心负责调换。

定　　价：39.00元

序

“城市轨道交通控制专业”是伴随城市快速发展、交通运输运能需求快速增长而发展起来的新兴专业，是城轨交通运输调度指挥系统核心设备运营维护的关键岗位。城市轨道交通控制系统是城轨交通系统运输调度指挥的灵魂，其全自动行车调度指挥控制模式，向传统的以轨道电路作为信息传输媒介的列车运行控制系统提出了新的挑战。随着3C技术［即：控制技术（Control）、通信技术（Communication）和计算机技术（Computer）］的飞跃发展，城轨交通控制专业岗位内涵和从业标准也随着技术和装备的升级不断发生变化，对岗位能力的需求向集信号控制、通信、计算机网络于一体的复合人才转化。

本套教材以职业岗位能力为依据，形成以城市轨道交通控制专业为核心、由铁道通信信号、铁道通信技术、电子信息工程技术等专业组成的专业群，搭建了专业群课程技术平台并形成各专业课程体系，教材开发全过程体现了校企合作，由铁路及城市轨道交通等运维企业、产品制造及系统集成企业、全国铁道行业教学指导委员会铁道通信信号专业教学指导委员会和部分相关院校合作完成。

本套教材在内容上，以检修过程型、操作程序型、故障检测型、工艺型项目为主体，紧密结合职业技能鉴定标准，涵盖现场的检修作业流程、常见故障处理；在形式上，以实际岗位工作项目为编写单元，设置包括学习提示、工艺（操作或检修）流程、工艺（操作或检修）标准、课堂组织、自我评价、非专业能力拓展等内容，强调教学过程的设计；在场景设计上，要求课堂环境模拟现场的岗位情境、模拟具体工作过程，方便学生自我学习、自我训练、自我评价，实现“做中学”（learning by doing），融“学习过程”与“工作过程”为一体。

本套教材兼顾国铁与地铁领域信号设备制式等方面的不同需求，求同存异。整体采用模块化结构，使用时，可有针对性地灵活选择所需要的模块，并结合各自的优势和特色，使教学内容和形式不断丰富和完善，共同为“城市轨道交通控制专业”的发展作出更大贡献。

“城市轨道交通控制专业”教材编委会
2013年7月

前言

本书针对企业岗位来设置具体内容，根据岗位能力需求设定学习目标。主要讲授城市轨道列车运行控制系统的原理、设备组成和设备维护方法及设备的故障处理方法。课程内容分为城轨列车运行控制系统基本认知、ATS设备维护、轨旁设备维护和车载设备维护四个项目。

本课程教学重点突出教学做一体化，通过讲解设备的原理及设备的维护方法及故障处理方法，让学生在真实或仿真的实验设备上实验，并通过多次练习达到实际动手操作的能力需求，理论与实践相辅相成，从而达到事半功倍的学习效果。

整个教学设计以学生自主学习和操作练习为主，教师负责原理和实做方法和技巧的传授，并对学生的操作练习进行及时的指导，共同讨论和解决实际操作中遇到的问题，并进行总结和分析，达到活学活用的目的。

本书配有相关的教学课件，不仅可以用于学校的教学工作，也适用于企业职工的培训和自我提升。本书还同步配备相关的测试习题库，可以用于理论知识的考核。

本书为城市轨道交通控制专业及专业群建设国家骨干院校建设项目中央财政重点支持专业建设项目之一，项目编号11-18-04。

本书由郑州铁路职业技术学院李珊珊担任主编，负责课程整体设计和全书统稿。其中，郑州铁路职业技术学院的彭大天编写了项目一的任务一；郑州市轨道交通有限公司的杨辉编写了项目一的任务二；广州地铁的王文龙编写了项目一的任务三；李珊栅编写了项目二；郑州铁路职业技术学院的李丽兰编写了项目三；郑州铁路职业技术学院的常仁杰编写了项目四。郑州市轨道交通有限公司的贾萍任主审。

本书在编写过程中，参考了大量专家及学者的研究成果，郑州市轨道交通有限公司和广州地铁的通信信号室的各位技术骨干提供了重要的技术支持，在此表示最诚挚的谢意。

由于编者水平有限，书中难免有疏漏和不足之处，请读者批评指正。

编者

2014年**1**月

目录

课程整体设计

一、学时与内容分配

本课程按照现场检修工区任务的分配设计四个项目，其中包括基本知识认知、ATS设备维护、轨旁设备维护、车载设备维护四个项目。根据设备分配工作任务，下表中将每个任务的教学目标进行分解，按照行业标准里报考信号工证的考试模式，将学习目标分为应知应会和实做技能，并给出建议学时。

教学内容		应知应会知识	实作技能
项目一　城轨列车运行控制系统基本认知	任务一　城轨列车运行控制系统的发展历程(4学时)	①了解的原因； ②了解轨道交通的类型； ③了解轨道交通系统的特点； ④了解列车运行控制系统发展历程； ⑤了解列车运行控制系统发展历程	
	任务二　城轨列车运行控制系统的关键设备及技术方法(4学时)	①简单掌握主流的列车定位技术的原理及特点； ②简单掌握主流地车通信技术的原理及特点； ③掌握移动授权的内涵及产生的原理； ④掌握速度曲线的内涵及计算原理	
	任务三　城轨列车自动控制系统的基本认知(6学时)	①掌握ATC组成结构； ②掌握ATP基本原理； ③掌握ATO基本功能； ④掌握ATS系统基本功能； ⑤掌握安萨尔多CBTC系统结构及控车原理	通过CBTC仿真模拟平台,并初步掌握系统架构、各子系统设备的分布以及子系统之间交互
项目二　ATS设备维护	任务一　ATS中心设备维护(8学时)	①掌握ATS中心设备的结构组成和功能原理； ②熟练对中心设备的维护内容和注意事项	①能够熟练找到设备所在位置； ②能够找到设备软件安装的位置,熟练进行打开和重启操作； ③能够对工作台进行简单操作,可以对所需要数据进行调用； ④能够通过工作台的界面显示情况分析工作情况； ⑤能够对中心设备进行日常维护； ⑥能够通过工作台界面显示分析进行简单故障定位及应急处理
	任务二　ATS车站设备维护(8学时)	①掌握ATS车站设备的结构组成和功能原理； ②熟练对车站设备的维护内容和注意事项	①能够熟练找到设备所在位置； ②能够找到设备软件安装的位置,熟练进行打开和重启操作； ③能够对工作台进行简单操作,可以对所需要数据进行调用。； ④能够通过工作台的界面显示情况分析工作情况； ⑤能够对车站设备进行日常维护； ⑥能够通过工作站界面显示分析简单故障定位及应急处理

续表

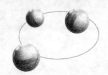

教学内容		应知应会知识	实作技能
项目二　ATS设备维护	任务三　ATS设备的接口描述(4学时)	掌握系统各设备间数据流程	①能够正确选择设备; ②能够正确选择设备连接线; ③通过数据流程分析进行连接安装调整; ④通过数据流程分析对未安装好或安装错误的点进行定位
项目三　轨旁设备维护	任务一　ZC区域控制器设备维护(4学时)	①掌握ZC区域控制的结构组成和功能原理; ②掌握ZC区域控制器内外部接口功能和接口的电气特性; ③掌握ZC区域控制器的日常维护内容和流程	①了解ZC区域控制器故障现象; ②能够对ZC机柜进行日常维护; ③ZC区域控制器故障后的应急处理措施
	任务二　数据存储单元设备维护(4学时)	①掌握数据存储单元DSU的结构组成和功能原理; ②掌握数据存储单元DSU的外部接口功能及特性; ③掌握DSU的日常维护内容和流程	①掌握数据存储单元的数据更新方法; ②了解数据存储单元的故障现象; ③能够对数据存储单元进行日常维护; ④数据存储单元DCS故障后的应急处理措施
	任务三　信标应答器设备维护(4学时)	①掌握信标、应答器的功能原理; ②掌握信标、应答器的设置原则,编号方法等; ③掌握信标、应答器的接口功能及特性	①掌握信标、应答器设备的日常维护内容及标准; ②能够对信标、应答器设备进行简单的安装和维护; ③能够对信标应答器设备故障进行分析和应急处理
	任务四　DCS设备维护(4学时)	①掌握DCS数据通信设备的机构组成和功能原理; ②掌握DCS数据通信设备外部接口功能及特性	DCS有线网络和无线网络的故障界定
	*任务五　轨旁设备的模拟安装调试(4学时)	掌握系统各设备间数据流程	①能够正确选择设备; ②能够正确选择设备连接线; ③通过数据流程分析进行连接安装调试; ④通过数据流程分析对未安装好或安装错误的点进行定位
项目四　车载设备维护	任务一　TOD设备认识(6学时)	①掌握车载显示屏的显示标准; ②能够通过车载显示屏的显示情况分析列车的运行情况;	①能够对车载显示屏进行简单操作; ②能够对车载显示屏进行日常维护; ③能否对车载显示屏进行故障分析和故障应急处理
	任务二　车载外围设备维护(4学时)	①掌握车载天线的种类; ②掌握车载各类天线的功能原理; ③掌握车载天线及速度传感器的日常维护标准	①掌握车载天线及速度传感器的安装位置; ②能够对车载天线及速度传感器进行维护和测试; ③能够对车载天线及速度传感器的故障进行分析并进行应急处理

续表

教学内容		应知应会知识	实作技能
项目四　车载设备维护	任务三　车载控制器 CC(4 学时)	①掌握车载主机的功能原理； ②掌握车载主机的板卡功能； ③掌握车载主机板卡之间的连接接口特性和接口功能； ④掌握车载主机的板卡指示灯含义	①掌握车载主机的日常维护标准； ②能够对车载主机进行日常维护； ③能够完成对车载主机故障板卡进行应急更换操作
	*任务四　车载设备模拟安装调试(4 学时)	掌握系统各设备间数据流程	①能够正确选择设备； ②能够正确选择设备连接线； ③通过数据流程分析进行连接安装调试； ④通过数据流程分析对未安装好或安装错误的点进行定位

注：加*号部分可作为选学内容。

二、建议考核方式

(一) 应知应会知识考核 (30 分)

应知应会知识考核题型为选择题和判断题，出题原则为必须掌握的基本概念和检修维护标准。

(二) 实作技能考核 (40 分)

实作技能依据项目化教学的内容确定，包括基本操作技能、图纸识读技能、故障处理技能等，按照企业岗位技能要求，制定时间标准和操作标准。考试方式、时间由课程建设小组确定。

1. 系统架构识图(10 分)

考核内容及要求如下表。

考核内容		考核要求
系统结构图识读类	①ATS 设备结构图识读	①采用抽签方式，随机抽取 1 项作为考核内容； ②考核时限 15min； ③考核方式采用口试、笔试加操作
	②轨旁设备结构图识读	
	③车载设备结构图识读	
	④CBTC 系统网络图识读	

2. 检修维护技能(15 分)

检修维护技能考核内容及要求如下表。

考核内容		考核要求
(1) ATS 设备检修维护	①检查机房内各服务器指示灯状态； ②检查机房内 232-422 转换器指示灯状态； ③检查机房内 KVM 切换器指示灯状态； ④检查机房内机架显示器和磁盘阵列指示灯	①采用抽签方式，随机抽取 1 项作为考核内容； ②考核时限 15min； ③考核方式采用笔试和实作

续表

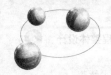

考核内容		考核要求
(2)轨旁设备检修维护	①检查机柜风扇和防尘网； ②检查电源指示灯状态； ③检查各板卡指示灯状态； ④应答器报文读取分析	①采用抽签方式，随机抽取 1 项作为考核内容； ②考核时限 15min； ③考核方式采用笔试和实作
(3)车载设备检修维护	①DMI 基本操作及界面认识； ②检查速度传感器和加速计运行状态； ③检查无线通信单元、查询器单元运行状态； ④检查 ATP /ATO 板卡等运行状态	

3. 故障分析技能(15分)

故障分析技能考核内容及要求如下表。

考核内容		考核要求
(1)ATS 设备故障分析	①服务器故障分析； ②数据库系统故障分析； ③工作站故障分析； ④接口通信状况	①采用抽签方式，随机抽取 1 项作为考核内容； ②考核时限 15min； ③考核方式采用笔试和实作
(2)轨旁设备故障分析	①接口通信状况； ②应答器故障分析； ③ZC 机柜故障定位	
(3)车载设备故障分析	①CC 机柜故障定位； ②接口通信状况	

(三) 平时成绩、作业、课业考核 (30分)

作业、课业考核包括作业 5 分和课业 10 分。

课业参考：

课业一：分析和学习一条不同线路的列控系统的列车定位和地车通信方式，并制作汇报文档。

课业二：根据实验室设备情况绘制一个电子档的设备拓扑图。

课业三：搜集不同地铁公司的检修和维护作业标准，并进行整理分析，制作报告文档。

项目一

城轨列车运行控制系统基本认知

项目导引 ▶▶▶

城轨列车运行控制系统是一个集自动控制技术、计算机网络技术、通信技术等为一体的现代化的多功能融合的大系统，因此，在学习本系统设备的原理、维护和故障处理能力之前，必须对全系统功能进行整体的认识和理解，本项目的内容从列控系统的分类和发展，循序地将现代城轨列控技术的原理展开，为后续具体工作技能的学习打下坚实的基础。

任务一 ●●● 城轨列车运行控制系统的发展历程

一、城市轨道交通的出现

在人类文明发展进程中，城市数量不断增多，城市规模和人口急剧增加，出现了大量的人口由分散的农村向城市集中地社会现象，即“城市化”。为了方便人们的出行，实现货物大量交换，降低生产生活的成本等历史原因，城市交通工具出现了，城市交通系统也应运而生。

1. 城市轨道交通出现的原因

城市交通是城市形成与发展的必然产物，是为城市服务的最重要的基础设施，成为城市经济发展的纽带和命脉。但是由于道路交通需求的过分增长，不断暴露出大量问题。主要问题如下。

① 交通拥堵。交通拥堵已经成为城市交通的头号问题，不仅增加了市民出行时间、精力、财力等的消耗，而且使得交通事故频发。如图 1-1-1 所示为某城市交通拥堵现象。

② 环保问题。

③ 土地消耗。

④ 全球变暖。

⑤ 能源消耗。

⑥ 城市分散化。

图 1-1-1　某城市交通拥堵现象

以上出现的城市交通问题，让人们重新认识城市交通发展的规律，寻求城市交通的可持续发展道路，就成为世界所有城市关注的焦点。经济发达国家城市的交通发展历史说明：只有采用大运量的城市轨道交通系统，才能从根本上改善城市公共交通的“恶疾”。

伦敦是世界上地铁的诞生地。英国律师皮尔逊（Charles Pearson）投资建设的地下城市铁路（Metropolitan Railway）于 1863 年 1 月 10 日正式通车运营。这条地铁全长 6.5km，动力是蒸汽机车。皮尔逊被誉为“地铁之父”，“Metro”也成为世界大多数国家城市轨道交通的标志和代号。图 1-1-2 所示为伦敦地铁。

图 1-1-2　世界第一条地铁——伦敦地铁

1863～1899 年，英国伦敦和格拉斯哥、美国的纽约和波士顿、匈牙利的布达佩斯、奥地利的维也纳及法国的巴黎共 5 个国家 7 座城市率先建成地铁。截止到 2005 年，欧洲、美洲、亚洲等全世界 140 多个城市建成地铁、轻轨等，线路总长度超过了 8620km。

自 1965 年中国第一条城市轨道交通线路（即北京地铁一期工程）开工建设以来，截止到 2010 年 9 月，全国已有北京、上海、广州、深圳、南京、天津、重庆、武汉、长春、大连、成都、沈阳等 12 个城市的轨道交通投入运营。线路总长达到 1270km。此外，全国已有 29 个城市获得批复建设，预计到 2020 年，线路规划总里程将达 6100km，所需车辆将超过 3

万辆。如图 1-1-3 所示为北京地铁 1 号线。

图 1-1-3　北京地铁 1 号线

2. 城市轨道交通的类型

城市轨道交通种类繁多，技术指标差异较大，世界各国的评价标准各不相同，不同的国家有不同的标准和分类方法。按照中国 2007 年颁发的《城市公共交通分类标准》，城市轨道交通主要分为 7 类：地铁、轻轨系统、单轨系统、有轨电车、磁悬浮交通、自动导向轨道系统和市域快速轨道系统。

（1）地铁　地下铁道简称地铁（Metro、Underground Railway、Subway、Tube），是城市快速轨道交通的先驱。地铁是有电力牵引、轮轨导向、轴重相对较重、具有一定规模运量、按运行图行车、车辆编组运行在地下隧道内或地面及高架线上的快速轨道交通。采用标准轨距 1435mm，最高时速 80～100km，平均时速 30～40km，受电方式为 DC1500V 和 750V，采用架空线或第三轨受电；行车间隔 90～120s，行车密度高；断面客流 4～8 万人次/h；地下隧道一般距地面 10 多米甚至达 20 多米；地铁适用于出行距离较长、客运量需求较大、人口超过 100 万的大城市。地下铁道如图 1-1-4。

图 1-1-4　地下铁道

（2）轻轨系统　轻轨系统（Light Rail Transit，LRT）是在有轨电车基础上改造发展而来的城市轨道交通系统。采用一种轨道上的荷载相对于铁路和地铁的荷载较轻的交通系统，客流量 0.6～3 万人次/h，运量或车辆轴重稍小于地铁的轻型快速轨道交通，造价为地铁的 1/2；轻轨适用于出行距离离市中心 20km、客流量相对较小、人口在 10 万到 100 万的城市。轻轨如图 1-1-5。

（3）单轨系统　单轨也称独轨（Monorail），是指通过单一轨道梁支撑车厢并提供导引作用而运行的轨道交通系统，全部为高架线路，车体比承载轨道要宽。根据支撑方式不同，分为跨座式和悬挂式两种：跨座式是车辆跨坐在轨道梁上行驶，跨座式轨道由预应力混凝土制作，车辆运行时走形轮在轨道上平面滚动，导向轮在轨道侧面滚动导向；悬挂式是车辆悬挂在轨道梁下方行驶，悬挂式轨道大多由箱型断面钢梁制作，车辆运行时走形轮沿轨道走形

图 1-1-5　轻轨

面滚动，导向轮沿轨道导向面滚动导向。单轨客车的走形轮采用特制的橡胶轮胎，振动和噪声大为减少；两侧装有导向轮和稳定轮，控制列车转弯，运行稳定可靠；适应各种复杂地形，造价为地铁的 1/3，占地少、建设工期短。单轨电车如图 1-1-6。

图 1-1-6　单轨电车

(4) 有轨电车　有轨电车（Tram、Streetcar）是使用电车牵引、轻轨导向、1～3 辆编组运行在城市路面线路上的低运量轨道交通系统。经改造后现代有轨电车与性能较低的轻轨交通已很接近，只是车辆稍小，运营速度接近 20km/h，目前长春等城市还存在运营线路。有轨电车如图 1-1-7。

(5) 磁悬浮交通　磁悬浮交通（Magnetic Levitation For Transportation）是一种靠磁悬浮力（即磁的吸引力和排斥力）来推动列车运行的交通系统。磁悬浮列车主要由悬浮系统、推进系统和导向系统三大部分组成，行走时不需接触地面，只受来自空气的阻力，最高速度可达 500km/h。2003 年 1 月 4 日，上海磁悬浮列车时速 430km，是世界上第一条商业化运营的磁悬浮专线。磁悬浮交通如图 1-1-8。

图 1-1-7 有轨电车

图 1-1-8 磁悬浮交通

(6) 自动导向轨道系统 自动导向轨道系统（Automated Guideway Transit，AGT）是由电气牵引，具有特殊导向、操作和转向方式脚轮车辆，单车或数量编组运行在专用轨道梁上的中小运量的轨道运输系统（图 1-1-9）。AGT 车辆在线路上可无人驾驶自动运行，车站无人管理，完全由中央控制室集中控制，自动化水平高。中国天津 2007 年开通了滨海新区亚洲首条胶轮导轨线路，北京 T3 航站楼开通了新交通系统。

(7) 市域快速轨道系统 市域快速轨道系统通常分为城市快速铁路和市郊铁路（图 1-1-10）。城市快速铁路是指运营在城市中心，包括近郊城市化地区的轨道系统，其线路采用电气化，与地面交通大多采用立体交叉。市郊铁路是指建在城市郊区，把市区与郊区，尤其是与远郊联系起来的铁路。市郊铁路一般和干线铁路设有联络线，线路大多建在地面、部分建在地下和高架。伴随着城市规模扩大的发展，列车编组 4～10 辆，最高速度可达 100～120km/h，运能与地铁相同，但由于站距较地铁长，运行速度超过地铁，可达 80km/h 以上。

3. 城市轨道交通系统的特点

城市轨道交通系统是一个庞大而复杂的系统，将土木工程、建筑、机械、电机电器、自动控制、计算机、通信、信号等领域协调有序地联结在一起，与其他城市公共交通相比，具

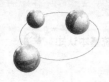

图 1-1-9　自动导向轨道系统

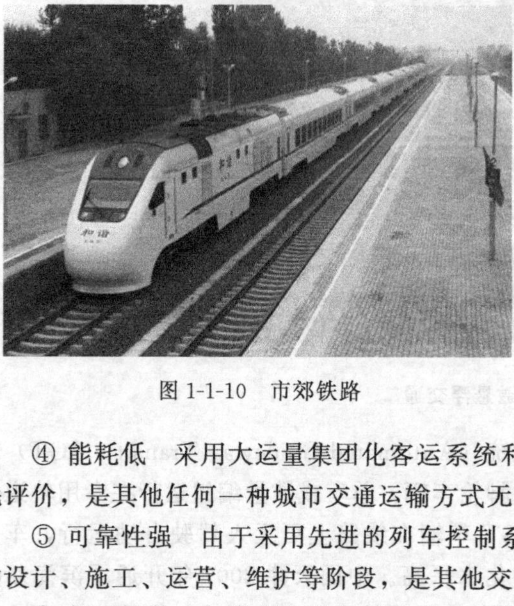

图 1-1-10　市郊铁路

有明显的优势。主要特点如下。

① 运量大　地铁和轻轨交通每小时运送能力都在几万人次，而公共汽车等公路交通仅为 8000 人次。

② 速度快　城市轨道交通采用专用线路，不受其他交通工具的干扰，最高速度可达 80km/h，平均速度也在 30～40km/h，能够保证乘客准时、迅速到达目的地。

③ 污染少　城市轨道交通相对公路交通，噪声小、污染轻，对城市环境不构成威胁。

④ 能耗低　采用大运量集团化客运系统和多项高新技术，按每运送一位乘客的能源消耗评价，是其他任何一种城市交通运输方式无法比拟的，并且对能源的适应性也相当强。

⑤ 可靠性强　由于采用先进的列车控制系统，及可靠性理念植根于城市轨道交通系统的设计、施工、运营、维护等阶段，是其他交通运输方式无法达到的。

⑥ 舒适性佳　与常规公共交通相比，目前城市轨道交通多采用自动运行一次性曲线控制，平稳减速和加速，具有良好的运行特性。同时车辆、车站采用空调、电梯、引导装置、自动售票等直接为乘客服务，形成良好的乘车条件。

⑦ 占地面积小　城市轨道交通主要采用地下隧道或高架桥，有效利用地下和地上空间，特别有利于缓解大城市中心区过于拥挤的情况，提高土地利用价值，并能改善城市景观。

以上优势，使城市轨道交通系统成为公共交通重要的优先发展的方式，支撑我国城市又好又快地发展总体目标。

城市轨道交通系统和城际铁路交通系统（常称为大铁、高铁）密不可分，它们同为轨道交通，通信信号系统及设备组成了列车控制系统，指挥列车安全运营，提高线路利用率。但是和城际铁路系统相比，也存在许多不同之处。

① 运营范围不同　城市轨道交通运行范围是城市和市郊，往往有几十千米；城际铁路纵横数千米，形成主要干线及支线，连接城乡。

② 运行速度不同　城市轨道交通最高速度不超过80km/h；城际铁路一般都在120km/h以上，高速铁路达到300km/h。

③ 服务对象不同　城市轨道交通对象单一，只有市内客运服务；城际铁路提供客、货混运服务。

④ 路网布局结构差异　城市轨道交通大部分线路在地下和高架，均为双线，各线之间一般不过线运营。正线一般采用9号道岔，车辆段采用7号道岔；城际间铁路没有跨座式和悬挂式结构。

⑤ 站段构成及功能差异　城市轨道交通一般车站多为正线，多数非集中站也没有道岔，没有复杂的咽喉区，换乘站多为立体方式，车辆段只有相当于城际铁路区段站一样的车辆检修功能，停放和大量的列车编解、接发车和调车作业。

⑥ 车辆差异　城市轨道交通采用电动车组，没有城际铁路那样的机车和车辆的概念。

⑦ 供电设施差异　城市轨道交通供电包括直流牵引电力和动力照明供电，没有电气化铁路的说法。

⑧ 通信信号要求　城市轨道交通列车密度高、行车间隔短、普遍采用列车自动监控和列车自动运行的信号控制方式，建立自成体系的独立完整的内部通信网，还包括广播和闭路电视。

⑨ 运输组织管理差异　城市轨道交通运营组织简单，进、出段作业、折返作业、没有越行、交会，正线上一般没有调车作业，易于实现自动监控。

二、国内外城轨列车运行控制系统发展历程

1. 国外城轨列车运行控制系统发展历程

在过去的近200年历史中，列车运行控制系统首先应用在城际铁路上，后来引入到城市轨道交通系统中。列车运行控制系统在诞生之初主要是以信号系统为主要发展体系，随着科学技术的发展，特别是近年来微电子、计算机、通信、智能控制等技术的突飞猛进，信号系统与通信系统等不断融会贯通，其发展历程大体上可以划分为以下几个阶段。

(1) 人工控制　1825年，世界上第一列列车在英国运行，采用人持信号旗骑马前行，引导列车前行。

1832年，美国铁路线开始使用球形固定信号装置，传达列车运行信息。铁路员工通过望远镜瞭望，观察球形的颜色，沿线互传消息。

1839年，英国铁路开始使用电报传递列车消息。

(2) 机械装置控制　1841年，英国铁路出现了臂板信号机。

1851年，英国铁路使用电报机实现闭塞制度。

1856年，J. 萨克斯贝发明了机械联锁机。

1866年，美国利用轨道接触器检查闭塞区间占用。

1867年，出现点式自动停车装置，强制列车在显示停车信号的信号机前停车。

1872年，美国人W. 鲁滨逊发明了闭路式轨道电路。

(3) 电气控制　20世纪30～60年代，出现了继电器联锁系统、色灯信号机和车载辅助信号等，司机依靠路旁信号机来传递不同信息驾驶列车。

(4) 电子控制　20世纪60年代开始，电子器件和计算机开始大量应用，列车自动

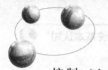

控制（Automatic Train Control，ATC）系统出现在日本新干线上，实现机控为主，设备优先。

20世纪70年代，随着地面信息传输技术（应答器、轨道电路和轨间环线电缆等）和列车信息接收技术不断完善，出现了点式ATC系统、点连式ATC系统，如法国的TVM系统、德国的LZB系统和日本的ATS-P系统等，具有实时速度监控功能。世界上一些著名信号公司：法国阿尔斯通（ALSTOM）、德国的西门子（SIEMENS）、英国的西屋（Westinghouse）、瑞典的安达（Adtranz）、美国的US&S等，相继推出基于数字轨道电路的准移动闭塞ATC系统。

20世纪80年代，车载设备功能不断扩大，距离-速度模式曲线、自动实施常用制动和紧急制动、自动驾驶、节能运行等。

20世纪90年代后，无线通信技术的广泛应用，以信号控制为核心的传统轨道交通信号系统演变成基于通信的轨道交通运行控制系统（Based Communication Train Control，CBTC），以无线车地通信和移动闭塞为特点。

2. 中国城轨列车运行控制系统发展历程

中国轨道交通列车控制系统发展相对较晚，自1965年第一条地铁北京一号线工程动工兴建以来，信号系统经历了自动闭塞、调度集中、列车自动驾驶和继电联锁等初始阶段。

1971年北京地铁二号线开工建设，采用国产信号系统，随后北京八通线和上海一号线分别引进西屋和阿尔斯通公司的ATC系统，信号系统逐步向无绝缘轨道电路、微机联锁、列车超速防护、列车自动监控等现代信号系统发展。

1994年至今，城市轨道交通快速发展，信号设备大规模从国外引进，造成了造价昂贵、设备维修困难、制式混杂、兼容性差等问题，提供国产化ATC系统成为亟待解决的问题。

2010年12月30日，国内首条具有完全自主知识产权CBTC列车控制系统示范工程——亦庄线（图1-1-11）正式开通试运营。北京交通大学研发的具备完全自主知识产权的CBTC核心技术和系统装备，经历了实验室研制、试车线试验、运营线中试后的正式工程应用，实现了“自动驾驶”、“无人折返”、“安全运营”三项目标，使中国成为继德国（西门子）、法国（阿尔斯通）、加拿大（阿尔卡特）后第四个成功掌握该项核心技术并成功应用于实际运营线路的国家，对推动北京市和中国城市轨道交通运行控制系统国产化和产业化具有重要意义。

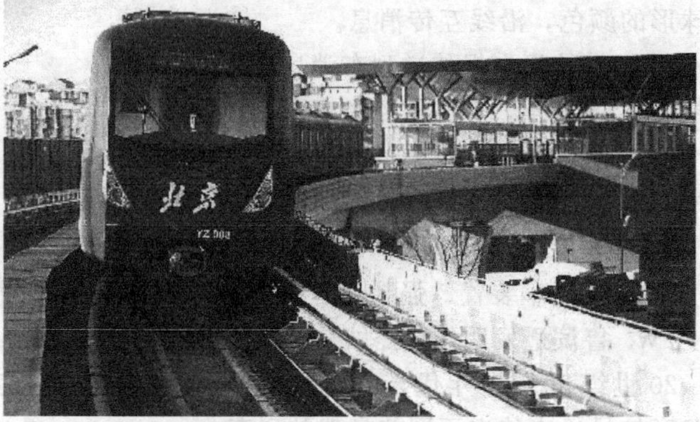

图1-1-11　北京地铁亦庄线

当代城市轨道交通列车控制系统，应该集车站、区间、车辆控制及行车调度指挥自动化的一体化，通信系统的相互融合，冲破功能单一、控制分散、通信信号相对独立的传统技术理念，推动了列车运行控制系统向数字化、智能化、网络化和一体化方向发展。

任务二 ●●● 城轨列车运行控制系统的关键设备及技术方法

在大运量高速度的需求下，城市轨道交通系统必须保证在安全的前提下逐渐缩短列车的行车间隔、提高列车运行的速度和运行效率。

列车运行控制系统用于控制、监督、执行、保障城市轨道交通列车运行安全，它以轨道交通信号控制技术，通信技术和计算机技术为基础，是集成列车运行控制、行车指挥、设备检测和信息管理的综合控制系统。

列车运行控制系统最基本的作用主要有以下两个方面。

(1) 确保在途列车安全运行　安全是行车基本要求，也是最终目标。高速运行的列车既要与前行列车保持足够的安全距离，同时也要防护本次列车，使后续列车与之保持安全距离。

(2) 追求更高的运营效率　运营效率是表征一个国家经济是否发达的标志之一。以最短时间，扩大线路通过能力，获得最大运能，是运营效率的主要内容。

作为轨道交通列车运行控制系统，安全和高效是其追求的两大目标。能否安全高效运行，首先取决于列车运行控制系统的性能。随着科学技术的发展，城市轨道交通列车运行控制系统自动化水平不断提高，大大提高了列车运行的安全性能和运营效率。

城市轨道交通能够大容量、快速、安全地完成运输任务，需要不断根据列车在线路上运行的客观条件和实际情况，对列车运行速度和控制方式等状态进行监督、控制和调整，而这一过程中需要依靠大量设备和技术来完成。

一、查询应答器

查询应答器是一种基于电磁耦合原理的高速点式数据传输设备，是ATP系统的关键部件，实现车地间数据交换，为列车提供ATP所需的各种点式信息，包括进路长度、岔区长度、闭塞分区长度、坡度、限速信息等，确保列车在高速运行状态下的安全。

1. 查询应答器工作原理

查询应答器是利用无线感应原理在特定地点实现列车与地面间相互通信的一种数据传输装置（图1-2-1）。当列车上的查询器通过设置于地面的应答器时，应答器被发自车上查询器的瞬态功率激活并进入工作状态，它将存于其中的可供列车自动控制或地面指挥用的各种数据向运行中的列车连续发送，但此数据传输只在查询器与应答器的有效作用范围之内进行；当查询器随列车运行到有效作用范围之外时，应答器将不再工作，直至被下次列车上查询器的功率再次激活。

(1) 无源查询应答器　应答器本身不具备电源，只有当查询器位于其耦合谐振位置时，从查询器送出的高频信号作为电源给应答器，使应答器中事先已存储的报文发送给车载查询

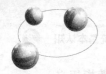

图 1-2-1　查询应答器

器。存储的信息一旦固定在应答器后，只能原封不动地读出，不可改变。

(2) 有源查询应答器　应答器由控制模块和接口部分组成，接口部分与 LEU 连接，可实时改变传送的数据报文，又称可变信息应答器。控制模块是整个电路的控制核心，用于判断数据来源并发送该数据。当接口工作电源通路后，它首先判断出接口来的数据是否有效。若有效，则控制模块将接口传来的数据进行 FSK 调制后，输出到数据收发模块，经功率放大后，由耦合线圈发送。若该数据无效或无数据，则使用预先存储在报文存储器中的数据。接口工作电源仅用于与 LEU 交互的接口电路，不给控制模块和数据收发供电，因此，有源应答器只有在车载查询器出现时，控制模块不间断发送数据。

(3) 轨旁电子单元　轨旁电子单元 LEU（图 1-2-2）是地面有源应答器与联锁系统的信号机之间的电子接口设备，是一块电子印制板，任务是将信号机不同的信号显示转换成约定的数码形式，通过地面有源应答器发送给车载查询器，为列车提供实时的信息。

有源应答器与 LEU 通信故障时，有源应答器可以自动切换到无源应答器工作模式，发送预先存储在应答器中的默认报文。LEU 与应答器通信中断时，有源应答器有保证行车安全的缺省报文。

(4) 车载查询器　车载查询器包括车载查询器主机和天线（图 1-2-3）。查询器主机检查、校验、解码盒传送接收到的报文，选择激活位于机车两端的任一天线，与列车运行控制系统进行单向或双向传输，并具备自检和诊断功能。车载查询器天线置于列车两端底部。当天线的导体通过高频电流时，在其周围空间会产生电场与磁场，电磁场能离开导体向空间传播，形成辐射场。发射天线是利用辐射场的性质，使车载主机传送的高频信号经过发射天线后能够充分向空间辐射。地面应答器被激活后，应答器在其电磁波传播的方向发射另一个高频信号，天线会产生感应电动势，此时与天线相连的接收设备的输入端就会产生高频电流，完成信息传输。

2. 查询应答器功能

(1) 列车定位信标　列车定位设备存在着测量误差，特别是长距离行驶后，这个误差会不断积累，直接影响列车定位的精度，沿线路上每隔一段固定距离安装一个地面应答器设

图 1-2-2　轨旁电子单元

图 1-2-3　车载查询器天线

备，当列车经过时，通过检测该定位点，获知列车的确切位置，从而消除定位设备所产生的累积定位误差，辅助列车定位，成为列车定位的信标。

(2) 线路地理信息车地通信的信道　地面应答器可以把一些固定的地理信息，如轨道的弯道曲率及长度、坡道坡度及长度、限速区段长度及限速值等固定信息和位置信息一起存储在应答器中，传输到列车上。

(3) 临时限速信息的传输通道　由于施工作业或出现其他紧急情况时，会临时限制列车运行速度，由控制中心通过轨旁电子单元 LEU 将临时限速信息传送给地面有源应答器，当列车经过时传递给车载设备，从而完成对列车速度的控制，保证列车安全。

二、测速技术

在城市轨道交通中，保证列车运行安全和高效运营，测速定位系统必须能够为列车运行控制系统实时、准确地提供列车的运行速度和位置，要求测速的方法有较高的实时性和精确度。根据速度信息的来源可分为利用轮轴旋转方式和利用无线方式直接检测列车速度的测速方式。

图 1-2-4　测速发电机

1. 测速发电机

测速发电机（图 1-2-4）通常会安装在列车两端车轮外侧，包括一个齿轮和两组带有永久磁铁的线圈，齿轮固定在机车轮轴上，随车轮转动，线圈固定在轴箱上。轮轴转动，带动齿轮切割磁力线，在线圈上产生感应电动势，其频率和列车速度成正比，这样列车速度信息就包含在感应电动势的频率特征里，经过频率到电压换算后，把列车实际运行的速度变换为电压值，通过测量电压的幅度得到速度值。

频率与轮径值有关，列车轮对可能由于磨损、空转、滑行等原因，导致速度值误差变大，影响列车安全运行，需要配置一个轮径补偿电路，以消除不同直径的车轮所产生的差异。

发电机线圈故障或列车运行速度为零时，发电机的电压频率均为零，这样可能由于零速原因不明，而导致安全事故。为了确保发电机线圈故障遵守故障-安全原则，规定：频率变换电路中，车速为零时也产生一定的频率值；当频率值为零时，就可以排除线圈故障，准确判断车速为零，设备就可以报警或自动停车。

2. 轮轴脉冲速度传感器

轮轴脉冲速度传感器（图 1-2-5）安装在列车两端的车轮外侧。通过在轴承上安装传感器装置，车轮每旋转一周，传感器装置输出一定数量的脉冲信号，对脉冲信号进行计数，测出脉冲信号的频率即可得出列车运行的速度。传感器装置通常采用基于霍尔效应的脉冲速度传感器或基于旋转式光栅的光电传感器。

脉冲信号的频率与轮径值有关，列车轮对可能由于磨损、空转、滑行等原因，导致速度值误差变大，需要配置一个轮径补偿电路，以消除不同直径的车轮所产生的差异，而且无法判断列车运行方向，同时对光测量设备的抗冲击性要求也比较高。但是这种方法非常简易，易于实现，目前在城市轨道交通中，这种方法是一种较为常用的测速定位方法。

3. 多普勒雷达

多普勒雷达（图 1-2-6）安装在列车两端的底部，始终向轨面发射电磁波，由于列车和轨面之间有相对运行，该波到达地面后又反射回来，来回两次都产生频率变化，根据多普勒频移效应原理，如果列车在前进状态，反射的信号频率高于发射的信号频率；反之，则低于发射的信号频率；运行速度越快，频移越大。通过测量频移就可以获得列车运行方向和运行即时速度。

图 1-2-5　轮轴脉冲速度传感器

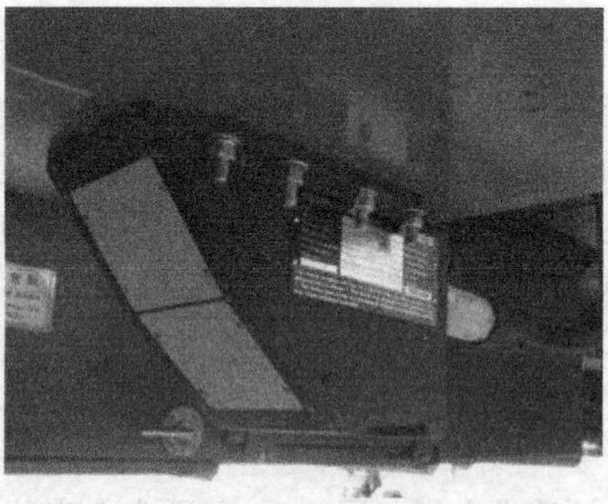

图 1-2-6　多普勒雷达

多普勒雷达测速法的设备比较复杂，易受到地面条件制约，如地面不够光滑会导致电波散射现象较严重，加大测量难度，同时影响测量准确性。但是此种方法能够克服脉冲速度传感器轮对磨损、空转、打滑等造成的误差，而且可以判断列车运行方向并持续测速，可作为脉冲速度传感器测速的辅助方法。

三、列车定位技术

城市轨道交通列车运行密度高、站间距离短、安全性要求高，分布于轨旁和列车上的列车自动控制系统及列车本身需要实施了解列车在线路中的精确位置；需要根据线路中列车的相对位置实时地对每一列车进行监督、控制、调度及安全防护，在保证列车运行安全的前提下，最大限度地提高系统的效率，为乘客提供最佳的服务。

列车定位技术在列车运行控制系统中占有非常重要的地位，其精度和可靠性是影响列车安全防护距离的重要因素之一，关系到列车的运行间隔，影响到轨道交通系统的效率；其定位原理和采用的传感器是影响列车运行控制系统制式的重要因素之一，会关系到可采用的闭塞制式，影响到列车运行控制系统的兼容性和生命周期费用。目前，在世界各国轨道交通列车自动控制系统中使用的列车定位方式主要有以下几种。

1. 轨道电路定位

轨道电路（图 1-2-7）定位实际上是固定闭塞分区占用检测的结果。轨道电路将钢轨分成不同区段，在每个区段的始端和终端加上发送、接收设备，构成一个闭合电流/信息传输回路。当列车进入区段时，列车轮对将两根钢轨短路，电流/信息不能到达接收端，接收端继电器失磁落下，对应点亮红色信号灯，表示区段占用，实现列车定位的目的。

轨道电路定位的优点是经济方便、可靠性高，可以检测断轨情况和轨道占用，并实现列车定位。缺点是定位精度取决于轨道电路或闭塞分区的长度，不精确，无法实现移动闭塞。

2. 计轴器定位

计轴器（图 1-2-8）定位同轨道电路一样，是固定闭塞分区占用检测的结果。利用轮轴传感器、计数器来记录和比较驶入和驶出轨道区段的轴数，以此确定轨道区段的占用或空闲。

图 1-2-7　轨道电路

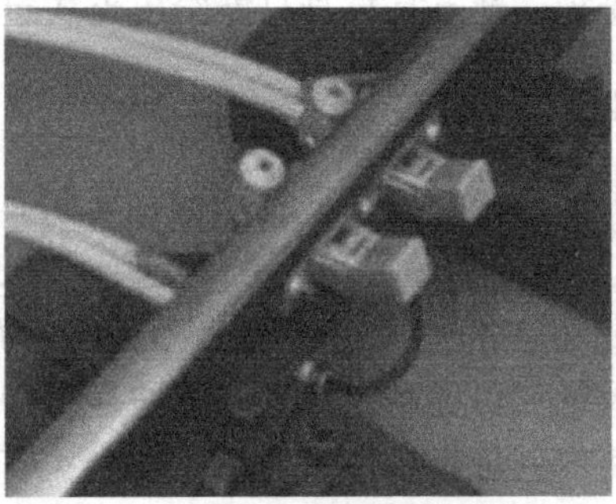

图 1-2-8　计轴器

每个计轴点都有两组轮轴传感器，当车轮经过时，两组轮轴传感器Ⅰ和Ⅱ各产生脉冲。若正方向驶过，传感器Ⅰ先于传感器Ⅱ产生脉冲信号；反之，则可确定反方向驶过。这样通过传感器产生轴脉冲在时间顺序上不同，根据两组脉冲的时序可判定列车的运行方向。

当列车出发，车轮进入轮轴传感器作用区时，微机开始计轴，轮对经过传感器磁头时，向微机发送轴脉冲，微机开始计数，判定运行方向，确定对轴数是累加计数还是递减计数。系统规定：凡进入区段的轮轴数进行加轴运算，凡离轴区段的轮轴数进行减轴运算。

计轴器定位的优点是它具有检查区段占用与空闲的功能、判断运行方向，而且不依赖轨道线路的道床情况和轨道电路，对环境的适应性更强，定位安全性较高，维护量相对较小。缺点是定位精度较差，不能作为车地信息传输的通道，也无法检测断轨情况。

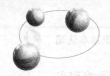

3. 查询应答器定位

查询应答器（图 1-2-9）定位扮演一种辅助定位的角色，可以设置查询应答器的相应的位置点给出列车定位信息。列车从车辆段出库进入正线运营时，转换轨区域设置一定间隔距离的应答器，列车经过第一个地面应答器，车载查询器就会读取存储的数据信息，实现列车点式定位，经过第二个地面应答器时，就可以实现列车运行方向，用于辅助测速定位方法中初始位置和运行方向的确定；在站台区域轨道设置一定间隔距离的应答器，用于精确定位，确保安全准确停车；在站间正线设置一定间隔距离的应答器，用于消除测速定位方法中由于轮对磨损、空转、打滑等原因产生的累积误差，辅助列车精确定位。

图 1-2-9　查询应答器

查询应答器定位的优点是定位精度和可靠性较高、恶劣条件影响较小，使用寿命较长，易于维护。缺点是自身只能给出点式定位信息，无法实现连续实时定位。

4. 测速定位

测速定位是通过不断测量列车的即时运行速度，对列车的技术速度进行时域上的积分（求和）的方法得到列车运行距离。由于测速定位获取列车位置的方法是对列车运行速度进行积分（求和），故其误差是累积的，而且测速定位属于相对定位，它无法获取列车的初始位置及绝对位置。通常采用脉冲速度传感器、多普勒雷达速度传感器、加速计与查询应答器组合使用，进行多传感器信息融合列车测速定位，提高测度定位的精度和系统稳定性及可靠性。

5. 交叉感应回线定位

交叉感应回线（图 1-2-10）是在两根钢轨之间敷设等距交叉感应回线，一条线固定在轨道中央的道床上，另一条线固定在钢轨的颈部下方，它们每隔一定距离（25m 或 50m）做交叉。当列车经过每个电缆交叉点时，车载设备检测到回线内信号的极性变化，并对极性变化的次数进行计数，从而确定列车行驶过的距离，达到列车定位的目的。

交叉感应回线定位的优点是避免轨道电路受钢轨、道床条件的限制，成本较低，实现简单。缺点是定位精度较差，受交叉区长度的限制，如果交叉区比较窄，位置脉冲可能漏计。

6. 无线扩频列车定位

无线扩频定位是在地面沿线设置无线基站，无线基站不断发射带有其位置信息的扩频信号。列车接收到由无线基站发送的扩频信息后，求解列车与信息之间的时钟差，并根据该时

图 1-2-10　交叉感应回线

钟差求出与无线基站之间的距离，同时接收 3 个以上无线基站的信息就可以求出列车的即时位置。

无线扩频定位的优点是抗干扰性强、隐蔽性强、易于实现码分多址和抗多径干扰。

7. 惯性定位

惯性定位系统（Inertial Positioning System，IPS）根据牛顿力学定律，通过测量列车的加速度，将加速度进行一次积分后得到列车的运行速度，再进行一次积分即可得到列车的位置（包括经度、纬度、高度），从而实现了对列车的定位。

惯性定位的优点是环境适应性强，不受天气、电磁场影响，定位精度高，能够获得信息种类较多，如列车的方向、位置、速度等。缺点是无法获得初始位置和存在累积误差。

8. 航位推算系统定位

航位推算系统（Dead Reckoning，DR）由测量航向角的航向传感器和测量距离的位移传感器组成，常用的是惯性传感器。惯性传感器包括陀螺仪和加速度计。陀螺的输出信号是沿输入轴方向与角速度成正比的电压信号。加速度计的输出信号是沿输入轴方向与惯性加速度和重力加速度分量成正比的合成信号。

航位推算系统定位的优点是不受外界环境影响，精度比较高。缺点是存在累积误差。

四、车地无线通信技术

车地通信是在 ATC 信号系统中，实现车载设备与轨旁设备之间数据信息传输的非安全通信子系统。前面介绍的轨道电路、应答器可以作为车地信息传输的通道，但是轨道电路、应答器由于传输信息量小，无法实现精确实时定位，不能实现移动闭塞。随着无线局域网（Wireless Local Area Network，WLAN）技术的不断发展，无线通信的可靠性、安全性取得了飞速的发展，各种无线通信技术在城市轨道交通系统中得到广泛应用。

WLAN 是便捷的无线数据传输系统，利用射频（Radio Frequency，RF）技术，取代双绞铜线所构成的局域网络。WLAN 网络结构有两种：一种是无中心网络，也称对等网络，覆盖的服务区称为自助基本业务集（IBSS），网络中各个移送终端之间相互通信，结构简单、组网灵活，但是不能与有线网络互联互通。另一种是有中心网络，也称结构化网络，覆盖的服务区域称为基础结构的基本业务集（BSS），网络中各个移动终端都与接入点（Access Point，AP）通信，通过 AP 可以与其他终端通信，也可以通过 AP 同其他网络通信。AP 在网络中起着中心协调实体的关键作用，提供移动终端在 BSS 内的注册、认证和管理等功能。另外，根据组网要求，AP 还可以包括很多附加特性，如防火墙、网络地址翻译、动态主机配置协议（DHCP）服务器等。

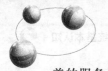

典型的 WLAN 组网是由 1 个 AP 和多个移动终端构成的覆盖网络（BSS），允许移动终端在 BSS 内移动。随着 WLAN 业务扩大，也可以配置多个 BSS 来提供由骨干网连接的扩展覆盖，由称为分布式系统（DS）骨干网连接多个 BSS 集合构成的覆盖网络称为扩展的业务集（ESS）。DS 可以是任何类型的网络（有线、无线），一般采用 IEEE802.3 标准的以太网络。移动终端可以在 ESS 的覆盖范围内各个 BSS 之间移动，并且能够接收和发送到分组数据，称为漫游或越区切换。

依据 IEEE802.11g 标准，传输速率可达 54Mbit/s，工作在 2.4GHz 免费 ISM 频段上可以采用多种与频率相匹配的传输天线，目前在世界城市轨道交通系统中，根据传输媒介不同，可分为三类：无线自由波、漏泄波导、漏泄同轴电缆。CBTC 系统车地无线通信示意如图 1-2-11。

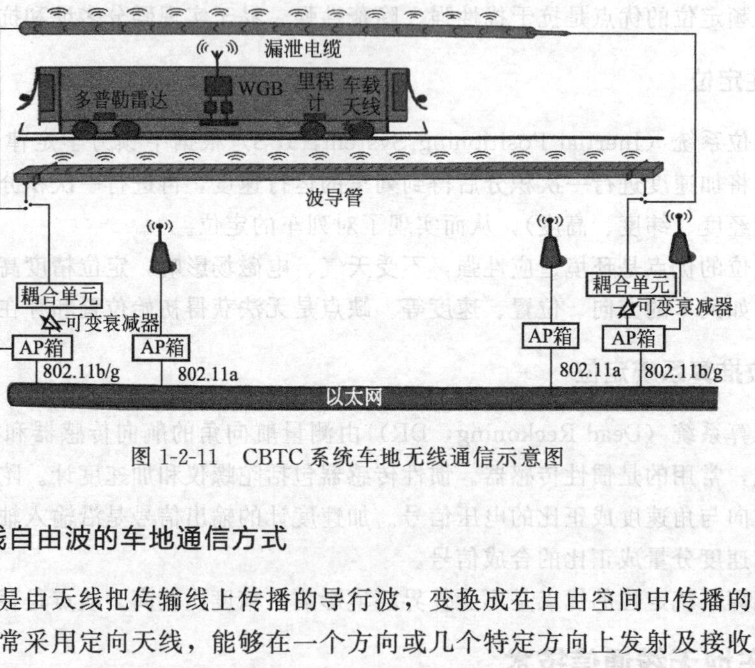

图 1-2-11　CBTC 系统车地无线通信示意图

1. 基于无线自由波的车地通信方式

无线自由波是由天线把传输线上传播的导行波，变换成在自由空间中传播的电磁波。城市轨道交通中，常采用定向天线，能够在一个方向或几个特定方向上发射及接收电磁波特别强，而在其他的方向上发射极接收电磁波则为零或极小的一种天线。具有较大的前向增益，能够有效抑制后向信号，适合应用在城市轨道交通的隧道场景中。

基于无线自由波的车地通信，常应用在地下隧道相对封闭的环境里，不致受到开阔空间其他类型的电磁干扰的影响。采用 WLAN 技术组网方式，在轨道沿线布置一定间隔的 AP 并带有定向天线作为传输媒介，同时列车两端分别配置定向天线（图 1-2-12），作为列车车载无线终端设备的传输媒介，这样列车行驶到 AP 的覆盖区域内，完成 WLAN 通信链路的注册、登陆、通信等过程，当从一个 AP 进入另一个 AP 区域时，发生了通信漫游，完成了越区切换的场景。

由于定向天线组网简单灵活、成本比较低，具有广泛的应用前景。为了保证无线自由波场强覆盖的完整性，避免覆盖“盲区”，保证通信的质量和可靠性，AP 布局配置要经过大量现场测试，一般在隧道内 200m 左右设置一套，并采用红蓝双网冗余覆盖，保证无线全网覆盖，保证车地通信链路的丢包、延时、带宽、切换时间的服务质量（QoS）达标。

2. 基于漏泄波导的车地通信方式

漏泄波导管（图 1-2-13）是一种中空铝制矩形管，顶部等间隔开有窄缝，以使无线载频信息沿波导裂缝向外均匀辐射；在波导附近适当位置的无线接收单元，可以接收和发送信号，并通过处理得到有用的数据。相较于定向天线，漏泄波导传输性能平稳和抗干扰能力强的优点，在城市轨道交通系统的车地通信方向的发展前景，常应用于城市轨道交通中地上开阔区段或高架运营场景中。

图 1-2-12　定向天线

图 1-2-13　漏泄波导管

基于漏泄波导的车地通信是以漏泄波导为 WLAN 的通信媒介，实现轨旁无线设备和车载无线设备之间的列车状态和控制等信息交换。轨道沿线敷设漏泄波导管，当地面控制中心发射出电磁波沿波导管传输时，在波导管内传输的电磁波从波导管缝隙槽孔辐射到周围空间，在其外部产生漏泄电场，列车从中获取信息能量，从而实现车地通信。同样，列车车载无线单元发出电磁波，在波导管外部产生漏泄电场，也会耦合到波导管中，实现与控制中心通信。

3. 基于漏泄同轴电缆的车地通信方式

漏泄同轴电缆（图 1-2-14）是指在同轴电缆的外导体上开有均匀的缝隙或槽孔，具有信号传输的作用，又具有天线的作用，通过对外导体的缝隙开口的形状和角度等结构的设计，均匀发送和接收电磁波能量，实现对电磁场盲区的覆盖，常应用于城市轨道交通中隧道弯道处等易形成覆盖盲区的区段。

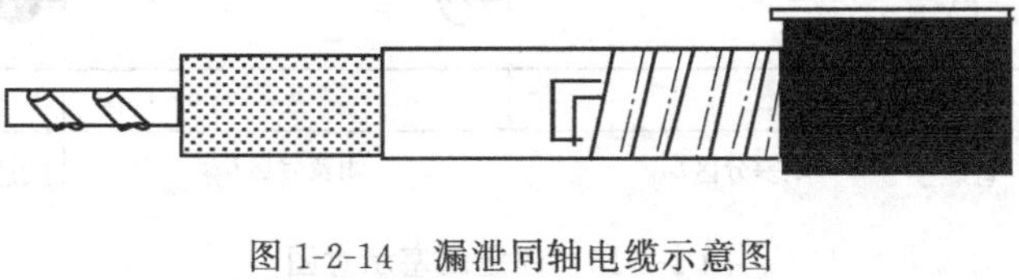

图 1-2-14　漏泄同轴电缆示意图

基于漏泄同轴电缆的车地通信是以漏泄同轴电缆为 WLAN 的通信媒介，实现轨旁无线设备和车载无线设备之间的列车状态和控制等信息交换，实现车地间双向大容量即时通信，从而实现移动闭塞，缩短列车运行间隔，提高运营效率。

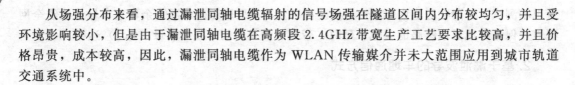

从场强分布来看，通过漏泄同轴电缆辐射的信号场强在隧道区间内分布较均匀，并且受环境影响较小，但是由于漏泄同轴电缆在高频段 2.4GHz 带宽生产工艺要求比较高，并且价格昂贵，成本较高，因此，漏泄同轴电缆作为 WLAN 传输媒介并未大范围应用到城市轨道交通系统中。

五、闭塞方式

ATC 系统是根据列车在线路上运行的客观条件和实际情况，对列车运行的速度和控制方式等状态进行监督、控制和调整的技术装备。在车站区间内，使连续发出的列车保持一定的间隔，避免造成列车正面冲突或追尾事故，高效组织列车安全运行的方法叫做行车闭塞法，也称闭塞。

1840 年之前，列车运行采用时间间隔的区间行车组织方法。时间间隔法是列车按照事先规定好的时间由车站发车，先行列车发出后，间隔一定的时间再发出同方向的后续列车，使先行列车和后续列车追踪时保持一定的时间间隔的行车方法。这种方法缺点是不能有效确保行车安全。当先行列车在途中遇到突发情况停车或晚点等非正常情况时，后续列车无法预知，依然按照既定时间间隔发车，可能会发生追尾事故，安全无法保证，更无法实现高效运营，为了解决这个问题，提出了空间间隔法。

空间间隔法，即把线路划分为若干区间（或分区），在每个区间（或分区）内同时只准许一辆列车运行，使先行列车和后续列车追踪时保持一定的空间距离的行车方法。我国轨道交通线路以车站为分界点，划分为若干区间，采用区间作为列车运行空间间隔。这种方法能严格把列车分隔在两个空间，可以有效地防止列车追尾和正面冲突事故发生，确保列车运行安全。目前常说闭塞可以默认为空间间隔闭塞法，定义为用信号或凭证，保证列车按照空间间隔法运行的技术方法。

ATC 系统按照闭塞制式有三种：固定闭塞式、准移动闭塞式、移动闭塞式。

1. 固定闭塞式

固定闭塞（图 1-2-15）将线路划分为固定的闭塞分区，前后车的位置都是用固定的地面设备来检测；闭塞分区用轨道电路或计轴装置来划分。由于列车定位是以固定区段为单位的（系统只知道列车在哪一个区段中，而不知道在区段中的具体位置），所以固定闭塞的速度控制模式是分级的，需要向被控列车传送的信息只有速度码。

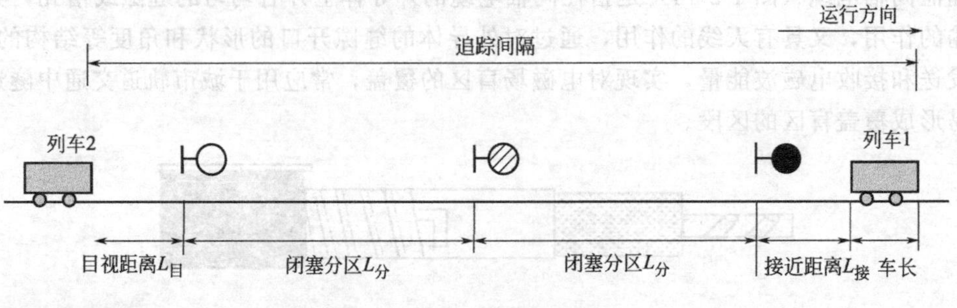

图 1-2-15　固定闭塞示意图

固定闭塞式 ATC 系统的分界线是进、出站信号机、防护信号机、分界点信号机或分界标。行车凭证是车载信号绿色灯相对应的速度值和出站信号机稳定绿色灯光。追踪目标点是本次列车所占用闭塞分区的终端。先行列车所在区间的始端和本次列车所在分区的终端之间空间间隔是若干个固定的闭塞分区。主体信号为车载信号的绿色灯光相对应的速度值。

固定闭塞的闭塞长度较大，并且一个分区只能被一辆列车占用，所以不利于缩短列车运行间隔。因为无法知道列车的具体位置，需要在两辆列车之间增加一个防护区段，这使得列车间的安全间隔较大，影响了线路的使用效率。

2. 准移动闭塞式

准移动闭塞（图 1-2-16）对前后列车定位是不同的，前行列车的定位依然沿用固定闭塞方式，而后续列车的定位则采用移动的或称为连续的方式，即后续列车可以定位更加精确。为了提高后续列车的定位精度，目前各系统均在地面间隔一段距离设置 1 个定位标志（轨道电路的分界点、信标和计轴器等），列车通过时提供绝对位置信息。在相邻定位标志之间，列车的相对位置由安装在列车上的轮轴测速装置连续测得。

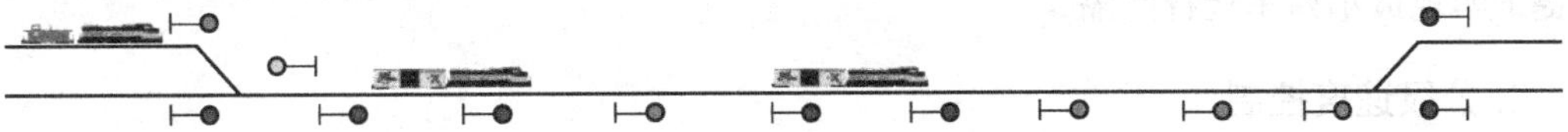

图 1-2-16　准移动闭塞示意图

准移动闭塞 ATC 系统分界线是出站信号机、防护信号机、分界点信号机或分界标。行车凭证是车载信号相对应的目标速度曲线值。追踪目标点是先行列车的所在闭塞分区的始端。主体信号是车载信号的绿色灯光相对应的速度值，地面信号机不点灯。

由于准移动闭塞采用了固定和移动两种方式，所以其速度控制模式既有连续的特点，又有阶梯的性质。由于被控列车的位置是由列车自行实时（移动）测得的，所以其最大允许速度的计算最终是在车载设备上实现的。

准移动闭塞在控制安全列车安全间隔方面比固定闭塞更进一步，可以告知后续列车继续前行的距离，后续列车也可以通过这一距离合理地采取减速或制动，从而可以改善列车控制，缩短时间间隔，提高线路使用效率。

但是准移动闭塞中后续列车的最大目标制动点仍必须在先行列车占用分区的，因此没有完全突破固定闭塞的限制。

3. 移动闭塞式

移动闭塞（图 1-2-17）是基于车地无线通信系统，将地面控制中心计算的移动授权信息发送给车载设备，由车载计算机进行实时计算出列车最大允许速度曲线，并按此曲线对列车实际速度进行监控，达到超速自动防护，确保列车安全运行。

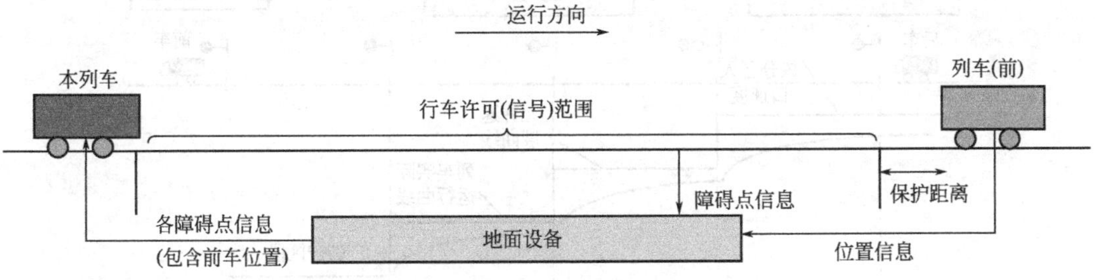

图 1-2-17　移动闭塞示意图

移动闭塞分界线是由无线系统传输的列车移动授权终点划分的。行车凭证是车载信号相对应的目标速度值。追踪目标点是先行列车的尾部，加上一定的安全距离。主体信号是车载信号的绿色灯光相对应的速度值，地面信号机不点灯。

移动闭塞已经没有将线路分成若干个闭塞分区的概念，列车监督运行间隔是动态的，并随先行列车的移动而移动，该间隔是按后续列车在当前速度的所需制动距离加上安全余量实时计算和控制的，确保追踪运行不能追尾，列车制动时机、制动起始点和终点均是动态的，其目的是最大限度利用机车车辆特性全速运行，尽可能缩短列车运行间隔，最有效最合理利用区间有限空间，提高区间通行能力。

六、速度控制模式

ATC 系统中，对列车控制不仅仅需要行车闭塞法从空间上根本将列车运行的线路间隔开来，还不同闭塞制式采用不同的速度控制模式，科学合理地控制列车速度，确保在安全的前提下实现最小列车运行间隔。

1. 分级速度控制

分级速度控制是以一个闭塞分区为单位，每个闭塞分区设计一个目标速度，无论列车在该闭塞分区中什么位置都需要根据限定的速度判定列车是否超速。分级速度控制系统的列车追踪间隔主要与闭塞分区的划分、列车的性能和速度有关，包括阶梯式和曲线式。

（1）阶梯式分级速度控制　分级速度控制方式不需要距离信息，只要在停车信号与最高速度间增加若干中间速度信号，即可实现，又可分为超前式和滞后式。其中，闭塞分区的进入速度称为入口速度，驶离速度称为出口速度。

超前速度控制方式（图 1-2-18），又称为出口速度控制方式，事先给出各闭塞分区列车的出口速度值，控制列车行驶在该闭塞分区出口前不得超过该出口速度值。采用设备控制优先的方法，即列车驶出每个闭塞分区前均必须将超前速度降至出口限制速度控制线以下，否则设备就会自动启动制动，因此，超前对出口速度进行了控制，不会冒出闭塞分区。

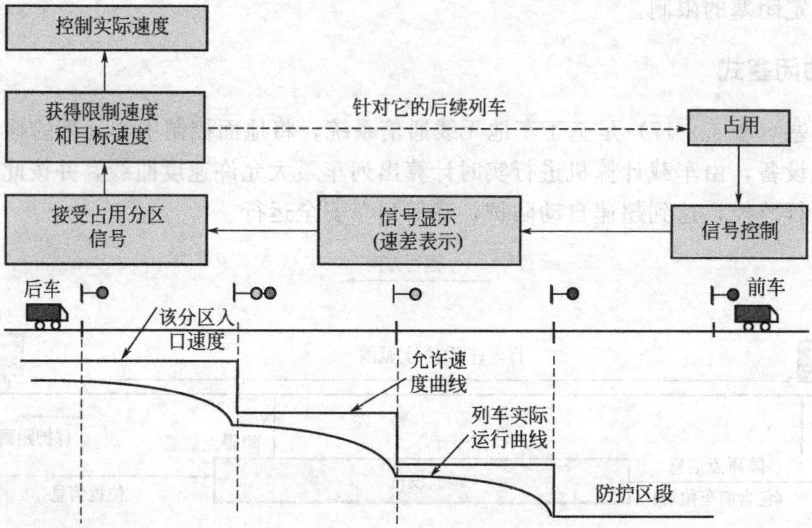

图 1-2-18　超前速度控制示意图

滞后速度控制方式（图 1-2-19），又称为入口速度控制方式，事先给出列车进入各闭塞

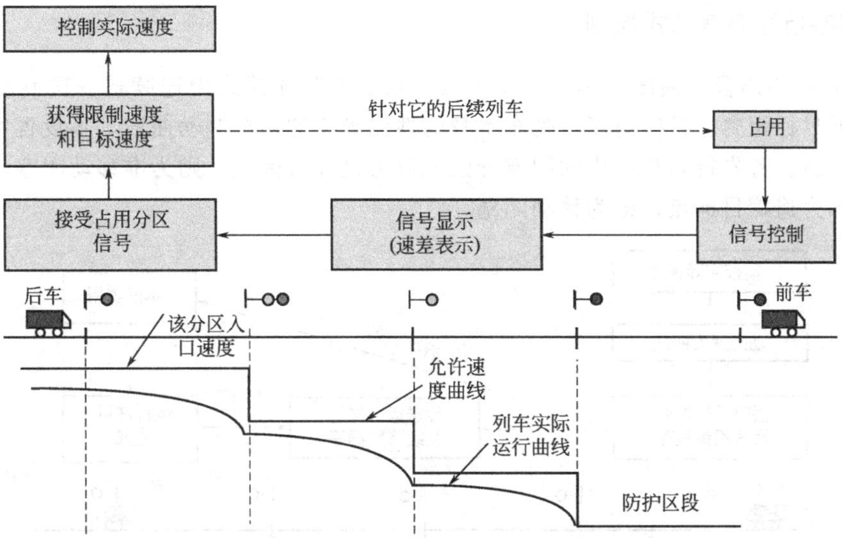

图 1-2-19　滞后速度控制示意图

分区入口的速度值，监控列车在本闭塞分区运行的速度不得超过给定的入口速度值。采用人控优先的方法，在每个闭塞分区列车速度只要不超过给定的入口速度值，就不会碰触滞后式速度控制线。但是考虑一旦列车失控，本闭塞分区出口，即下一闭塞分区入口处的速度超过了给定的入口速度值，即所谓的撞墙，此时触发设备自动引发制动，列车必然会越过第一红灯进入下一个闭塞分区，因此有必要增加一个闭塞分区作为安全防护区段，俗称双红灯防护。

(2) 曲线式分级速度控制　曲线式分级速度控制（图 1-2-20）要求每个闭塞入口速度和出口速度用曲线连接起来，形成一段连续的控制曲线，也叫做准移动闭塞模式。把闭塞分区允许速度的变化连续起来，从最高速至零速的列车控制减速线为分段曲线组成的一条不连贯的曲线组合，一旦撞墙，设备自动引发制动。由于速度控制是连续的，紧急制动停车点不会冒进，可以不需要增加闭塞分区作为安全防护区段，设计时考虑适当的安全距离。

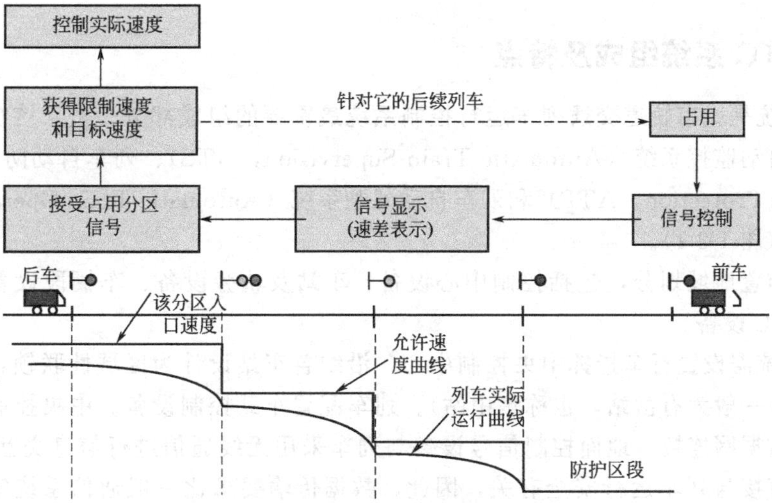

图 1-2-20　曲线式分级速度控制示意图

2. 速度-目标距离模式控制

速度-目标距离模式曲线控制（图 1-2-21）采取的制动模式为连续式一次制动速度控制方式，根据目标距离、目标速度及列车本身的性能确定的列车制动曲线，不设置每个闭塞分区的速度等级。若先行列车占用的闭塞分区入口为追踪目标点，则为准移动闭塞；若以先行列车的尾部为追踪目标点，则为移动闭塞。

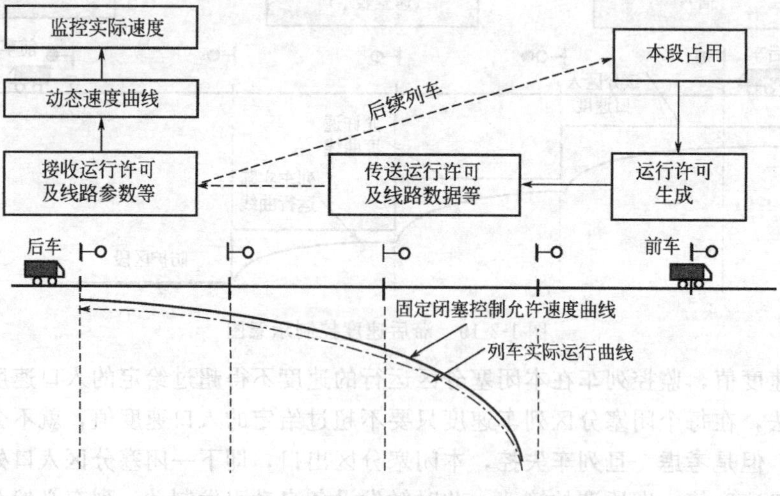

图 1-2-21　速度-目标距离模式曲线控制示意图

速度-目标距离模式曲线的列车制动的起始点是随线路参数和列车本身性能不同而变化的，空间间隔的长度是不固定的，比较适用于不同性能和速度的列车混合运行，其追踪间隔要比分级速度控制小，提高了区间通过能力，减速比较平稳，旅客舒适度有所提高。

任务三 ●●● 城轨列车自动控制系统的基本认知

一、ATC 系统组成及特点

ATC 系统是城市轨道交通列车运行控制系统最重要的组成部分。按系统功能划分，通常包括列车自动监控系统（Automatic Train Supervision，ATS）、列车自动防护系统（Automatic Train Protection，ATP）和列车自动驾驶系统（Automatic Train Operation，ATO）三个子系统（图 1-3-1）。

按设备布置地域划分，包括控制中心设备、车站及轨旁设备、车辆段设备、试车线设备、车载 ATC 设备。

ATC 系统需设置行车指挥中央控制中心，沿线各车站设计为区域性联锁，其联锁设备放在控制站（一般为有岔站，也称集中站）。列车配置车载控制设备。中央控制中心与控制站通过有线数据网连接，地面控制信号设备与列车采用无线通信进行信息交互。ATC 系统传输的信息直接与列车运行安全有关，因此，数据传输要求比一般通信系统安全性、可靠性、实时性更高。

ATC 系统改变了传统的信号控制方式，可以连续、实时地监督列车的运行速度，自动控制列车的制动系统，实现列车的超速防护。列车控制方式可以有人工驾驶，也可以有设备实时自动控制，使列车根据其自身条件自动调整追踪间隔，提高线路的通过能力，其特点如下：

① 将先进的控制技术、通信计算、计算机技术与轨道交通信号技术融为一体的安全控制系统；

② 能够对线路空闲/占用进行检测；

③ 车载信号属于主体信号，可以直接给司机指示列车应遵循的安全运行速度；

④ 具有对运行中的列车测速、定位功能；

⑤ 自动监控列车运行速度，有效地防止由于司机失去警惕或错误操作可能酿成超速运行、列车脱轨、冒进信号或列车追尾事故，它是一种行车安全控制设备；

⑥ 为满足行车安全控制需要，给司机指示安全可靠的速度指令，它通过安全可靠的大容量的车地之间信息传输系统传输安全控制信息。

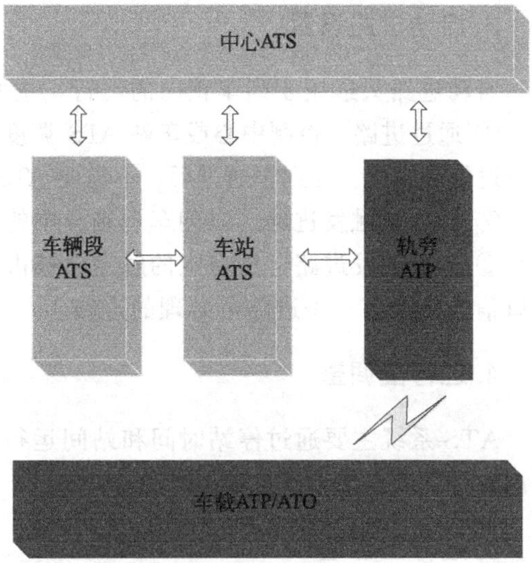

图 1-3-1　ATC 系统结构示意图

二、ATS 系统认知

城市轨道交通列车运行自动监控 ATS 系统是监督和控制列车按运行图运行，使列车运行最佳化和稳定化的控制系统。当出现非正常情况或设备故障时，通过该系统可使之对运行图所带的不利影响最小。

ATS 系统主要是实现对列车运行及所控制的道岔、信号等设备运行状态的监督和控制，为行车调度人员显示出全线列车的运行状态，监督和记录运行图的执行情况，在列车因故偏离运行图时及时作出调整，辅助行车调度人员完成对全线列车运行的管理。

ATS 在 ATP 和 ATO 系统支持下，根据运行时刻表完成对全线列车运行的自动监控，可自动监控和控制正线列车进路，并向行车调度员和外部系统提供信息。ATS 系统为非安全系统，他的全部或任何一部分故障或不正确操作，不会影响列车运行安全。ATS 系统通过 ATP 系统有效防止了由于 ATS 系统故障或不正确操作可能导致的对列车运行的危害。

ATS 系统主要功能如下。

1. 管理信号设备

ATS 可以接收联锁系统的远程监控信息，比如道岔位置、信号机状态、进路、车次号等，并在调度员工作站和综合显示屏上显示。

2. 列车描述

ATS 系统为每辆列车唯一识别号，识别号一般有 3 为车次号和 2 位目的地号共 5 位数字组成。在列车每次到达折返站后，ATS 系统根据运行图自动在控制中心更改该列车的识别号，并显示于司机驾驶时的显示器上。

3. 自动进路设置

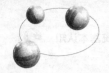

自动进路只适用于列车正向的运行，主要包含以下几种自动进路。

① 通过进路　控制中心或车站 ATS 调度员须先开放进路，再将该进路的入口信号机设置成通过信号模式。在列车通过后，不需要 ATS 系统干预，而由联锁系统自动再次建立的进路。

② 目的地触发进路　以列车识别号中的目的地为基础，由车站 ATS 自动设置的进路。

③ 接近触发进路　当特定的触发轨被占用后有车站 ATS 自动建立的自动进路，用于从入口信号机只有一条进路可办理的进路。

4. 运行图调整

ATS 系统主要通过停站时间和站间运行时间等方式对特定列车，按照列车的运行图进行调整，和其他列车可能的延迟无关。

5. 运行图管理

运行图管理主要包括离线运行图管理和在线运行图管理。

① 离线运行图管理　运行图确定了运行日内正常的列车运行计划，这里的运行日是指一年中任何工作日、双休日或假日。离线运行图管理功能通过图形用户界面供计划员建立和修改运行图。

② 在线运行图管理　每天在正线运营前，调度员在已创建的运行图内选定一个并创建为当天运行计划，ATS 按照当天运行计划进行列车自动调整。在运行过程中，调度员使用运行图菜单可对运行图进行某些调整，比如调度员可在运行图上添加一列列车计划、删除一列列车计划或更改一列列车计划，ATS 系统将按照调度员修改后的计划自动调整线路上运行的列车。

三、ATP 系统认知

列车自动防护系统（Automatic Train Protection，ATP）是列车运行超速防护核心安全系统，负责列车的安全运行，完成保证安全的各种任务，必须符合故障-安全原则。ATP 连续检测列车的位置和速度，监督列车必须遵循速度限制、车门控制，追踪所有装备信号设备的列车，考虑联锁条件，并为列车提供移动授权，实现与 ATS、ATO 及车辆系统接口及进行信息交换，可分为车载 ATP 和地面 ATP 两部分。

ATP 系统的主要功能如下。

1. 列车定位

定位任务及时确定列车在路网中的地理位置。通常 ATP 系统利用查询应答器及速度传感器和雷达完成列车定位的。安装在线路上某些位置的应答器用于列车物理位置的检测，每个应答器发送一个包括识别编号（ID）的应答器报文，由应答器天线接收，在车载 ATP 单元的线路数据库里存有应答器位置，这样确定列车在线路上的确切基准位置，由速度传感器和雷达执行列车位移测量。

2. 测速与测距

通常采用速度传感器和雷达用于列车速度和距离的精确检测。列车实际速度是施行速度控制的依据，速度测量的准确性直接影响到速度控制效果。列车的位置直接关系到列车运行的安全，通过确定列车实际位置，才能保证列车之间的运行间隔，以及能够在接近障碍物或限制区之前停下或减速。

为补偿轮径磨损和由于轮径磨损而造成的维护服务间隔期内轮径的改变，使用雷达和查询应答器重新同步的方法，当列车经过应答器时，正确的位置被识别。在这些应答器之间，雷达和测速传感器一起确定准确的列车速度和距离。

为了避免空转和打滑带来的不利影响，雷达可以有效补偿这种误差，保证 ATP 系统得到准确列车位置。

3. 速度监督与超速防护

城市轨道交通中速度限制分为两种，固定速度限制和临时性速度限制。

固定速度限制是在设计阶段设置的，ATP 车载设备中都存储着整条线路上的固定限速区信息，包括列车最大允许运行速度、列车最大允许速度和区间最大允许速度。

临时限速用于在一些特殊区段来降低允许速度，该功能满足在特殊地段要求较低速度的运行要求，例如正在进行的一些轨道作业。控制中心 ATS 操作员按照安全程序人工设置，设定的数据会从 ATS 系统传送给 ATP 轨旁单元，ATP 轨旁单元通过通信通道把所有的临时限速发送到车上，车载 ATP 接收来自轨旁 ATP 的移动授权和联试限速信息。

4. 停车点防护

通常停车点就是危险点，危险点在任何情况下都不能越过，否则会导致危险情况。例如站内有车时，车站的起点即是必须停车点，在停车点的前方通常还设置一段防护段，ATP 系统通过计算得出的紧急制动曲线即以该防护区段入口点为基础，保证列车不超越入口点。此外也可以在入口点设置一个列车滑行速度值（如 5km/h），一旦需要，列车可在基础上加速或停在危险点前方。

5. 列车间隔控制

列车间隔控制是一种既能保证行车安全，防止两列车发生追尾事故，又能提高运行效率，使两列车的间隔最短的信号概念。固定闭塞下，列车的间隔是靠自动闭塞系统来保证的，列车间隔以闭塞分区为单位，当采用准移动闭塞和移动闭塞时，闭塞分区长度与位置是不固定的，是随着前方目标点的位置和后续列车的实际速度及线路参数而不断改变的。

6. 车门控制

车门自动开闭是否司机手动操纵，关键是要对安全条件进行严格的监督。防止列车在站外打开车门、在站内时打开非站台侧的车门、在车门打开时列车启动等情况发生。只有 ATP 系统检查所有安全条件均已满足时，给出一个控制命令，才能打开车门。

列车停站时间结束时，轨旁 ATP 设备停发开门信息，关闭车门。轨旁 ATP 确定车门关闭并锁闭后，向车载 ATP 发送移动授权信息，车载 ATP 收到后，再次确定车门关闭且锁闭后，允许列车发车。

7. 站台屏蔽门控

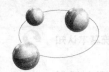

当列车进站且停在允许误差范围内时，司机操作或 ATO 发送开门指令，经过 DCS 系统至 CI，PSD 系统接收 CI 的开门指令，执行相应自动解锁、开门等操作，同时 PSD 状态指示装置做出相应的响应动作。

当列车离站时，司机操作或 ATO 发送关门指令，经过 DCS 系统至 CI，PSD 系统接收 CI 的关门指令，执行相应的关门、锁闭等操作，当所有屏蔽门关闭并锁闭后，PSD 系统向 CI 发送“屏蔽门关闭且锁闭”信息，并通过 DCS 系统至车载 ATP，列车被允许离站，同时 PSD 状态指示装置做出响应动作。

8. 紧急停车功能

特殊情况下，按压设在车站上的紧急停车按钮，就可以通过信号系统车载 ATP，启动紧急制动，使列车停止运行。

9. 给出发车命令

车载 ATP 检查有关安全启动条件（如车门是否关闭且锁闭、司机操作手柄是都置于零位、ATP 系统是否处于正常工作状态）并确认符合安全后，才允许列车发车。

10. 列车倒退控制

为了防止列车倒退或溜逸时，当后退距离超过一定距离，立即启动紧急制动。

11. 停稳监督

监控列车停稳是在站内打开车门和站台屏蔽门的安全前提，为了确定列车停稳，车载 ATP 实时监督雷达和测速传感器的信息。

四、ATO 系统认知

列车自动运行系统（Automatic Train Operation）主要用于实现“地对车控制”，根据地面控制中心的指令自动完成对列车的启动、牵引、惰性、制动，送出车门和站台安全门的开关信号，使列车以最佳工况安全、正点、平稳运行。ATO 为非故障-安全系统，其控制列车自动运行，主要目的是模拟最佳司机驾驶，实现正常情况下高质量的自动驾驶。

ATO 系统必须受 ATP 系统监督，执行超速防护功能，否则实施制动。按用途和制动效率来讲主要有：常用制动和紧急制动。

① 常用制动　特点是作用比较缓和，制动过程比较长，只使用全制动能力的 20%～80%。

② 紧急制动　特点是实施全制动能力，制动比较迅猛，乘客可能惯性摔伤。

因此，一般情况下首先使用常用制动，只在紧急情况或突发事件下使用紧急制动。

如图 1-3-2 所示，紧急制动曲线是由车载 ATP 计算和监督的，列车速度一旦触发该曲线，列车获得最大减速度，立即启动紧急制动，以保证列车停在停车点，这是一种非正常的运行状态，应尽量避免发生，必须经过一段时间制动缓解后并得到确认后才能重新启动。

常用制动曲线是由车载 ATP 计算的，当列车速度达到该曲线值时，应给出告警，但不启动紧急制动，提示司机常用制动减速。

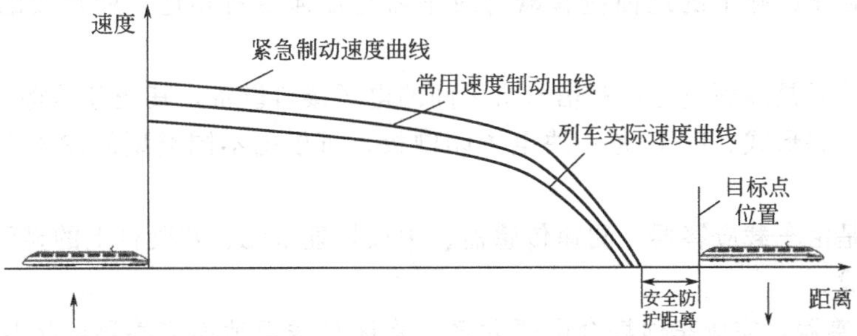

图 1-3-2　制动曲线示意图

列车实际速度曲线由车载 ATO 系统计算，正常运行情况下 ATO 自动驾驶停车制动曲线，通常减速度制动设置为 0.75m/s^2 左右，已达到平稳减速和停车。

ATO 系统主要功能如下。

① 自动调整列车运行速度。列车启动、停止和速度调节必须按司机指令或 ATS 的输入，通过 ATO 系统控制执行，使列车巡航速度、加速、减速、惰行和冲击率控制在规定的乘客舒适度范围内，同时列车速度必须保持在 ATP 防护速度曲线下。

② 车站精确停车。采用查询应答器、无线通信、测速传感器和雷达等定位及测速方法实现列车车站定点精确停车。

③ 列车区间运行时分的控制。ATO 自动驾驶模式下，可根据 ATS 的调整指令改变列车在区间走行时间。

④ 车门和屏蔽门控制。ATP 监督下对车门和屏蔽门进行控制，可人工或自动开启关闭车门和屏蔽门。列车停在站台维持开门时间由 ATS 建立，并受 ATO 自动控制。

⑤ 与 ATS、ATP 子系统交换信息，共同实现列车无人自动折返及驾驶室自动换向。

⑥ 允许速度。ATO 速度控制器提供列车在轨迹任意点的对应速度值。

⑦ 向车载 PIS 提供信息，显示下一站、目的地站和时间，并触发语音播报。

⑧ 巡航/惰行。按照时刻表自动实现列车区间运行的惰行控制，同时节省资源，保证最大能量效率。

五、ATC 系统类型

按照车地通信方式可以分为点式和连续式。

(一) 点式 ATC 系统

点式 ATC 系统因其主要功能是防护列车速度，所以又称点式 ATP 系统。它采用点式设备传递信息，用车载计算机进行信息处理。

1. 点式 ATC 系统的基本结构

点式 ATC 系统由车载设备和地面设备组成，主要是地面应答器、轨旁电子单元（Line-side Electronic Unit）及车载设备（图点式 ATC 系统基本结构）。

地面应答器通常设置在信号机旁或者设置在一段需要降速的缓行区间的始、终端。它接收车载设备发射的能量，内部寄存器按协议以数码形式存放实现列车速度监控及其他行车功能所必需的数据。置于信号机旁的地面应答器，用以向列车传递信号显示信息，因此需要接口电路与信号机相连。地面应答器内所存储的部分数据受信号显示的控制。此接口电路即轨旁电子单元。置于线路上的地面应答器有时不需与任何设备相连，所存放的数据往往是固定的。

轨旁电子单元是地面应答器和信号机之间的电子接口设备，其任务是将不同的信号显示转换为约定的数码形式。LEU 是一块电子印刷板，可根据不同类型的输入电流输出不同的数码。

车载设备是由车载应答器、测速传感器、中央处理单元、驾驶台上的显示、操作和记录装置等部分组成。

① 车载应答器：完成车地耦合电磁联系，将能量送至地面应答器，接收地面应答器所存储的数据并传送到中央处理单元。

② 测速传感器：通常安装在轮轴上，根据每分钟车轮上转数与车轮直径在中央处理单元内换算成列车目前速度。

③ 中央处理单元：核心是安全型计算机，负责对所接收的数据进行加工处理，形成列车当前允许的最大速度，将此最大允许速度值与列车现有的速度值进行比较，以决定是否给出启动常用制动乃至紧急制动的命令。从车载应答器传向地面应答器的高频能量也是由它产生的。

④ 驾驶台上的显示、操作和记录装置：经过一个接口，即可将中央处理单元内的列车现有速度及列车最大允许速度显示出来，这种显示可以是指针式或液晶显示屏方式，按照需要，还可以显示出其他有助于司机驾驶的信息，如距目标点的距离、目标点的允许速度。对于出现非正常的情况、如出现超速报警、启动常用或紧急制动，都可以有记录仪进行记录。

2. 点式 ATC 系统的基本原理

点式 ATC 系统的车载设备接收信号点或标志点的应答器信息，还接收列车速度和制动信息，输出控制命令并向司机显示。地面应答器向列车传送每一信号点的允许速度、目标速度、目标距离、线路坡度、信号机号码等信息。点式 ATC 原理如图 1-3-3。

图 1-3-3 点式 ATC 原理示意图

车载中央控制单元根据地面应答器传至车上的信息以及列车自身的制动率（负加速度），计算得出的两个信号机之间的速度监控曲线。

① 最大运行速度 所允许的最高列车速度；

② 间隔音响警告曲线　当列车车速达到此值时，车载中央处理单元给出音响报警，如果此时司机警惕降速，使车速低于最大运行速度，则一切趋于正常。

③ 常用制动曲线　当列车车速达到此值时，车载中央处理单元给出启动常用制动（通常为启动最大的常用制动）的信息，列车自动降速至最大运行速度以下。若列车制动装置具有自动缓解功能，则在列车速度降至最大运行速度以下时，制动装置即可自动缓解，列车行驶趋于正常，若列车制动装置不具备自动缓解功能，则常用制动使列车行驶一段路程后停下，列车由驾驶员经过一定的手续后重新人工启动。

④ 紧急制动触发曲线　当列车车速达到此值时，车载中央处理单元给出启动紧急制动的信息，确保列车在危险点的前方停下。

（二）连续式 ATC 系统

按车-地信息所用的传输媒介分类，连续式 ATC 可分为：基于轨道电路、基于轨间电缆、基于无线通信。

1. 基于轨道电路的连续式 ATC 系统(图 1-3-4)

该 ATC 系统有速度码系统和距离码系统，其轨道电路都用作双重通道：当轨道电路区段无车占用时，轨道电路发送的轨道电路检测信号或检测码；当列车驶入轨道区段时，立即转发速度信号或有关数据电码。

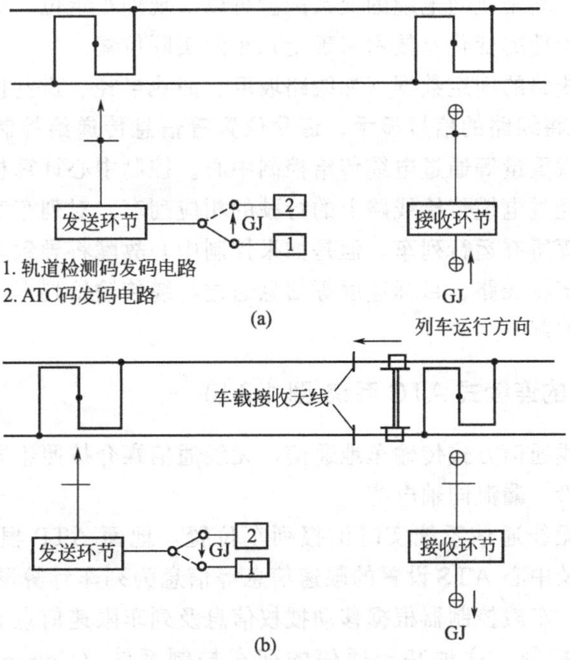

图 1-3-4　基于轨道电路的连续式 ATC 系统示意图

① 速度码系统　速度码系统通常使用频分制方法，采用的是移频轨道电路，即用不同的频率来代表不同的允许速度。由控制中心通过信息传输媒介将列车最大允许速度直接传至车上，这类制式在信息传递与车上信息处理方面比较简单，速度分级是阶梯式的。

但是，由于速度码系统从地面传递给列车的允许速度是阶梯分级的，在轨道电路区段分界处限速值是阶梯式的，这对于平稳驾驶、节能运行及提高行车效率都是非常不利的，因此，速度码系统已逐步被能实时计算限速值的距离码系统代替。

② 距离码系统　距离码系统由于采用的信息电码存在多样性和复杂性，所以必须使用时分制数字电码方式，按协议来组成各种信息。距离码系统采用数字编码音频轨道电路，是目前使用较广泛的 ATC。

距离码系统从地面传至车上的是前方目标点距离等一系列基本数据，车载计算机根据地面传至列车的各种信息（区间的最大限速、目标点距离、目标点的允许速度、区间线路的坡度等）以及储存在车载单元内的列车自身的固有数据（如列车长度、常用制动及紧急制动率、测速及测距信息等），实时计算出允许速度曲线，并按此曲线对列车实际运行速度进行监控。

由于数据传输、实时计算以及列车车速监控都是连续的，所以速度监控室实时、无级的，可以有效地实现平稳驾驶与节能运行。但是这种制式的信息传输是比较复杂的，以钢轨作为信息传输的通道，传输频率受到很大限制，导致车地通信容量很低，同时信息的传输受到牵引回流的影响，传输性能不够稳定；这种制式所实现的主要是准移动闭塞，所以列车间隔的进一步缩短和列车速度的提高受到很大限制。

2. 基于轨间电缆的连续式 ATC 系统

采用轨间电缆的列车控制系统，是利用轨间铺设的电缆传输信息的，轨间电缆是车地通信的唯一通道，为了抗牵引电流的同时完成列车定位功能，轨间电缆每隔一段距离（如 25m 或 50m）作一次交叉。利用轨间电缆的交叉配置可以实现列车定位，每当列车驶过电缆的交叉点，通过检测信号极性的变化及技术来确定列车的实际位置。

控制中心储存了线路的固定数据（如线路坡度、曲线半径、道岔位置、环形区段的位置与长度等）。联锁系统将线路的信号显示、道岔位置等信息传递给控制中心，列车也将其列车速度、列车长度、载重量等通过电缆传给控制中心。控制中心计算机根据这些数据计算出此时的允许速度，再经过电缆传给线路上的行驶的相应列车，对列车实现控制。这种方法可以由控制中心统一指挥所有运行列车，但是如果控制中心故障将导致全线瘫痪。另一种方法是控制中心和联锁系统将线路、目标速度等信息通过电缆传输给列车，由车载计算机计算其允许速度对列车实现控制。

3. 基于无线通信的连续式 ATC 系统(图 1-3-5)

此方式是通过无线通信方式传输车地通信，无线通信媒介按照不同运营环境可分为：无线自由波、漏泄波导管、漏泄同轴电缆。

列车向地面通过无线通信系统实时汇报列车位置，地面 ATP 根据联锁提供的进路信息、列车位置信息以及中心 ATS 设置的限速信息等信息为列车计算移动授权，并通过无线通信系统发送给列车，车载控制器根据移动授权信息及列车限速信息等状态信息计算目标距离曲线，对列车进行控制，这种基于通信的列车控制系统（Communication Based Train Control，CBTC）是目前最先进的 ATC 系统之一。

CBTC 系统采用先进的计算机、通信、控制技术连续监测列车运行的移动闭塞方式的列车运行控制系统，它摆脱了轨道电路等判别列车对闭塞分区的占用与否的限制，突破了固定（准移动）闭塞的局限性，较传统系统具有更大的优越性。

在国内外城市轨道交通在建、规划建设、既有线改造等，大都采用 CBTC 系统，大大提高了信号系统的安全性，并有效提升了线路运营效率。目前著名的 CBTC 系统提供商有：

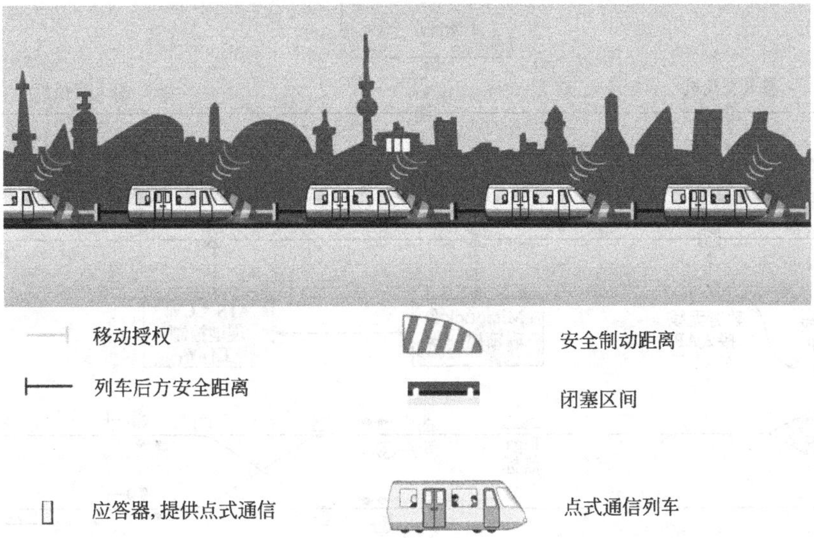

图 1-3-5　基于无线通信的连续式 ATC 系统示意图

加拿大的阿尔卡特（ALCATEL）和庞巴迪（Bombardier）、法国的阿尔斯通（ALSTOM）、德国的西门子（SIEMENZ）、美国的安萨尔多（ANSALDO）、北京交控科技（TCT）等。

六、安萨尔多 CBTC 系统基本认知

郑州地铁 1 号线正线信号系统设备采用基于无线通信列车控制系统（CBTC），同时还提供了 CBTC 功能故障情况下的点式 ATP 列车超速防护系统。包括列车自动防护 ATP、列车自动运行 ATO、列车自动监控 ATS、正线计算机联锁 CI 四个子系统构成。其 ATC 核心的系统主要由安萨尔多公司提供。

（一）系统组成

如图 1-3-6 所示，CBTC 信号系统主要由以下子系统和设备组成：控制中心 ATS、车站 ATS/LCW 现地控制工作站、区域控制器、车载控制器、联锁控制器、数据存储单元、数据通信系统等。

1. 中央列车自动监控子系统(ATS)

ATS（列车自动监控）是用于城市轨道交通 ATC（自动列车控制）系统的一个子系统。它是基于现代数据通讯网络的分布式实时计算机控制系统，通过与 ATC 系统中的 ATP（自动列车保护）、ATO（自动列车驾驶）和 MLKⅡ（微机联锁）子系统的协调配合，完成对高密度城市轨道交通运输信号系统的自动化管理和全自动行车调度指挥控制，包括中心 ATS 和车站 ATS。

ATS 系统监督功能是将列车运营及轨旁设备的状态和信息，通过控制中心或车站的调度终端实时显示出来，调度员可以通过这些终端屏幕，实时了解和掌握列车的实际运行情况以及轨旁信号设备的显示情况，以便及时对行车作业进行分析和调整，保证全线运营安全高效有序进行。

ATS 系统控制功能是向轨旁联锁系统发出指令办理进路，指挥列车按照列车运行图来运行。ATS 可以绘制列车实迹运行图，并动态地对偏离运行图的列车进行调整。

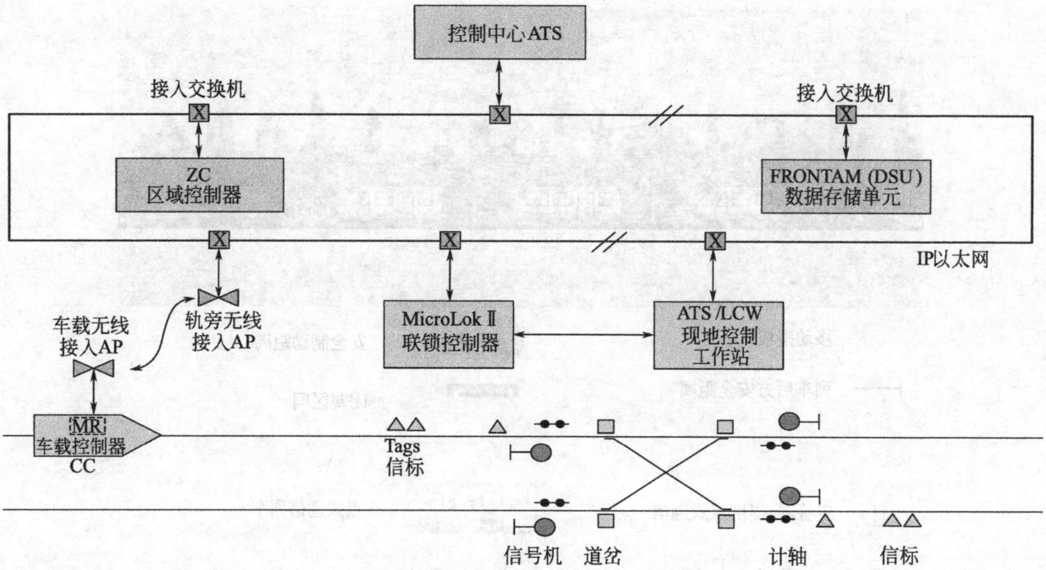

图 1-3-6　CBTC 系统架构示意图

ATS 系统主要特点：

- 系统关键单元的 1+1 防护，故障情况下无需人工干预的热备切换；
- 集中后备架构，在中央故障时仍可完成自动控制功能；
- 模块化的软件设计，灵活适应用户的需求，并可满足系统扩容的需要；
- 对于涉及安全的操作，提供二次确认的操作；
- 符合人机工程原理的标准化图形用户界面；
- 全系统的时钟同步。

2. 区域控制器

区域控制器安装在轨旁，是基于处理器的安全控制器。每个区域控制器通过数据通信子系统和车载控制器连接。区域控制器通过运用 CBTC 的移动闭塞概念，确保列车的安全运行。

区域控制器基于已知的障碍地点和预计的交通荷载，确定预定义的地区（区域）内所有列车的移动权限。区域控制器接收临时限速（TSR）指令以及该区域内列车发出的位置信息。区域控制器与 MicroLok Ⅱ接口，以控制和表示轨旁设备。每个区域控制器都是以三选二表决配置为基础。

3. 数据存储单元

用来保存轨道数据库数据。临时速度限制储存在区域控制器中。

4. 联锁控制器 MicroLok Ⅱ

MicroLok Ⅱ负责安全执行传统联锁功能。MicroLok Ⅱ从辅助列车检查计轴系统中获得列车位置信息。MicroLok Ⅱ与轨旁设备接口，诸如转辙机、LED 信号机等。为保证正确的 CBTC 运行，MicroLok Ⅱ还与区域控制器（ZC）接口。

如果区域控制器出故障，列车的安全运行通过联锁控制器和轨旁 LED 信号机来实现。

如果数据通信子系统或车载控制器出现故障，列车以地面信号显示作为主体信号运行。另外，如果数据通信子系统（无线部分）出现故障，系统提供超速防护功能并防止列车冒进红灯信号。

5. 集成了ATS车站工作站和本地控制工作站功能的工作站

集成了ATS工作站/本地控制工作站功能的工作站位于设备集中站的本地调度室。该工作站通常用于监督列车运行，也可用于联锁的人工控制。

当中央和本地ATS功能均不可用时，MicroLok自动设置正线追踪的直通进路，并在终端站自动提供折返进路，通过本地操作终端实现联锁进路的设置和取消。

6. 车载控制器

车载控制器包括基于微处理器的控制器、相关速度测量及位置定位传感器（在地面应答器的辅助下）。车载设备与列车的各子系统接口，并通过数据通信子系统与区域控制器接口。车载控制器负责列车定位、执行允许速度、执行移动授权以及其他有关的ATP和ATO功能。车载控制器采用三取二表决方式。每端的ATO有一套冗余的设备。如果一个ATO单元故障，同一端的另一个ATO单元将接替工作。切换是自动的，不需要人工干预。

五种列车驾驶模式：ATO自动驾驶模式（AM），连续式ATP监控下的人工驾驶模式（ATPM），点式ATP监控下的人工驾驶模式（iATP），限制人工驾驶模式（RM）和非限制人工驾驶模式（NRM）。另外，还有一种用于自动折返的模式（ATB），可以实现无人自动折返。

7. 数据通信子系统

数据通信子系统使用UDP/IP协议，在信号系统各设备之间提供双向的、安全的数据交换，它提供开放的通信接口和体系架构。应用国际通行的协议：有线网使用IEEE802.3，无线通信使用IEEE802.11g，它是一个非安全（Non-vital）的系统，但是通过其传送的消息受安全算法的保护。系统设计能够消除单个独立故障或多个相关故障对系统的影响，通信系统对列车控制操作是透明的，DCS能够满足系统对于数据传输延时和数据率的要求。

以太网为所有子系统提供了相互通信的途径。系统提供双环冗余骨干网络。ATS接入骨干网络是通过有线交换机实现的。

（二）系统接口

CBTC系统各子系统接口如图1-3-7，具体介绍如下。

1. ATS与ZC间接口

ATS与ZC接口信息主要包括：列车占用信息、移动授权终点信息、临时限速信息确认信息及告警信息等。

2. ATS与CI间接口

ATS与CI接口信息主要包括：轨旁设备（信号机、计轴区段、屏蔽门、紧急停车按钮等）状态信息，进路状态信息、命令交互信息。

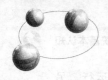

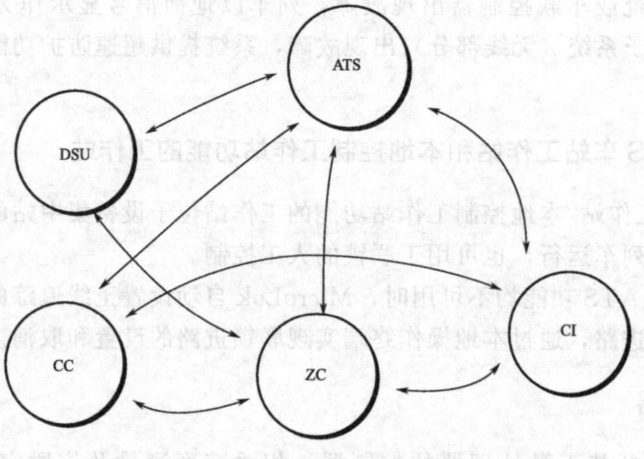

图 1-3-7　CBTC 系统各子系统接口示意图

3. ATS 与 DSU 间接口

ATS 与 DSU 接口信息主要包括：临时限速信息及告警信息等。

4. ATS 与 CC 间接口

ATS 与 CC 接口信息主要包括：列车识别号、计划时刻表号、扣车请求、统一时钟信息、运行方向、停稳信息、停车时间、下一站运行等级及告警信息等。

5. ZC 与 CC 间接口

ZC 与 CC 接口信息主要包括：移送授权信息、临时限速信息、无人折返信息、数据库版本号信息、列车运行状态、速度、位置、级别、驾驶模式、完整性等。

6. ZC 与 DSU 间接口

ZC 与 DSU 接口信息包括：临时限速信息、数据库版本号信息等。

7. CC 与 CI 间接口

CC 与 CI 间接口信息包括：打开/关闭屏蔽门信息。

总之，CBTC 系统各子系统在独立执行各自功能的同时密切配合，协同控制，共同实现了 CBTC 系统各项功能。

思考题 ▶▶▶

1-1　什么是列车运行控制系统？它包含哪些子系统？每个子系统分别具备怎样的功能？

1-2　列车运行控制系统设备主要分布在哪些地方？各系统设备间具有怎样的相互关系？如何实现系统设备间的通信？

1-3　按照不同的列车运行闭塞方式，列车运行控制系统可以分为哪些类型？

1-4　什么是 CBTC？CBTC 如何实现移动闭塞？CBTC 目前在国内主要有哪些具体系统

应用？为什么说 CBTC 是未来城轨列车运行控制系统的发展趋势？

1-5　在列车运行控制系统中，CBTC 主要有哪两个基本类型？

1-6　列车运行控制系统如何实现列车定位？列车定位方式不同，对系统的总体设计和功能实现有哪些影响？

1-7　列车运行控制系统有哪些车-地通信方式？不同的车-地通信方式各有什么特点？

项目二
ATS设备维护

项目导引 ▶▶▶

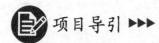

ATS系统的全称是列车运行自动监督，其主要功能是对车站和区间的信号设备状态和运行的列车情况进行监视和控制。整个ATS系统的主要构架就是工作台、服务器和网络设备，所有的功能都是通过计算机软件来实现的。学习完本项目后，应当具备按照信号检修作业标准进行ATS相关设备的日常维护、设备检修和故障分析处理的专业技能并独立完成专业岗位工作，包括：

• 观察城轨控制中心ATS系统设备的各项监控信号，判断设备运行状态；

• 城轨控制中心自动监控系统设备日常养护，按照设备修程进行列控设备检查、测试与调整；

• ATS车站及中心设备的日常养护；

• 设备机柜的日常养护维修与按照规定修程的测试维修工作；

• 控制中心自动监控系统设备的故障处理。

一、ATS系统功能

ATS系统一般具备的主要功能包括：监督列车运行；编译及管理时刻表；监控运行、对偏离时刻表或非计划性的列车运行做出响应，对计划列车运行偏差的自动调整；自动排列列车进路；列车识别；人工控制列车进路，实现对进路要素的单独控制/设置等功能；运行记录的统计、自动保存/归档，以及完善的系统维护/备份功能；ATS子系统局部故障或其他子系统故障下的降级运行管理；信号设备信息回放；实现与地铁其他系统的信息交换接口功能；列车节能运行的考虑。

（一）控制中心人机接口功能

① 时刻表的编辑及管理：编辑及管理时刻表，并支持在线修改。

② 联锁控制功能：使行车调度员能够人工控制道岔和进路。

③ 基本操作命令：行车调度员可通过MMI执行其他的命令操作。

④ 监视和报警功能：设备故障及列车运行异常等信息在MMI上给出报警及故障源

提示。

⑤ 数据记录：能自动进行列车运行数据统计，自行生成报表功能，并根据要求进行显示和打印。

⑥ 事件记录：系统提供事件记录功能，包括调度员的操作命令、列车运行状态在内的运营数据的实时记录。

⑦ 操作用户管理：包括各用户的责权范围、工作站控制范围的设定及转换、工作人员身份鉴别及进入和退出系统的登记及注销等。

(二) 列车识别号跟踪、传递和显示功能

系统能够自动完成对正线域内的列车进行识别和跟踪。列车识别号可由中央ATS系统根据计划时刻表自动生成并分配给列车，或由司机人工在列车上设置后发送给中央ATS。识别号随着列车的走行而自动跟踪，并可由调度员人工修改。

列车识别号由车组号、服务号、车次序列号、目的地号、乘务组号及运行方向符号等组成。车组号（2位数01～99）即车辆编组号。服务号（2位数01～99）是列车出段投入服务时的顺序编号，在正常运行中一般不改变。序列号（2位数01～99）按列车运行顺序及方向顺序编制，上行为偶数下行为奇数。乘务组号（3位数001～999）与乘务员人数有关。目的地号（2位数01～99）与列车运行目的地及目的地作业方式有关。运行方向符号用箭头表示，代表指向目的地方向。

(三) 运行图调整

列车自动调整功能是在列车自动驾驶（ATO）模式下，通过列车实际运行时分与计划时刻表内的运行时刻比较，用ATP（列车自动保护）报文的形式把相应的计算结果（运行时分计算值）经过轨道电路传递给列车。ATS同时通过控制运营停车（OSP）的释放，来实现列车自动调整，保证列车按照当前时刻表运行，甚至还能够让列车自动保持在一定的间隔下运行。

发生突发事件导致列车发生较大的延误，或调度员根据行车组织的需要，需增加或减少列车投入运营服务等情况下，可以进行人工调整运行图。

(四) 中央设备故障下的RTU降级功能

OCC与车站RTU之间联系中断时，RTU负责驾驶模式的控制（降级模式）。在降级模式下，RTU可以根据从PTI读取的列车数据排列进路，并控制列车按照默认的停站时间及区间运行时间运行。

(五) ATS模拟和培训设施

ATS系统还配备一套离线工作状态的模拟培训设施。模拟培训设施以线路、车站设备及在线运营列车等状况为对象，控制、显示信息及实际使用基本与真实系统一致。在离线工作状态时可作为培训列车调度员及维修人员之用。

二、ATS系统结构

ATS系统主要由中央ATS、车站ATS组成，如图2-0-1所示。通过DCS子系统提供的冗余以太网，ATS子系统的每一台主机都连接到两个网络，可以互相访问其他所有主机的

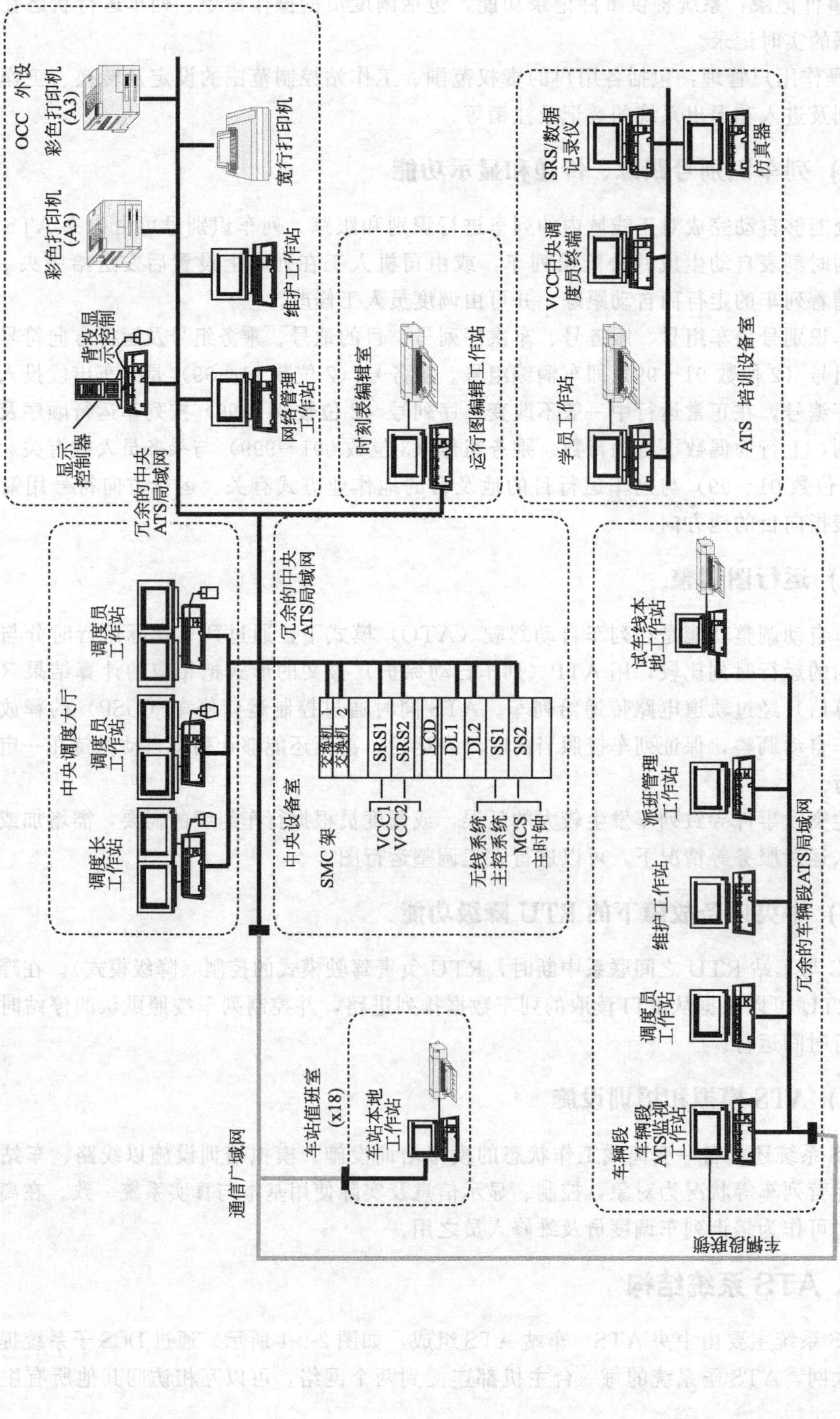

图 2-0-1 ATS 系统设备图

数据。

中央级作为整个 ATS 系统的核心，分别由设备、电缆、计算机、计算机外设、网络、计算机软件等构成。中央 ATS 是基于多用户多任务的功能强大的 Linux 操作系统。中央级 ATS 设备主要运行控制应用软件、系统主数据库软件和通信应用软件，用以计算、存储所有系统外部的数据信息，为整个信号系统提供控制信息。中央级设备主要包括主机服务器、数据库服务器、通信服务器、接口服务器、网络设备、调度员工作站、培训服务器、培训工作站等。

车站级 ATS 设备主要是运行终端软件，提供实现 ATS 功能的人机界面。车站级设备主要包括设备集中站 ATS 工作站、非设备集中站 ATS 工作站、车辆段值班工作站、派班工作站、网络设备等。

为了提高 ATS 系统的可靠性，特设置一套远程 ATS 主服务器、通信服务器和接口服务器放置于设备集中车站的信号设备室。在中央 ATS 服务器不可用时，这些服务器为中央 ATS 服务器提供第三级备份服务。

任务一 ●●● ATS 中心设备维护

一、中心 ATS 系统功能架构

中心 ATS 系统功能架构如图 2-1-1，具体介绍如下。

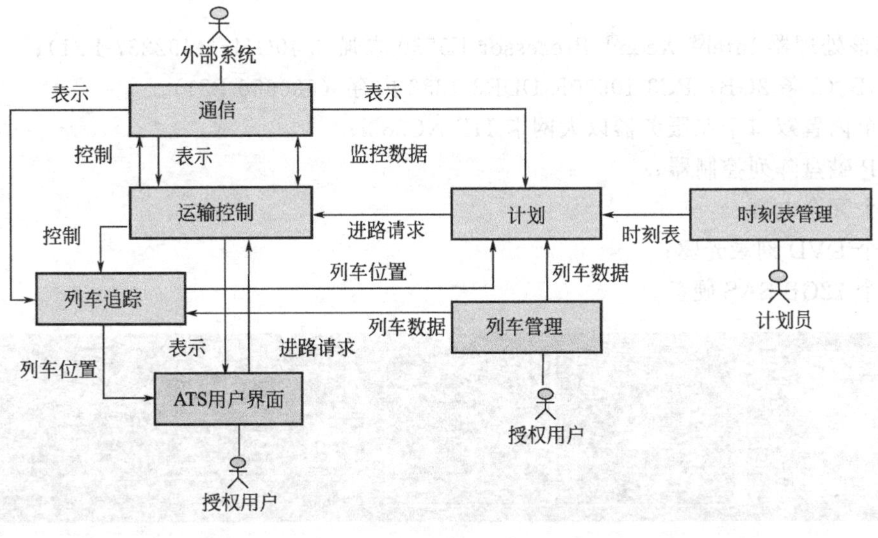

图 2-1-1　中心 ATS 系统功能架构

① 通信功能为包括轨旁车站在内的外部系统提供接口。中央 ATS 向轨旁传输控制并通过轨旁车站从现场设备处接收状态表示。

② 运输控制功能从用户界面或计划子系统生成控制和进路请求。运输控制验证请求之后将其传送至现场（或确认无效将其拒绝）。

③ 列车追踪功能监测控制和表示，监测列车标识和位置，关联列车标识至移动权限（MAL）或计轴系统提示的轨道占用。列车追踪系统亦将发送列车位置至 ATS 用户界面和计划子系统。

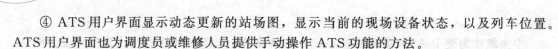

④ ATS用户界面显示动态更新的站场图，显示当前的现场设备状态，以及列车位置。ATS用户界面也为调度员或维修人员提供手动操作ATS功能的方法。

⑤ 计划子系统接收所有的控制和表示、列车位置以及时刻表数据。计划子系统使用该信息做出进路决定、向运输控制发送进路请求以及通过非安全列车性能控制来提供时刻表调整。

⑥ 列车管理子系统提供用户界面来为计划和时刻安排输入列车数据。

⑦ 时刻表管理子系统为计划员提供一用户界面，用以创建和编辑列车时刻表并向计划子系统提供时刻表信息。

二、中心ATS设备组成

(一) OCC信号设备室

1. 主/备 ATS主服务器(Host Servers)

主机服务器主要完成列车追踪、自动调度、自动进路、自动列车调整和控制请求确认等功能。此外，还提供与时钟系统的接口。

软硬件组成（以下服务器均为此种软硬件配置）如下。

操作系统是：Red Hat Enterprise ES 5。

ATS主服务器（主/备双机）采用HP DL380 G7服务器（图2-1-2、图2-1-3），具体配置如下：

- 四核处理器Intel® Xeon® Processor E5530 志强 2.40GHz（492237-L21）；
- 4GB（2条2GB）PC3-10600R DDR3-1333内存（500656-B21）。
- 2个内置双口千兆服务器以太网卡HP NC382i；
- HP磁盘阵列控制器；
- 2个冗余电源；
- 1个DVD刻录光驱；
- 2个72GB SAS硬盘。

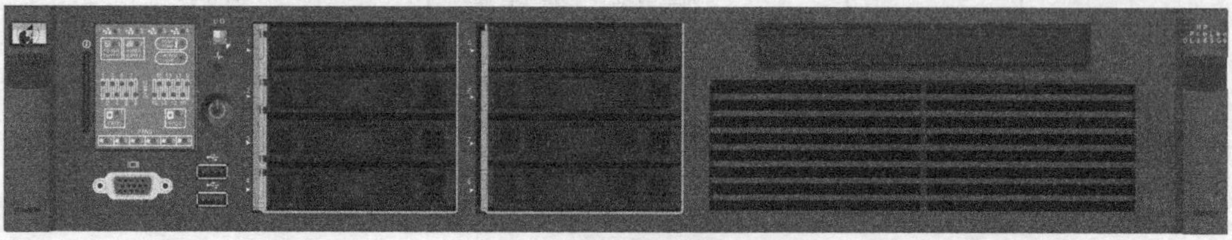

图2-1-2 主机服务器正面视图

OCC信号设备室内共有两个主服务器，一主一备，和车站信号设备室内的第三台备用主服务器一起，相互热备。

2. 主/备 ATS通信服务器(Communication Servers)

ATS通信服务器是三台同样的服务器，一台备用在车站，两台在OCC信号机房。它运行与外部系统通信的软件，通过接口服务器与外部系统进行通信。通信服务器处理所有从外部系统接收的数据（通过接口服务器），并向外部系统发送其所需数据（同样通过接口服务

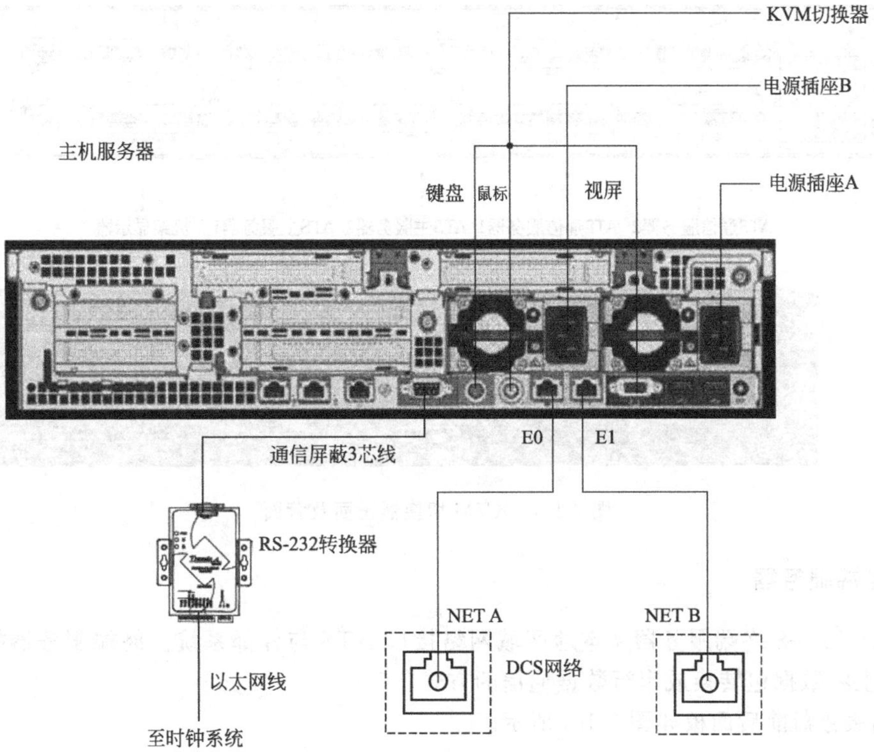

图 2-1-3 主机服务器背面视图

器)。CBTC 其他的子系统接口包括 Microlok、DSU/FRONTAM、ZC、CC、时钟（通过主机服务器处理）以及 DTI（通过 SCC 处理）。

软硬件配置如下。

① 操作系统是：Red Hat Enterprise ES5。

② ATS 通信服务器（主/备双机）采用 HP DL380 G7 服务器，具体配置同主服务器。

OCC 信号设备室内共有两个通信服务器，一主一备，相互热备。

3. 机架显示器及 KVM 切换器

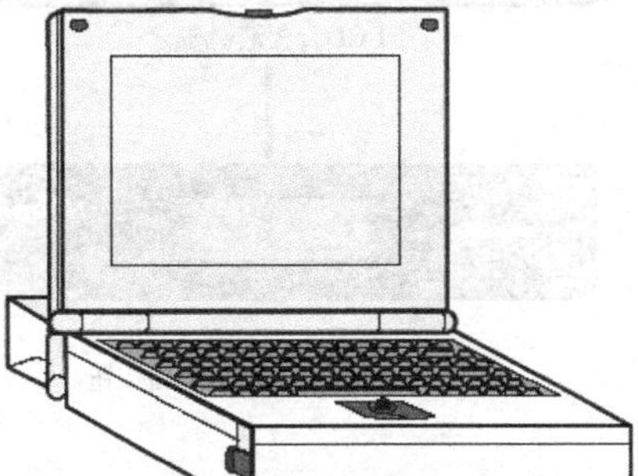
图 2-1-4 机架显示器

OCC 信号设备室内每个 ATS 机柜内都有多个服务器，为了节省空间，多个服务器共用一套鼠标键盘显示器，通过设置 KVM 切换器和机架显示器，切换各服务器对主机外设（鼠标、键盘、显示器）的使用权。

机架显示器如图 2-1-4 所示。

机架显示器包括显示器、嵌入式的鼠标和键盘，后接 KVM 切换器（图 2-1-5）的输出线。

背面接口 cpu 1～4 连接本机柜中的各个需要显示的服务器，USER 接口接机架显示器的接口；正面指示灯中，power 灯表示 KVM 切换器上电状态，正常为绿色，接口灯表示连接状态和数据传输状态，正常状态为闪烁。

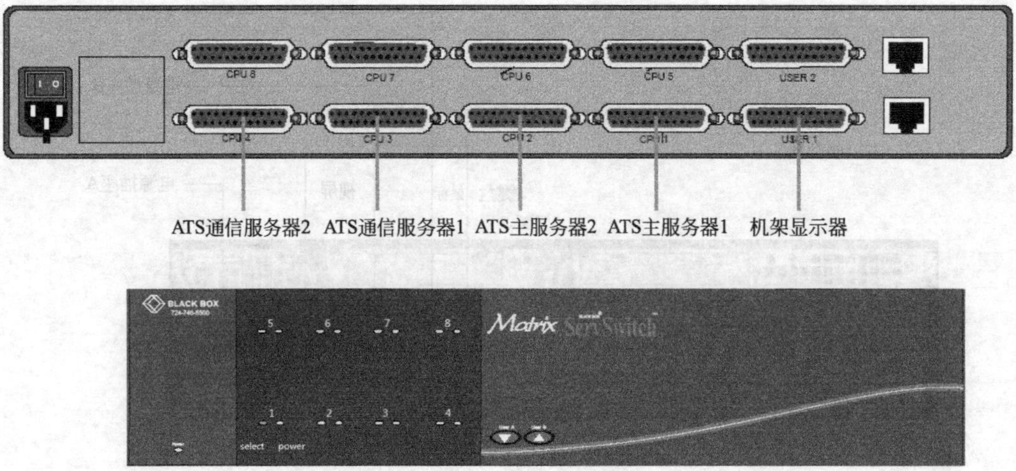

图 2-1-5　KVM 切换器正面及背面

4. 终端服务器

Moxa 5650-8 终端服务器从本地区域网络接口 ATS 与外部系统。终端服务器提供在冗余 LAN 上将数据包转换成串行数据通信的方式。

终端服务器前后面板如图 2-1-6 所示。

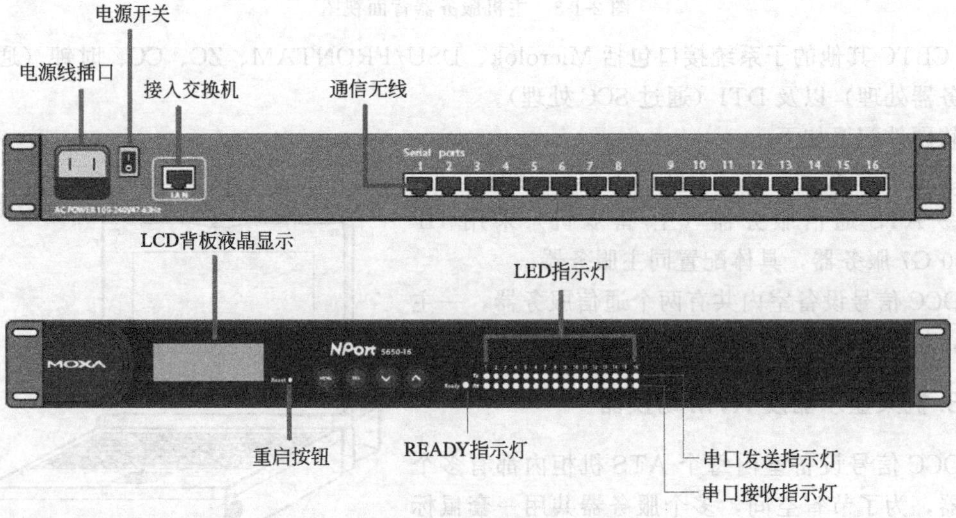

图 2-1-6　终端服务器正、背面板图

终端服务器用于通信无线系统与 ATS 系统的接口协议转换。

5. RS-232 转 485/422 转换器及其电源

主机服务器与时钟系统的接口为串行接口，主机服务器提供的串行接口类型为 RS-232 串行接口，时钟系统提供的串行接口为 RS-422 串行接口，因此需要串口转换器来对串口进行转换。串行接口转换器的接口和面板如图 2-1-7。

上面的接口接主机服务器提供的 RS-232 的串口，3 号、4 号线接通信机房过来的 RS-422 串口的 RX 和 TX，10 号 11 号线口接电源的正、负极。

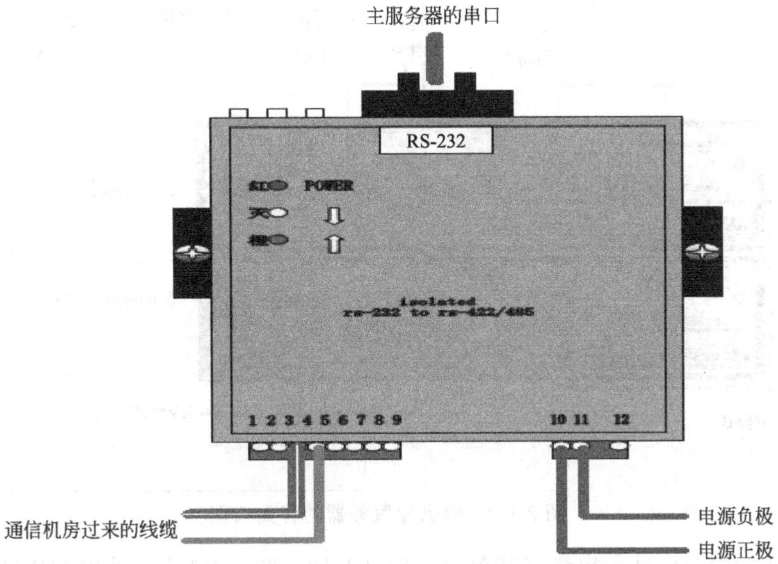

图 2-1-7 串行接口转换器的接口和面板

面板上有三个指示灯，正常状态颜色为红、灰和橙色。

6. ATS 接口服务器(Interface Servers)

ATS 接口服务器是冗余配置，无论外部接口是通过串口或是网络连接，接口服务器提供与其他 CBTC 子系统和外部系统间的接口和协议转换。外部系统接口包括时钟、无线、PIS、ISCS 等。

接口服务器应用软件处理 ATS 和外部接口之间的协议。对于 ATS 和外部系统间的串行连接，通过终端服务器提供网络连接，并在 ATS 和外部系统之间传送数据包。

接口服务器一台放置于控制中心，一台放置于车站，两台接口服务器互为备用。两台接口服务器均通过 DCS 网络与 ATS 系统相连。接口服务器从 ATS 系统中获取外部接口所需的信息，经过协议转换处理分别发送给各个外部系统。

操作系统是：Red Hat Enterprise ES 5。

ATS 接口服务器（主/备双机）采用 HP DL380 G7 服务器，具体配置同主机服务器。

7. 主/备 ATS 数据库服务器(Database Servers)与磁盘阵列(SAN)

数据库服务器持续存储接收到的事件、ATS 用户控制请求，ATS 自动控制请求、报警，并为用户生成包含所有这些数据的报告。

ATS 数据库服务器（主/备双机）采用 HPDL380G7 服务器，具体配置同上主机服务器。数据库服务器的正、背面板如图 2-1-8、图 2-1-9。

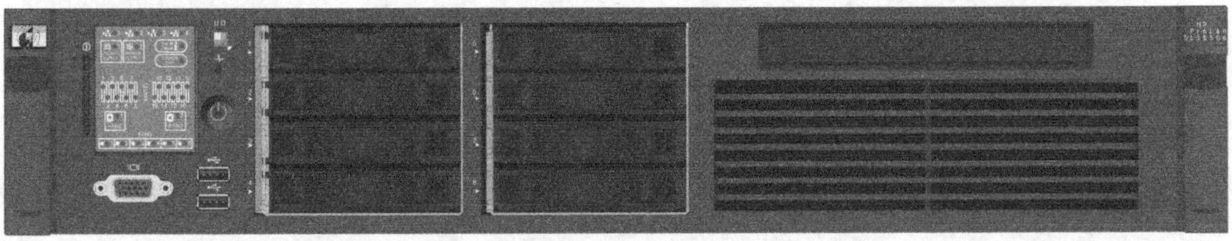

图 2-1-8 数据库服务器的正面板图

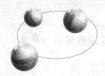

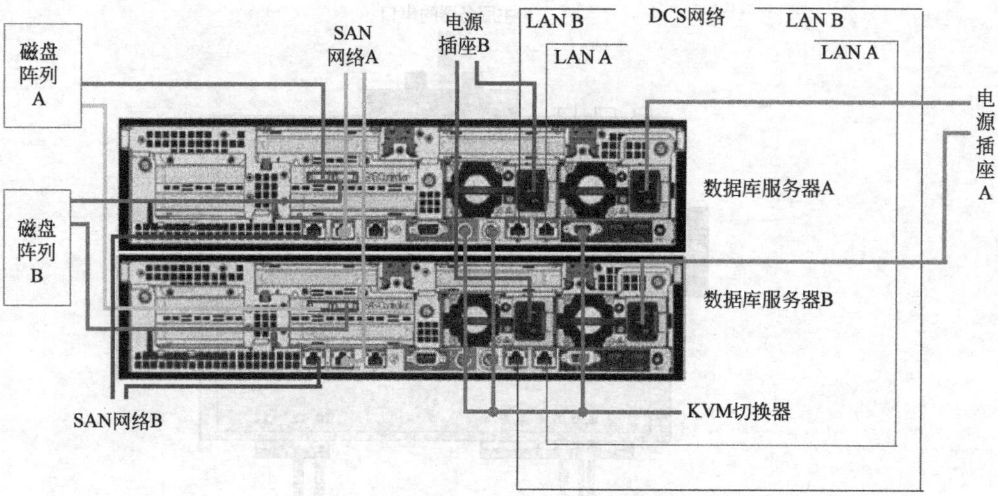

图 2-1-9　数据库服务器的背面面板图

磁盘阵列（SAN）是大容量存储单元（图 2-1-10、图 2-1-11），采用 HP MSA2000 智能磁盘阵列，具体配置如下：

- 惠普 MSA2312sa 双控制器智能磁盘阵列；
- 惠普 SAS 线缆（2m，4 根）；
- 惠普 146GB SAS 硬盘（12 块）。

图 2-1-10　磁盘阵列的正面面板图

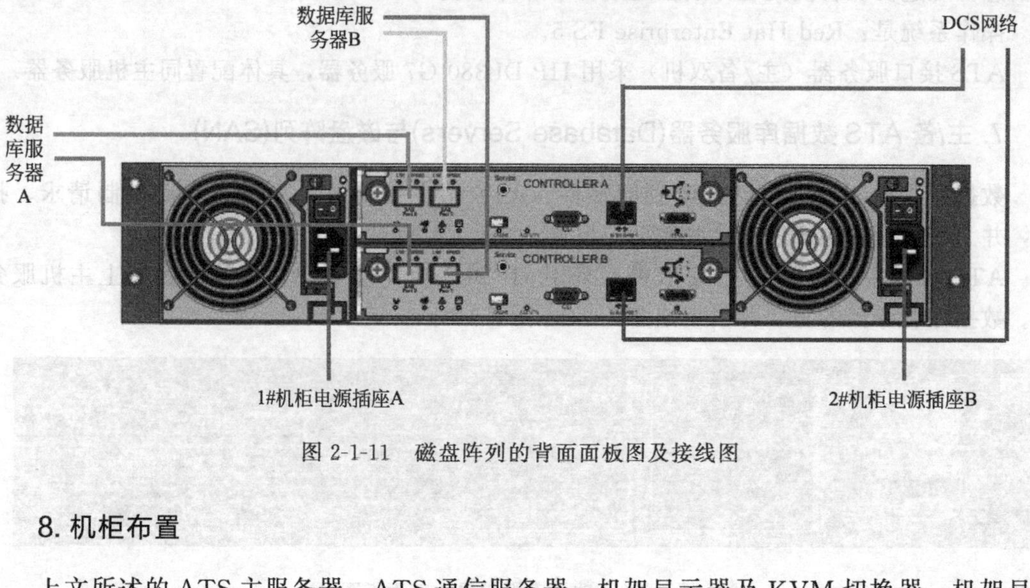

图 2-1-11　磁盘阵列的背面面板图及接线图

8. 机柜布置

上文所述的 ATS 主服务器、ATS 通信服务器、机架显示器及 KVM 切换器、机架显示器及 KVM 切换器、RS232 转 485/422 转换器及其电源设置安装，这些设备都安装于 ATS 机柜 1 内，机柜布局如图 2-1-12 所示。

上文所述的机架显示器及 KVM 切换器、ATS 接口服务器、ATS 数据库服务器与磁盘阵列，这些设置安装于 ATS 机柜 2 内，机柜布局如图 2-1-13 所示。

NWS-L-B
NWS-W-B
NMS-L-A
NMS-W-A
终端服务器 A
终端服务器 B
232-422 转换器及其电源
主服务器
主服务器
机架显示器
KVM 切换器
通信服务器
通信服务器

图 2-1-12　机柜 1 设备图

SAN 网络交换机
接口服务器
磁盘阵列
机架显示器
KVM 切换器
数据库服务器
数据库服务器

图 2-1-13　机柜 2 设备图

(二) OCC 值班室内

系统管理工作站（图 2-1-14）是 OCC 调度员和 ATS 系统之间的人机接口，同时还作为与“轨道交通指挥中心”的接口界面。一台操作员工作站包括计算机主机、彩色监视器、数字字母键盘和一个鼠标。通过拖放操作选择工具条上的图标可以选择执行不同的功能。系统允许同时打开几个窗口并随意在屏幕上拖动。多窗口技术使几个系统功能可以同时执行。

(三) 培训室内

1. 培训服务器(ATS Training Server)

ATS 系统有培训 ATS 管理和使用人员的功能，即配置配套的培训服务器及工作站，除数据之外，培训室设备与现场所用设备配置完全一致，软件也一样，并同步更新。

培训服务器（图 2-1-15）采用 HP DL380 G7 服务器，具体配置同主机服务器。

2. 培训工作站(ATS Training Server)

培训工作站采用 HP xw4600 Workstation，具体配置同系统管理员。

(四) OCC 大厅内

1. 大屏幕显示工作站(Large Screen Display Workstation)

大屏幕显示工作站采用 HP xw4600 Workstation，具体配置同系统管理员。

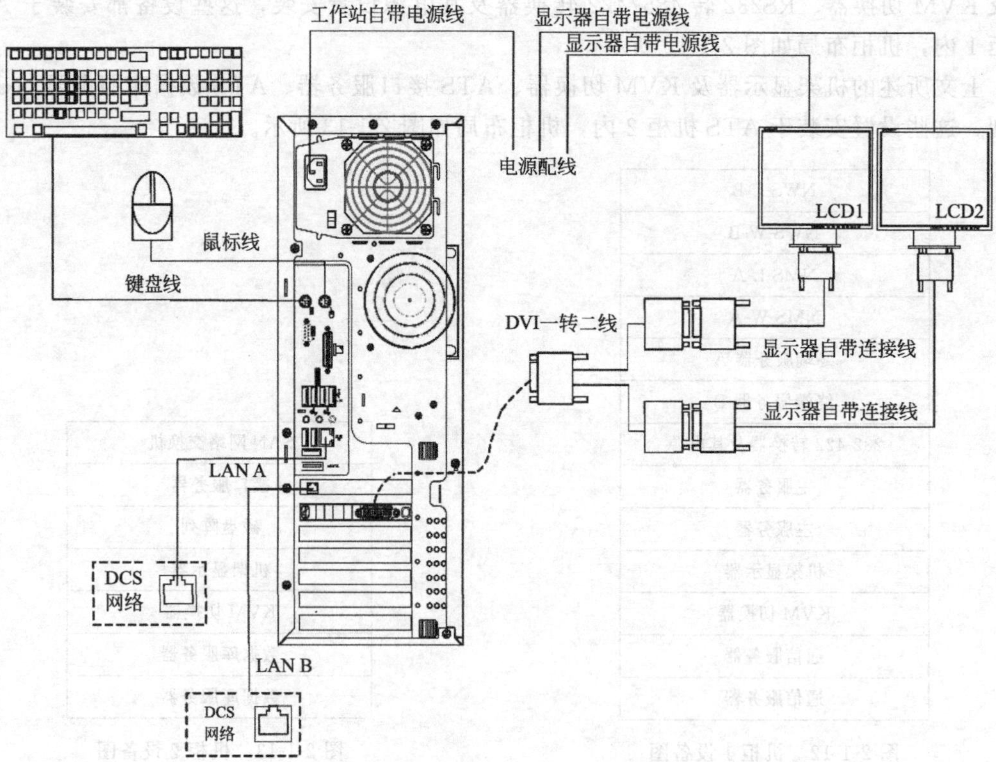

图 2-1-14　系统管理工作站设备图

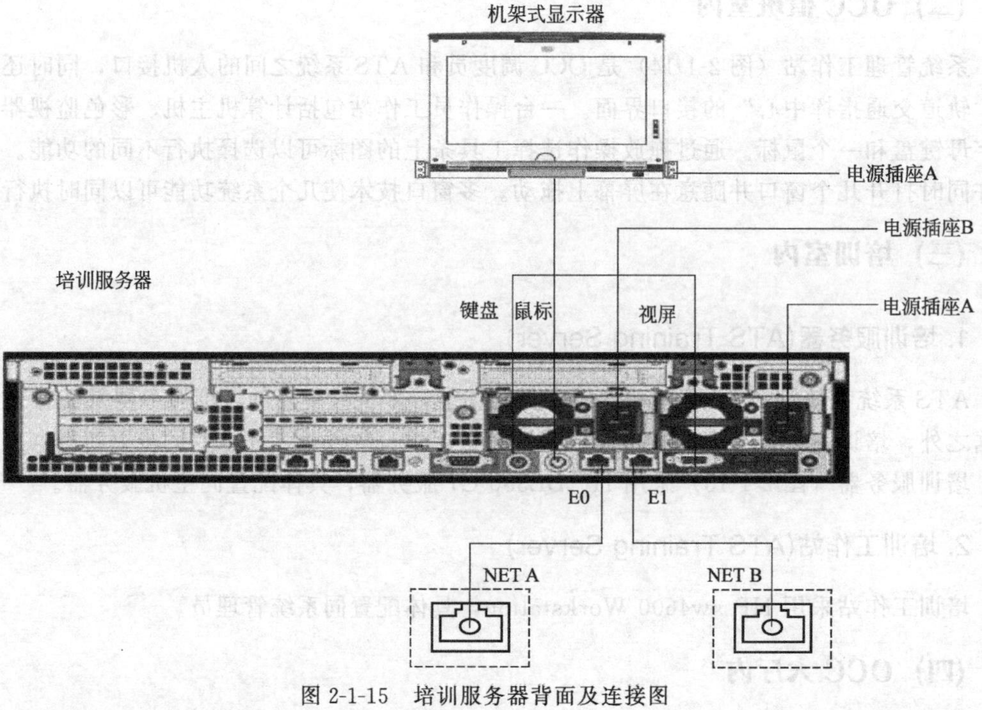

图 2-1-15　培训服务器背面及连接图

2. 调度主任工作站和调度员工作站

配置同系统管理员。

OCC 调度员和 ATS 系统之间的人机接口，同时还作为与“轨道交通指挥中心”的接口界面。一台操作员工作站包括 SUN 工作站、彩色监视器、数字字母键盘和一个鼠标。通过拖放操作选择工具条上的图标可以选择执行不同的功能。系统允许同时打开几个窗口并随意在屏幕上拖动。多窗口技术使几个系统功能可以同时执行。

功能包括以下对话框：

- 系统概况
- 线路概况
- 车次号概况
- 详细线路图
- 操作授权对话框
- 控制职责对话框
- 时刻表装载对话框
- 记录与回放对话框
- 联锁对话框
- ATR 对话框
- TMT 对话框
- TGI 对话框
- LCP 对话框
- 车辆段服务对话框
- 存档对话框
- 存档管理对话框
- 发布命令列表
- 操作日志
- A、B 和 C 类报警列表
- 报告对话框
- 登录/注销对话框

3. 打印设备

打印机通过 TCP/IP 以太网连接到 ATS 服务器。通常采用以下类型的打印机：

① 两台 A4 激光打印机用于打印列表（如报警列表）；

② 一台 A3 彩色激光打印机用于打印运行图和屏幕内容。

(五) 运行图室

时刻表编辑工作站（Schedule Editing Workstation）配置同系统管理员。

时刻表编辑工作站是 ATS 系统的一个工具，用于执行以下两个任务，如图 2-1-16 所示。

① 离线创建和验证运行时刻表；

② 在线为系统调度实际运行时刻表。

图中为正在运行中的列车运行图，纵轴为车站。横轴为时间，白线左边为实际运行图，白线右边为计划运行图。

在离线系统中，时刻表创建功能可用图形方式，在很短时间内产生一个完整的时刻表，并且会考虑相关的运行因素。时刻表编辑工作站在线环境用于修改当前运行时刻表。

三、ATS 中心设备简单操作

ATS 设备工作站的软件界面非常友好和清晰，会逐步引导操作员到下一个可能的选择。这样，为执行一个操作，操作员并不需要深入了解系统。而作为维护人员，仅仅需要对其软件界面的显示状态有一定程度的认识和理解即可。

1. 列车追踪

ATS 系统对在线所有的运行列车进行实时的监视和跟踪，并在相应的轨道图上显示列车的位置和状态。轨道图界面如图 2-1-17。

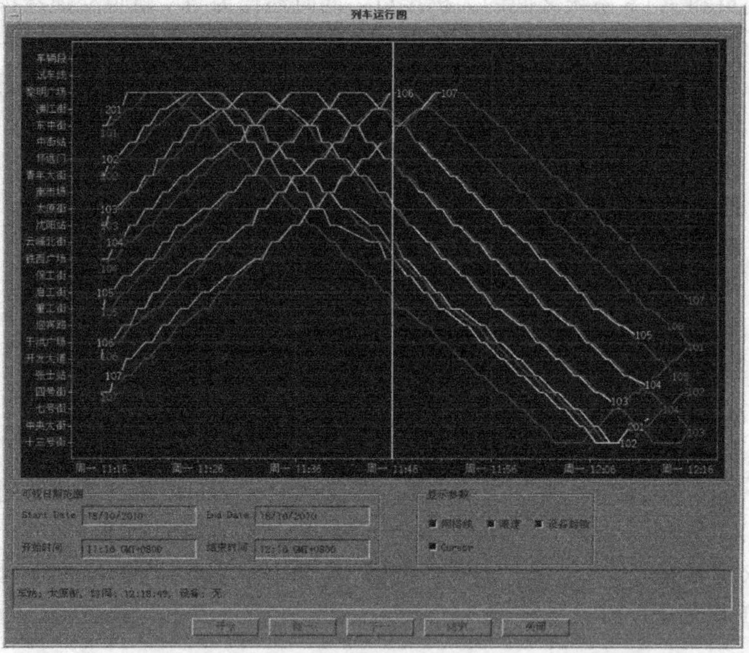

图 2-1-16　时刻表编辑工作站界面

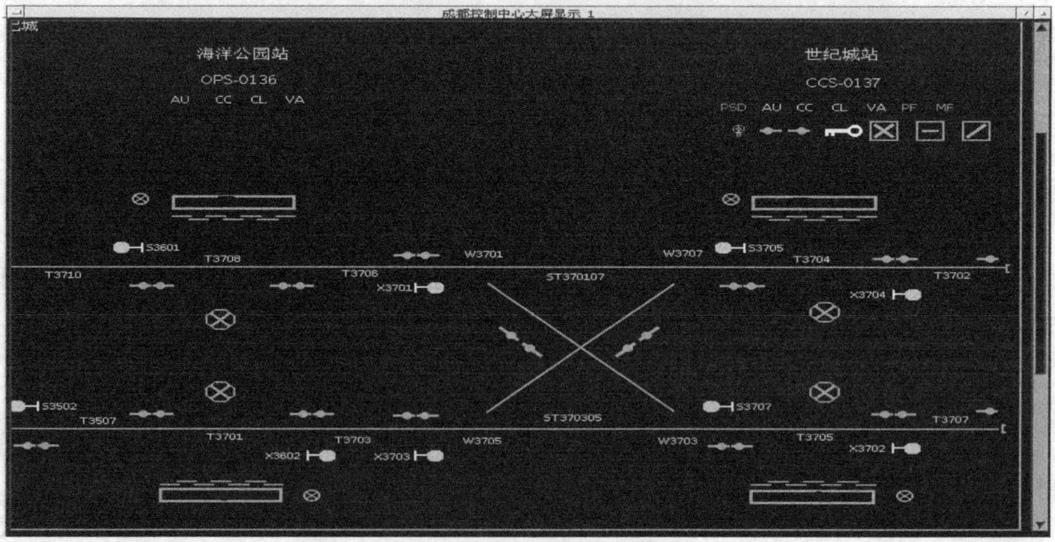

图 2-1-17　轨道图界面

列车追踪功能如图 2-1-18，分为以下 2 种方式。

① 点式 ATP 下：通过计轴的占用和出清实现列车的追踪。

② CBTC 模式下：通过 CC 实时报告列车位置实现列车的追踪。

列车识别号信息如表 2-1-1。

列车状态显示：

① 稳定的绿色代表列车正在以 ATO 加 ATP 的模式运行。

② 稳定的橙黄色代表故障列车，列车正在以 ATP 人工控制运行；闪烁测橙黄色代表列车处于 NRM 模式运行。

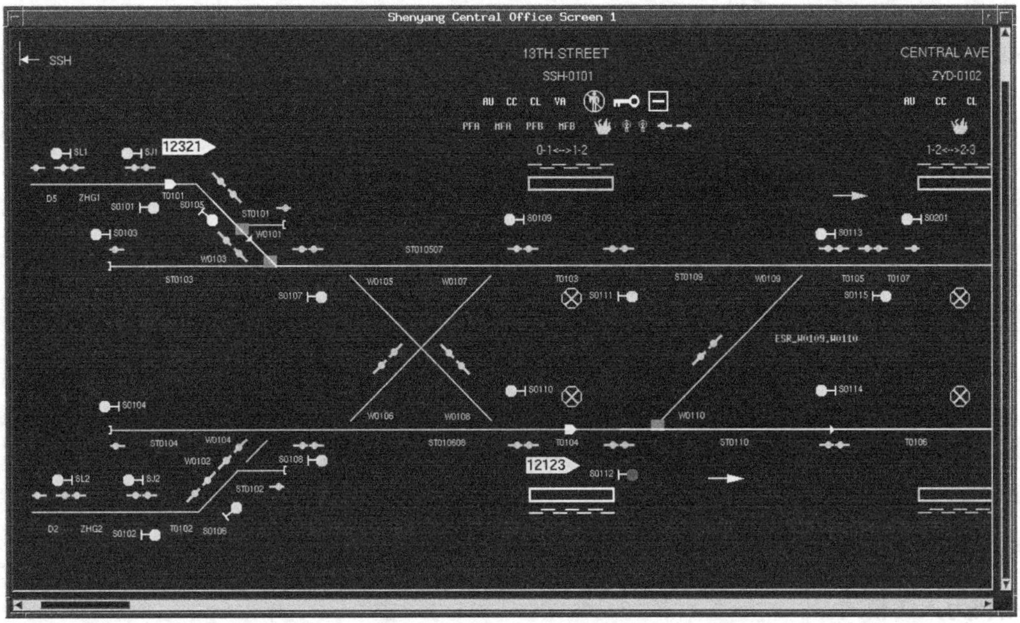

图 2-1-18 列车追踪功能

表 2-1-1 列车识别号信息

名　称	缩写	组成规则	显示方式
车次号	Train NUM	TID+DID	MMI 界面上显示车次窗
列车追踪号	TID	001～999	车次窗
目的地号	DID	01～99	车次窗
永久性列车编组号	PVID	01～199	列车明细表
行程号	TRIP SEQ	01～99	列车明细表
线路号	LINE ID	01～99	列车明细表
运行方向	Runing Direction	箭头符号	车次窗

③ 稳定的灰色代表列车退出运营。

④ 稳定的白色代表列车失去通信，非 CBTC 列车。

⑤ 稳定的黄色代表列车具有轻微报警；闪烁的黄色代表列车被扣车。

⑥ 稳定的红色代表列车具有严重报警；闪烁的红色代表故障列车，列车由于制动、牵引或 ATS 设备发生严重故障而停车。

当同一个计轴区段上有多于一辆列车时，列车反向显示，用鼠标中键点击列车图标，所有列车将排列显示。

① 稳定的蓝色箭头代表列车提前于时刻表运行。

② 稳定的黄色箭头代表列车轻微晚点。

③ 稳定的红色箭头代表列车严重晚点。

④ 稳定的白色箭头代表列车未按照时刻表运行，非计划车。

⑤ 列车无箭头，代表列车运行方向未知或丢失。

2. 进路模式

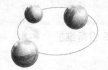

在轨道平面图的站名图标上单击右键，从下拉菜单中点进路模式，然后在右面菜单中选择自动或人工并发送，如图 2-1-19。

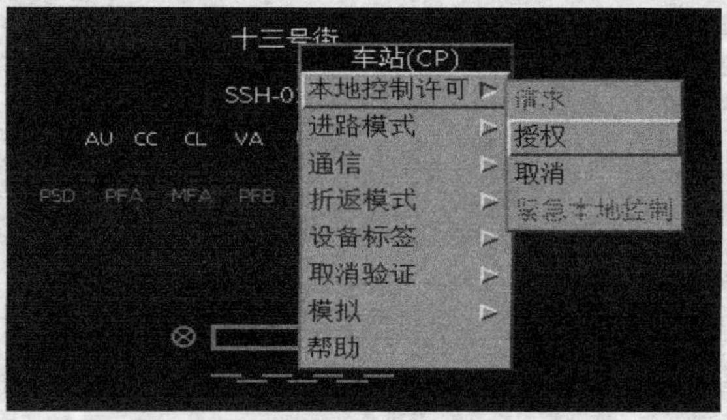

图 2-1-19 进路控制模式的切换

人工进路模式 DID 无法自动触发进路。在时刻表调整模式时调度员需在运营前将全线各站调为人工模式。

取消进路、单解、信号机解封等操作后都会自动切回人工模式。

列车进路的控制原则：本地控制优于中心控制，人工控制优于自动控制。

ATS 系统根据赋予列车的目的地号（DID）自动为列车选排进路，实现进路的自动控制。

3. 终端折返模式用于终端站交叉渡线的折返控制

① 直线折返模式　表示“直进弯出”的折返模式。所有列车通过直线进路折返。

② 侧线折返模式　表示“弯进直出”的折返模式。所有列车通过侧线进路折返。

③ 侧线优先折返模式　表示“直线折返模式”和“侧线折返模式”均有效的折返模式，通常是“侧线折返模式”优先，列车通过交替的进路进入每个已经出清的站台/折返线，优先选择侧向进路。

④ 折返模式设置方法　在轨道平面图的站名图标上单击右键，从下拉菜单中点折返模式，然后在右面菜单中选择直接折返、侧线折返或侧线优先折返并发送。

4. 列车调整(VR)可以设置以下四种模式

① 时刻表调整　时刻表调整模式下系统能够自动控制列车运行，若列车因为某种原因偏离计划时刻表，系统将自动调整列车的运行等级（区间运行速度）或停站时间，使列车与时刻表之间的偏差降至最低。时刻表调整菜单如图 2-1-20。

② 运行间隔调整　运行间隔调整能自动管理列车运行，平衡正线上列车到达各个车站的时间间隔。

③ 无调整　无调整模式下所有的列车管理功能均由调度员人工操作实现，系统不会自动控制及调整。

④ 站停时间调整　移动鼠标光标到追踪 ID 的图标上，点击鼠标的右键，从列车菜单中，选择追踪 ID-运行等级功能。

按一个所要求的运行等级单选按钮，去选择运行等级。

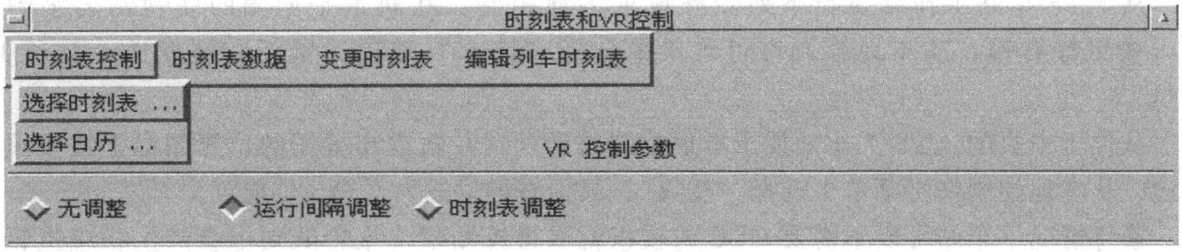

图 2-1-20 时刻表调整菜单

按“确定”按钮，保存变更并退出窗口。

5. 控制模式选择

① 中心自动模式 所有 ATS 功能可用并且在用。

② 中心人工模式 当至少 1 个车站处于中心调度员的人工控制下，所有的 ATS 功能是可用的。

③ 车站 ATS 人工模式 当至少 1 个车站处于车站调度工作站的控制下，所有的 ATS 功能是可用的。

④ 冗余自动模式 使用后备 ATS 服务器工作，所有 ATS 功能是可用的，但是部分接口功能可能受影响，具体取决于故障的类型。

⑤ 本地人工模式 所有 ATS 功能是不可用的。

⑥ 轨旁自动模式 所有 ATS 功能是不可用的。

用户从中央 ATS 转换相应联锁站的控制权到用户的本地 ATS 车站工作站有两种操作方式：第一种在车站，操作员发送一个控制请求，而在中心 ATS 的调度员同意这个请求；第二种控制转换方式允许本地的操作员在没有中心 ATS 同意的情况下去转换控制权。

正常情况下，车站工作站只监视管辖范围内设备状态及列车的运行，当车站需要控制时，需要向控制中心申请才能取得对本站的控制权限，控制中心也可收回对车站的控制权，如图 2-1-21。

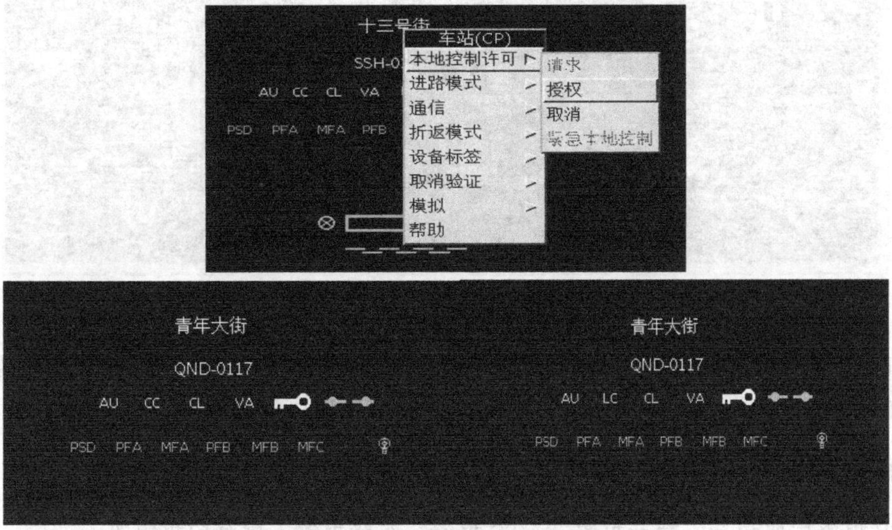

图 2-1-21 控制模式选择和显示

从ATS车站工作站执行下列步骤请求本地控制：在轨道平面图的联锁站名字图标上，按鼠标右键，从本地控制许可菜单中选择“请求”选项；鼠标右键发送，黄色LC闪烁。

从位于中央的ATS工作站授予本地控制的请求：在轨道布置图的位置图标上按下鼠标右键，从本地控制许可菜单中选择“授权”；鼠标右键发送，黄色LC稳定。

紧急情况下车站可以不需要OCC的授权就取得控制权。报警队列中会产生相应报警提示，如图2-1-22。

图 2-1-22 控制权转换报警队列

系统图显示信号设备以及相连子系统的状态信息。设备和连接电缆表示成框图，如图2-1-23所示。发生故障的工作站用红色符号来表示，而正常工作的工作站用绿色符号来表示。系统图根据硬件的数量分为几个子图。其中至少包括两个图，一个是OCC设备图，另一个是每个联锁站的车站设备图。

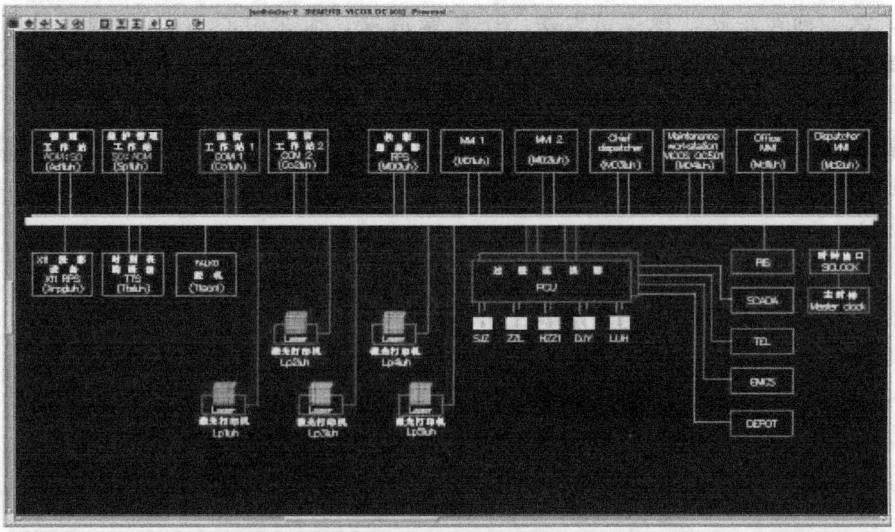

图 2-1-23 OCC系统设备状态图

OCC系统图显示工作站、其他相关系统（SCADA、TEL、BAS等）的状态。车站系统图显示FEP、SICAS联锁、TRAINGUARDMT、本地接口等的状态。

6. 操作报警

ATS报警主要包括：轨旁报警；ATS报警；车辆报警；屏蔽门报警等。

报警窗口如图2-1-24所示。

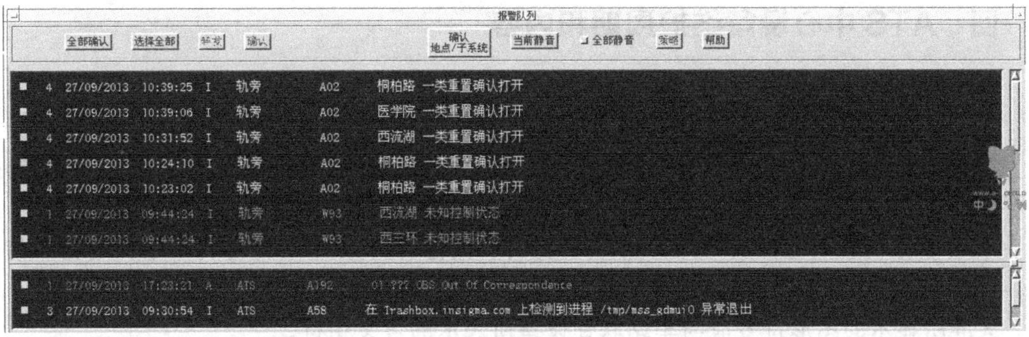

图 2-1-24 报警信息队列

系统通过闪烁的按钮来通知操作员有报警发生和偏离正常状态，某些情况下还会伴随声音提示。这样，不管当前屏幕显示什么，操作员都能注意到系统事件。只有当该工作站对故障发生区域有控制权时，才会接收到报警。

来自现场的报警信息通过基本信号窗口的选择按钮闪烁来提醒操作员。如果基本信号窗口完全或部分被其他窗口覆盖，它会自动跳到最上面，强制操作员确认该报警。

系统根据优先级别提供不同的声音报警。通过点击基本信号窗口中的“关闭”按钮可以关闭当前报警音响，但这不会影响报警的记录和视觉显示。

可以通过报警信息，分析设备出现的故障情况。

7. 操作请求堆栈

操作请求堆栈如图 2-1-25，包括以下几个命令。

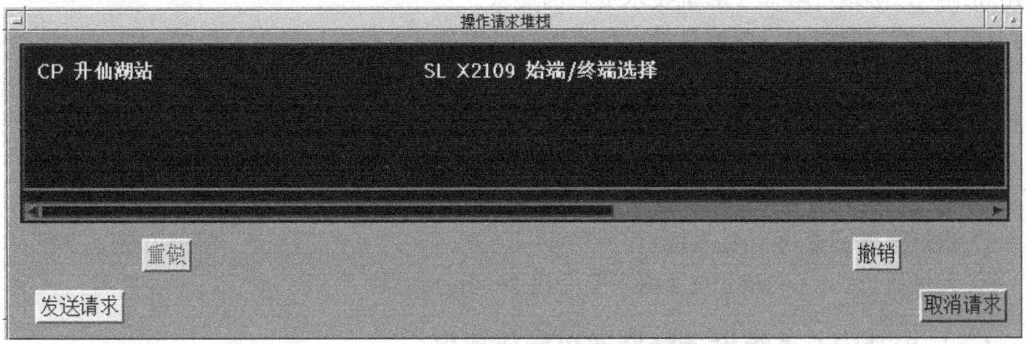

图 2-1-25 操作请求堆栈

（1）一级控制命令　终端信号机解封、道岔单解等都属于 ATS 系统一级控制命令。该类命令为防止用户误操作，执行以下两步操作。

① ATS 用户启动第一类功能时，其请求在操作请求堆栈中显示，并且必须在 90s 内发出，否则会被取消。

② 在联锁做出相应处理后在设备旁边出现黄色闪烁的“E”。ATS 用户须选定“E”图标，并在右键菜单选项中选择“使能”并发送请求，“E”图标停止闪烁。静态的黄色“E”图标表示该功能指令的再次确认过程已经完成。

（2）二级控制命令　要求远端区域就 ATS 用户请求做出成功或失败的回馈反应。

（3）三级控制指令　ATS 用户发出控制请求后，等待接收指示。

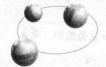

四、ATS中心设备维护周期和内容

(一) 控制中心系统设备维修通用技术规范

中央ATS子系统设备应保证行车调度员能随时监督、控制全线车站的接、发车进路，并可根据需要，局部或全部下放或收回对车站的控制权。

ATS子系统设备应能实时地向行车调度员和其他有关人员提供全线车站、道岔、信号机、UPS电源设备、ATP轨旁设备等信号系统的设备状态、列车运行情况的表示信息。

大屏所显示的图形符号应与车站联锁设备所表示的含义相符。

ATS子系统中央设备故障导致与车站连接中断时，系统应自动激活ATS次一级降级模式。(如RTU降级模式、VCC降级模式，或点式运行等)。

ATS子系统故障时，不导致车站联锁设备错误动作；当联锁站/设备站ATS子系统设备工作或故障时，不得影响其他子系统的工作的可靠性。

ATS关键设备（可写为主机服务器、通信服务器、接口服务器）需主备机热备，主机故障时，应实现无干扰自动切换。

人机界面设备实现功能备用，多台工作站可以实现相同的控制操作功能。

联锁站/设备站ATS子系统设备必须连续稳定工作，及时反映被监测设备的故障及运用状态。当信号设备故障时，应及时发出报警，且实现故障诊断。

联锁站/设备站ATS子系统设备监测信息的传输应具有实时性和可靠性，应采用独立的传输通道，传输通道需冗余。

用于联锁站/设备站ATS子系统设备的计算机操作软件必须具有使用许可证。计算机的使用和维护，必须严格遵守随机技术资料的要求。

在同一监测网络中，各监测设备应有统一的时钟。

(二) ATS系统设备环境要求

ATS中心设备在下列环境中应能可靠工作。

① 空气温度：室内15～30℃。

② 相对湿度：室内10%～60%。

③ 大气压力：70～106kPa（相当于海拔3000m)。

(三) 控制中心系统设备维修通用操作规程

当要对带电压的仪器进行测量和测试工作时，必须遵守现行事故防止措施中的有关行为规定。必须使用合适的电子工具。

由于不同设备的重要性不一样，确定了对不同设备的故障处理的原则不一样。对行车重要的设备一有故障要尽快处理尽快恢复运营，对行车不太重要的设备可以在晚上收车后进行处理或不影响行车的也可即时处理。

几乎所有的设备组件和所有的工作站组件都是以MOS技术用高度融合的组件接插而成。这些电子组件对过电压及静电非常敏感。原则上不要去触摸电子组件。组件板上的组件针或连线绝对不能触摸，在同受到威胁的组件接触时，应注意人、工作位置和包装的接地。

在接触组件时，接触人员的手臂上应一直带着放静电的臂带以达到接地的目的。

保存或运送组件和构件必须使用可导电的包装（例如：涂有金属表层的塑料箱、金属)。

如果包装是不能导电的，在这之前必须用可导电的材料将组件和构件先包裹起来。可使用可导电的泡沫塑料、EGB 袋、家用铝膜或纸张（绝对不能使用塑料袋或塑料薄膜）。如组件装有内部电池，必须注意不要使可导电的包装同电池的接头相接触。

(四) 控制中心日常维护内容

1. 中心机房 ATS 设备日常巡视维护(表 2-1-2)

表 2-1-2 中心机房 ATS 设备日常巡视维护

项目	检修内容	正常状态与检修标准		检修周期
OCC 机房 ATS 设备日常巡视维护	①查看 ATS 机房温湿度	15～30℃;10%～60%		每日
	②检查机柜外观是否完好	机柜门无破损,柜门锁开关顺利		每日
	③查看机房内各服务器指示灯状态	机柜正面	电源指示灯:绿色常亮	每日
			网口 1 指示灯:绿闪	
			网口 2 指示灯:绿闪	
			两个硬盘指示灯:同时绿闪	
			工作指示灯:绿色常亮	
		机柜背面	两个电源指示灯:绿色常亮	
			网口 1 指示灯:绿色常亮	
			网口 1 指示灯:绿闪	
	④查看机房内各终端服务器指示灯状态	机柜正面	LCD 显示屏显示正确的机名和 IP 地址	每日
			READY 指示灯:绿色常亮	
			串口 1:LED 指示灯 TX 不断闪烁	
		机柜背面	电源开关:on 位置	
			LAN 口指示灯:绿闪	
	⑤查看机房内 232～422 转换器指示灯状态	机柜背面	power 指示灯:红色常亮	每日
			RS-232 侧接收指示灯:橙色闪亮	
			RS-232 侧发送指示灯:长灭	
	⑥查看机房内 232～423 转换器电源指示灯状态	机柜背面	DC OK 指示灯:绿色常亮	每日
	⑦查看机房内 KVM 切换器指示灯状态	机柜正面	power 指示灯:绿色常亮	每日
			各显示器的 power 指示灯:绿色常亮	
			各显示器的 select 指示灯:熄灭选中某显示器后,其 select 指示灯红色常亮	
	⑧查看机房内机架显示器指示灯状态	显示器正常显示		每日
	⑨查看机房内磁盘阵列指示灯状态	机柜正面	各硬盘(1～10)下端的指示灯绿色常亮或绿闪 UID 指示灯:浅橙色常亮 告警灯:橙色常亮 电源灯:绿色常亮	每日

续表

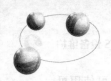

项目	检修内容		正常状态与检修标准	检修周期
OCC 机房 ATS 设备日常巡视维护	⑨查看机房内磁盘阵列指示灯状态	机柜背面	电源模块 OK 指示灯：绿色常亮	每日
			电源模块警告指示灯：熄灭	
			SAS 模块数据口 link 指示灯：绿色常亮	
			SAS 模块数据口 ACT 指示灯：绿闪	
			SAS 模块网口 link 指示灯：绿色常亮	
			SAS 模块网口 link 指示灯：绿闪	
	⑩检查机房内 SAN 交换机各指示灯的运行状态是否正常	机柜正面	硬盘指示灯：绿闪或绿色常亮	每日
			UID 指示灯：浅橙色常亮	
			告警灯：橙色常亮	
		机柜背面	Power OK 指示灯：红色常亮	
			Link 指示灯：绿色常亮	
			网口指示灯：绿闪	
	⑪运行命令，查看已运行的进程情况，是否完全运行了所有正确的进程			每日
	⑫检查接口服务器与外部系统的网络连接状态	ping 各站 SCC 主机跟接口服务器的连接状态	网络连接状态正常，ping 命令成功	每日
		ping 综合监控系统跟接口服务器的网络连接状态	网络连接状态正常，ping 命令成功	
	⑬检查主服务器与各车站 ATS 工作站的网络连接状态	ping 车站 ATS 工作站跟主服务器的网络连接状态	网络连接状态正常，ping 命令成功	每日

2. 培训室 ATS 设备日常巡视维护(表 2-1-3)

表 2-1-3 培训室 ATS 设备日常巡视维护

项目	检修内容		正常状态与检修标准	检修周期
培训室 ATS 设备日常巡视维护	①查看 ATS 机房温湿度	15～30℃；10%～60%		每日
	②检查机柜外观是否完好	机柜门无破损，柜门锁开关顺利		每日
	③查看培训服务器指示灯状态	机柜正面	电源指示灯：绿色常亮	每日
			网口 1 指示灯：绿闪	
			网口 2 指示灯：绿闪	
			两个硬盘指示灯：同时绿闪	
			工作指示灯：绿色常亮	
		机柜背面	两个电源指示灯：绿色常亮	
			网口 1 指示灯：绿色常亮	
			网口 1 指示灯：绿闪	
	④查看机房内 KVM 切换器指示灯状态	机柜正面	power 指示灯：绿色常亮	每日
			各显示器的 power 指示灯：绿色常亮	
			各显示器的 select 指示灯：熄灭选中某显示器后，其 select 指示灯：红色常亮	

续表

项目	检修内容	正常状态与检修标准	检修周期
培训室ATS设备日常巡视维护	⑤查看机房内机架显示器指示灯状态	显示器正常显示	每日
	⑥运行命令，查看已运行的进程情况，是否完全运行了所有正确的进程		每日

3. 中心工作站设备日常巡视维护(表 2-1-4)

表 2-1-4 中心工作站设备日常巡视维护

项目	检修内容	正常状态与检修标准	检修周期
OCC 设备日常巡视维护	①查看大屏工作站是否完好正常	工作站主机放置在规定位置，线缆整齐	每日
		鼠标键盘无卡阻，灵活好用	
		运行命令，查看已运行的进程情况，是否完全运行了大屏工作站的所有正确的进程	
		大屏工作站桌完好无破损	
	②询问行车调度，相关打印功能情况是否正常	各个报表页面打印功能可用	每日
		四个打印机无故障情况	
	③询问行车调度，各工作站使用情况是否正常	行调工作站各功能可用且显示正常	每日

(五) ATS 中心设备维护注意事项

定期维护由须定期完成的任务组成，例如清洁、安全检查、性能测试。所有定期维护任务必须由维护时间表安排并且记录在文件中。

1. 定期维护

定期维护时间表如表 2-1-5。

表 2-1-5 定期维护时间表

项目	维护类型	频率
设备室	定期清洁	一月一次
计算机显示器	定期清洁	一月一次
计算机键盘	定期清洁	一月一次
鼠标/追踪球	定期清洁	一月一次
计算机机箱	定期清洁	每四个月
打印机	定期清洁	一月一次
系统服务器	数据库监控	每天
应用数据库	定期数据库重启	每 4～5 个月

(1) ATS 控制室以及设备室　控制室以及设备室必须定期清理。清理包括清洗控制台，用吸尘器打扫地板，清洗桌面。

(2) 监视器　避免使用纸巾、厕纸、棉纸或类似 T 恤的东西擦拭 LCD 屏幕。这些非超软材料很容易刮伤屏幕。

避免使用含氨、酒精、丙酮、甲苯、乙酸或氯甲烷的洗涤产品，这些化学品会与 LCD 屏幕发生反应，可能会使屏幕变黄或造成其他损害。

绝不能在 LCD 屏幕上直接喷洒液体，液体可能进入显示器内部造成损害。

按下列步骤清洁显示器：

① 关闭显示器。如果屏幕是黑色的，则更容易看清楚有污迹或油迹的地方；

② 使用干燥、柔软的擦布很轻柔的擦拭屏幕。使用清洁眼镜的超细纤维布是很好的选择；

③ 如果干燥擦布不能完全清除污迹或油迹，不要用力擦。直接在 LCD 屏幕上按压可能导致像素烧毁；

④ 如有必要，用蒸馏水沾湿擦布或同等比例的蒸馏水和白醋；

⑤ 许多企业售卖为纯平显示器设计的特殊清洁喷雾瓶，但醋混合物可以达到同样效果；

⑥ 屏幕周围塑料边缘可用多用清洁剂进行清洁，但注意不要接触到屏幕。

(3) 键盘　键盘按键表面、之间或下面有过多灰尘或污物将导致键盘故障。当用户在受污染键盘上按下某按键时，可能无法按下或者卡住输入多个按键内容。同样，研究表明键盘可以寄存以及传播有害细菌。

按下列步骤清洁计算机键盘：

① 将键盘按键朝下摇动。翻过键盘查看是否有大块颗粒仍然在按键中。将按键朝下，按压几次与异物相邻的按键将异物移除；

② 按键朝下拿住键盘，向键盘喷压缩空气，使用空气罐上喷管伸入按键下方以及按键细缝中；

③ 用棉签沾湿外用酒精或清洗剂。将棉签在毛巾上擦拭除去多余液体清洗每个按键边缘，棉签沿着每排按键移动且在按键之间 Z 字形移动；

④ 将洗涤液置于柔软无尘擦布上清洗按键表面以及四周；

⑤ 用沾外用酒精或肥皂水洗液的无尘擦布清洗每个按键表面及四周；

⑥ 使用沾湿擦布清洁键盘接线，将线缆从擦布中穿过。

避免使用强力清洁剂或工业溶剂。这些清洁剂可能除去按键上标记。

(4) 计算机机箱　控制台计算机内部一年需进行几次清洁。

从工作站的用户手册中获得如何打开计算机的指导。相关指导在描述如何增加扩展卡的章节中可以找到。确定设备未通电。在打开机箱之前，小心接触重金属而消散任何静电，例如桌子、椅子。为使静电累积最小化，当机盒打开时尽量少移动。

打开机箱后可看见电路板。使用压缩空气罐上的伸缩管吹掉机箱内所有灰尘。一直朝一个方向吹气，以及每个间隔以及污迹，但是不要将伸缩管强行伸入任何地方，没有必要接触电路板任何部分。移开空气罐上伸缩管结束清洁，在计算机上喷几下空气，避免空气中灰尘再回到盒内。盖机盖前吹掉出风口累积的灰尘。

作为压缩空气的另一选择，吸尘器也能有效除去主板上的灰尘、污迹以及毛发，从而防止在机箱内累积。当使用吸尘器时，要与主板保持几英尺距离十分重要，防止任何组件被吸入吸尘器。小心将小组件吸走，例如接片。

一旦将机盖盖回计算机，清理外部。在清洁布上喷上洗洁剂，擦洗机箱，不能让液体流入驱动器中。

(5) 鼠标/滚轮　清洁光电鼠标滚轴，首先移去鼠标底盖。检查鼠标底部查看鼠标盖应从哪个方向旋转。一般来说，盒盖需逆时针方向移动。用两根手指在鼠标盖上向箭头所指方向推。

当盒盖旋转至一英尺时旋转鼠标至正常位置，用单手覆盖鼠标底部，鼠标盖以及滚轮将会落下，若未掉落，轻轻摇动鼠标。

当滚轮和底盖移除后，注意鼠标内部的三个滚轴。移除滚轴其他部分并用沾酒精棉签轻轻清洁滚轴以及插座。

清洁后，将跟踪球放置回鼠标内，将盖子盖回。

(6) 打印机　打印机多余碳粉必须清除掉。黄色，红色以及青色墨粉会在墨粉盒上累积，虽然积起的墨粉不会造成打印缺陷，但墨盒上多余墨粉需要定时清洁。更换墨盒时清理掉墨盒口盖以及打印机上的多余墨粉。每个替换墨盒都提供有墨粉布清洁打印机上墨粉。

注意：不要用清洁布清洁墨盒中的鼓、显影套或者转印辊。这样做可能对设备造成损害以及造成其他打印质量问题。

如果墨盒上累积了墨粉，可能会掉落到转印辊造成无法打印。清洁转印辊上的墨粉，打印几张空白页直到不再空打印。

(7) 重新连接所有设备　在将设备重装或重连接到系统前确定清洁过的设备都已干燥，为百分之百确定，重装或重连接到系统前多等几分钟。

2. 一般周期维护

(1) 定期重启控制台以及显示器　MMI 进程必须定期进行重启以保证窗口资源可用性。每台运行 MMI 的设备至少需要每三月进行一次重启。设备包括每个调度员控制台以及大屏显示工作站。

(2) 监测文件大小　系统管理员一项日常任务是监测某关键文件大小，确定文件不会过大或造成系统故障。常见问题是自动生成日志文件。

① 大部分 ATS 系统中的日志或错误文件都会被系统自动整理或删除。

② 模拟机生成一系列日志文件都需被监测并且保存在档案盘。若数目增加过大文件将被删除。

一般来说，培训师将在训练课之前或之后或一系列训练课之后删除模拟机日志文件。

ATS 系统错误/输出文件保存在 $ HOME/etc 目录中。每个文件的大小须在 2MB 内。文件达到 2MB 后将被重写。

有经验的系统管理员了解 Linux 系统文件，并知道监测和处理文件的方法。在 Linux 系统中，大部分日志文件以及档案文件都在/var/log 下。在/var/log/messages 目录下的文件自动轮换更换，并只保留 4 套文件。

(3) 日志文件

① 日志文件地点以及命名惯例　Lgr 任务将消息存储在“事件日志文本文件”以及“事件日志原始”文件，这些日志文件将在 $HOME/dat 目录下创建并保存。

事件的日志文件名包含了数据收集的日期。一般文件名格式是：

事件日志文本文件：LOGccyymmddhhmmss. txt. data

例子：LOG20000318224314. txt. data 为出现在 2000 年 3 月 18 日，22：43：14 与下次

日志文件的时间之间（通常地为一小时）的文本日志信息。

② 扫描错误和不常见的信息日志 “Error Logs”（错误日志）和 “Message Log”（信息日志）应是定期地对反常信息或混合信息进行扫描，这种混合信息可能能够指示将出现的更严重问题。

用户能使用一个日志察看应用软件去查看日志。用户能配置多个日志察看器去保持打开，并能实时更新显示的日志数据。

③ 回收错误和信息日志 回收错误和信息日志应定期地进行存档和消除。

④ 产品数据库服务器的定期地重启 产品关系型数据库管理系统必须进行定期的重启，以避免任何潜在的性能问题。

任务二 ●●● ATS 车站设备维护

一、ATS 车站设备功能

在正常操作下，ATS 功能在 OCC 的 ATS 系统中实施。然而，在紧急情况和特殊情况下，在车站的人员可取得原本 OCC 对该区域实施的控制权，并由轨旁控制设备执行 ATS 功能。此类功能包括获取和归还对该区域的控制权、设置进路、快速通过和开放信号、控制转辙机和其他轨旁现场设备。

ATS 工作站软件的用户界面包括一个动态更新的战场图。进入该区域的列车在被发现之后将显示于该图形中。用户界面包括以下附加功能，可以很容易地监测该区域的所有列车运行并在必要时进行控制：

① 用于对轨旁设备进行监控的动态更新的交互式图标；

② 报警窗口显示报警列表，这些报警由控制区域内的任何错误或设备故障生成；

③ 列明所有 ATS 请求及其状态的请求堆栈。

除 ATS 工作站以外，有些车站也配备了现地控制工作站（LCW）。LCW 是直接与 Microlok 连接的计算机。在 ATS 不可用的情况下，LCW 允许调度员或维修人员对该区域实行有限的监测和控制活动。

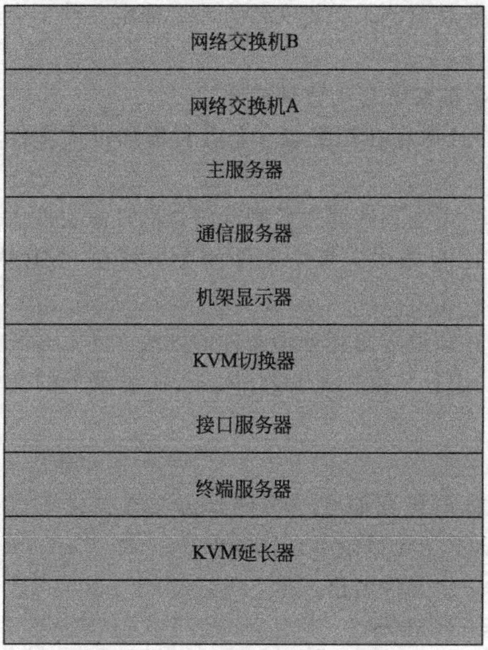

图 2-2-1 集中站服务器机柜布置

二、ATS 车站设备组成

ATS 车站分为两种类型的车站：一种是放置各种备用服务器的车站，叫做集中站；另一种是普通的车站，叫做非集中站。

（一）ATS 车站集中站服务器

集中站车站服务器集中放置于一个机柜中，机柜中设备布置图如图 2-2-1 所示。

机柜中包括服务器设备、交换机、机架显示器、KVM 切换器等。

服务器设备包括主机服务器、通信服务

器、接口服务器和终端服务器。

服务器硬件配置与中心设备中的各服务器硬件配置一致。

站级主服务器要求如下。

① 操作系统是：Red Hat Enterprise ES 5

② 主服务器采用 HP DL380 G7 服务器，具体配置同 OCC 设备室内的主服务器。

(二) ATS 车站工作站

每一车站位置安装一个 ATS 车站工作站和打印机。这些工作站提供列车移动的本地显示并在得到中央 ATS 授权时提供设备集中站的本地控制。车站工作站设备及接口图如图 2-2-2。

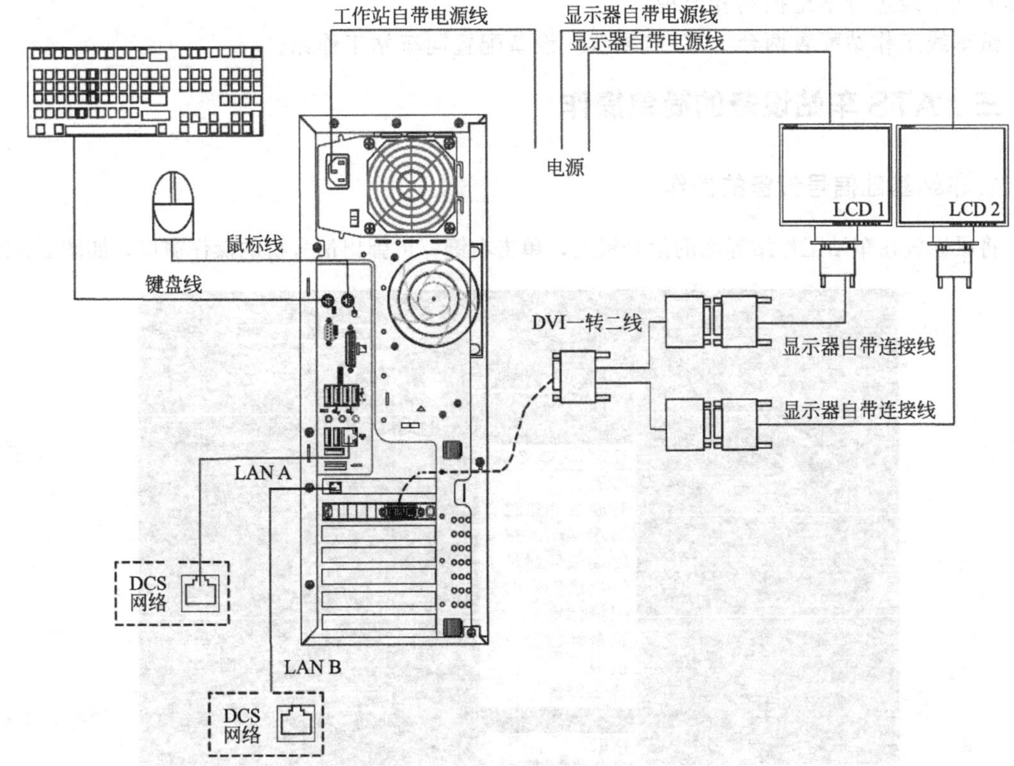

图 2-2-2　车站工作站设备及接口图

设备集中站的每一 ATS 车站工作站配置：两台 LCD 监视器和 ATS/LCW 工作站。

(三) 车辆段/停车场工作站

车辆段/停车场工作站是配置两台 LCD 监视器的单个工作站。车辆段/停车场工作站有以下两种类型。

1. 派班计划工作站

一台车辆段/停车场工作站位于 DCC，用于列车正线运行以及返回车辆段/停车场所需的换班计划。

派班计划工作站配置两台 LCD 监视器。设备配置同车站工作站。

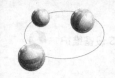

2. 车辆段/停车场监视工作站

车辆段/停车场工作站，位于 OCC 内，由车辆段/停车场信号操作员根据 ATS 列车时刻表来计划进/出车辆段/停车场的进路。该工作站还用于监视车辆段/停车场轨道的占用，监视车辆段/停车场和轨道正线之间的转换区间并监视车辆段/停车场和转换区之间的进路。

车辆段/停车场监视工作站配置两台 LCD 监视器。设备配置同车站工作站。

(四) 试车线工作站

试车线工作站是配置两台 LCD 监视器的单个工作站，用于对区域内 CBTC 系统的单独子集的试车线进行本地控制和监视。

试车线工作站配置两台 LCD 监视器。设备配置同车站工作站。

三、ATS 车站设备的简单操作

1. 车站基础信号设备的操作

将鼠标放在车站工作站界面的信号机上，单击右键，可弹出信号机的操作窗口，如图 2-2-3。

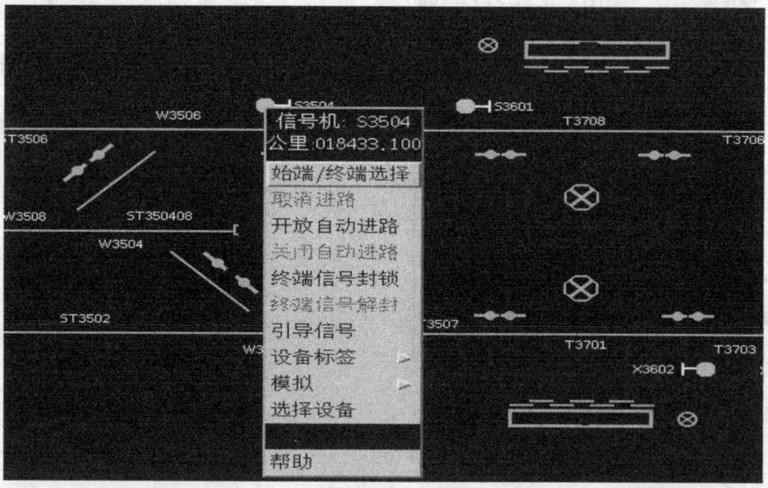

图 2-2-3　信号机的基本操作窗口

可实现进路办理（开放和取消）；引导进路；终端封锁及解封等操作。

可实现道岔基本操作，如图 2-2-4：单操、单锁、单解等。

2. ATS 扣车

ATS 向 ATS 调度员提供列车人工扣车功能。列车一旦被停止，列车打开车门并在车站等待直至 ATS 调度员提供一个扣车释放请求。ATS 扣车不会使信号关闭，DTI 将显示扣车信息。ATS 扣车操作窗口如图 2-2-5。

3. 临时限速(TSR)功能

为 CBTC 区域内的所有 CBTC 列车建立/修改/取消临时速度限制。TSR 功能将按照公

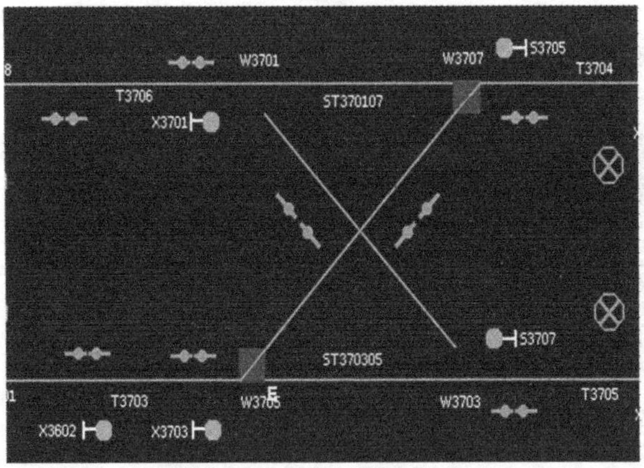

图 2-2-4 道岔的基本操作窗口

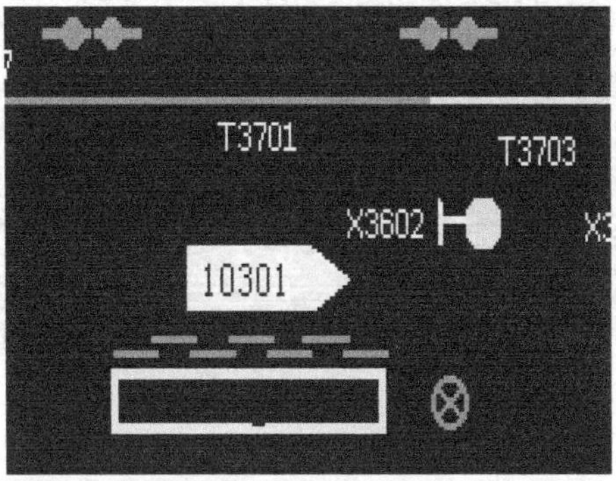

图 2-2-5 ATS扣车操作窗口

里数据设置（一个开始公里标和一个结束公里标）。TSR功能用于降低指定区域内的ATP速度，以5km为幅度（5km/h，10km/h，15km/h等），减至最小10km/h。

从车站工作站主界面可打开临时限速窗口，如图2-2-6所示。

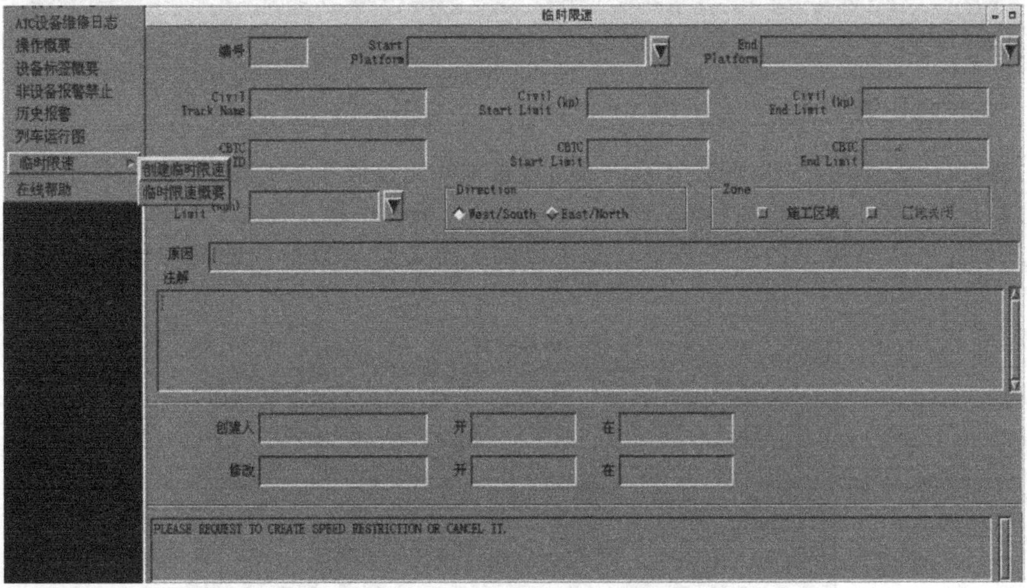

图 2-2-6 临时限速窗口

创建TSR分为以下两个步骤。

① TSR创建，如图2-2-7所示。

② TSR的确认，如图2-2-8所示。

通过确认后，临时限速才会被实施。

还有两种特殊的临时限速：施工区域和关闭区域。

施工区域是一种特殊的临时限速。区别在于，当通信列车接近施工区域时，系统会产生报警提示调度员列车接近，需加强注意。

ATS向ATP发出所指定区域的临时零速度限制，ATP将禁止列车进入关闭的区域。

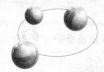

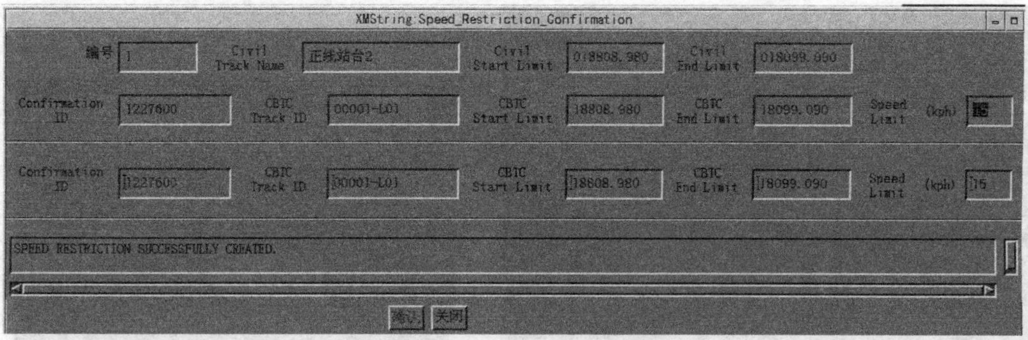

图 2-2-7　临时限速的创建

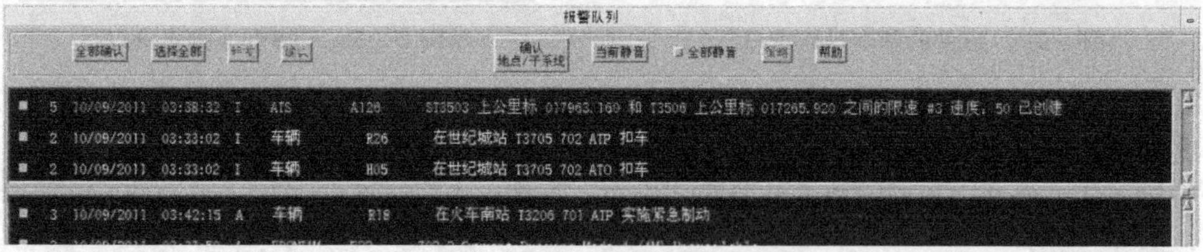

图 2-2-8　临时限速的确认

4. 回放功能

回放功能可在指定时间内从系统的角度重现并回放信号系统事件和设备状态，可做事件分析时使用。功能从主菜单调出，在图 2-2-9 界面中输入需要回放的起止时间，能重现特定时间范围内的界面显示，并在回放文本窗口里显示相匹配的已记录的文本信息。

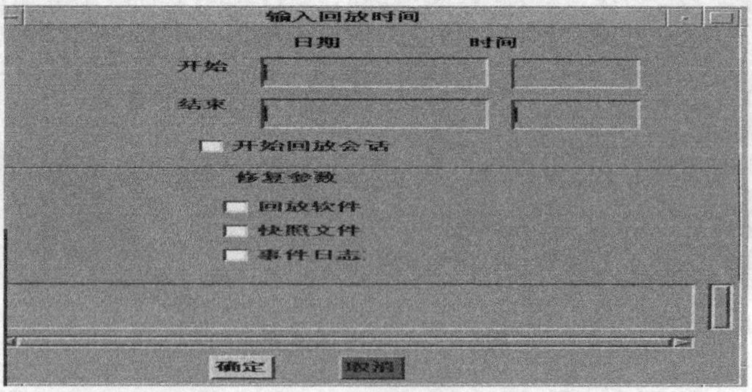

图 2-2-9　数据回放操作界面

5. 设备标签

可以是行车人员在一个指定的设备上附加的重要信息，也可以是在所标的设备上追加控制禁止，报警禁止，设备停用限制。

鼠标在车站工作站的界面，基础信号设备上点击右键，可找到设备标签菜单，如图 2-2-10，可实现创建设备标签、查看设备标签、更改设备标签和删除设备标签四个功能。

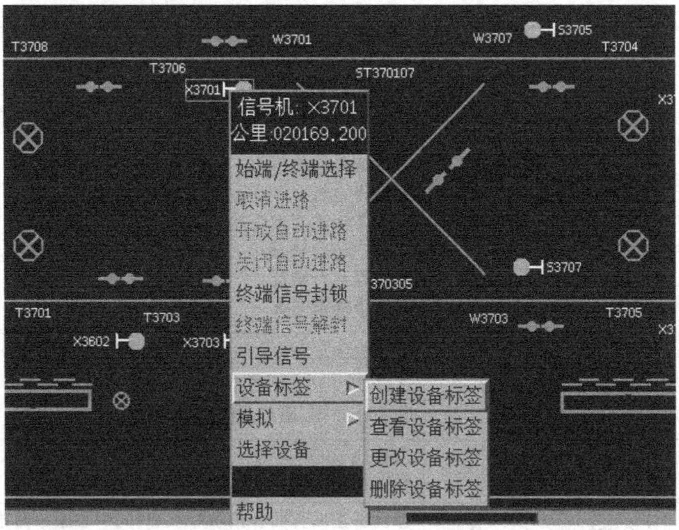

图 2-2-10 设备标签菜单

四、ATS 车站设备维护周期和内容

(一) ATS 车站设备环境要求

ATS 子系统车站设备在下列环境中应能可靠工作。

① 空气温度：室内 5～40℃，室外－40～55℃。

② 相对湿度：室内 10%～60%，室外 10%～100%。

③ 大气压力：70～106kPa（相当于海拔 3000m）。

(二) ATS 车站日常维护内容

ATS 车站日常维护内容如表 2-2-1。

表 2-2-1 ATS 车站日常维护内容

集中站车站工作站	日常保养	日	①设备正面背面各指示灯状态； ②用户访问登录； ③进程运行情况； ④网络连通情况
	二级保养	月	①重启工作站； ②检查键盘、鼠标的功能并进行清洁
		半年	①设备表面清洁； ②检查主机外设插接件紧固部件螺丝； ③检查键盘及鼠标功能； ④检查散热风扇是否正常； ⑤电源及线缆检查； ⑥检查主机
	小修	年	①设备内部板级清洁； ②设备内部部件紧固； ③系统数据、用户密码备份、更新
	中修	五年	①更换 BIOS 电池； ②更换硬盘

续表

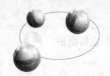

车辆段/停车场工作站	日常保养	一季度	①设备表面清洁； ②检查主机外设插接件紧固部件螺丝； ③检查键盘及鼠标功能； ④检查散热风扇是否正常； ⑤电源及线缆检查； ⑥检查主机； ⑦设备正面背面各指示灯状态； ⑧用户访问登录； ⑨进程运行情况； ⑩网络连通情况
	小修	年	①设备内部板级清洁； ②设备内部部件紧固； ③系统数据、用户密码备份、更新
	中修	五年	①更换 BIOS 电池； ②更换硬盘
终端服务器	日常保养	日	①设备正面背面各指示灯状态(同中心服务器指示灯情况)； ②网络连通情况
	二级保养	季度	①设备表面清洁； ②检查外设插接件紧固部件螺丝； ③检查散热风扇是否正常； ④电源及线缆检查
232/422 转换器	日常保养	日	①设备正面背面各指示灯状态(同中心设备)； ②连通情况
	二级保养	年	①设备表面清洁； ②检查外设插接件紧固部件螺丝； ③电源及线缆检查
转换器电源	日常保养	日	检查电源指示灯显示情况(同中心设备)
	二级保养	年	①检查接地； ②检查插接线缆紧固情况
KVM 切换器	日常保养	日	检查显示器、鼠标、键盘的切换功能
	二级保养	年	检查各插接件的紧固情况
机架显示器	日常保养	日	①检查机架显示器显示情况； ②检查切换后的情况
	二级保养	年	①显示屏清洁； ②检查插接件紧固情况
SCC 服务器	日常保养	日	①正面背面各指示灯状态(同中心设备)； ②用户访问登录软件； ③网络连通情况
	二级保养	半年	①设备表面清洁； ②检查主机外设插接件紧固部件螺丝； ③检查键盘及鼠标功能； ④检查散热风扇是否正常； ⑤电源及线缆检查(特别是地板下电源)
	小修	年	①设备内部板级清洁； ②设备内部部件紧固； ③系统数据、用户密码备份、更新
	中修	五年	①更换 BIOS 电池； ②更换硬盘

续表

	二级保养	半年	显示屏清洁
ATS 机柜	日常保养	日	检查柜门的完好
	二级保养	月	①机柜表面清洁； ②接地线连接情况检查
	小修	年	①机柜配线标签、配线插接部件检查、整理； ②机柜内清扫
KVM 延长器及其线缆	日常保养	日	检查鼠标键盘使用情况
	二级保养	月	①检查延长器上各指示灯显示状态(同中心设备)； ②检查延长器上各插接头的紧固情况
试车线工作站	日常保养	月	①设备正面背面各指示灯状态； ②用户访问登录； ③进程运行情况； ④网络连通情况
	二级保养	月	①设备表面清洁； ②检查主机外设插接件紧固部件螺丝； ③检查键盘及鼠标功能； ④检查散热风扇是否正常； ⑤电源及线缆检查(特别是地板下电源)； ⑥检查主机
	小修	年	①设备内部板级清洁； ②设备内部部件紧固； ③系统数据、用户密码备份、更新； ④功能测试
	中修	五年	①更换 BIOS 电池； ②更换硬盘

任务三 ● ● ● ATS 设备的接口描述

ATS 的基本任务是与运行系统的现场设备及 ATS 调度员进行信息交换。状态表示从现场设备进入中央 ATS，控制指令自中央 ATS 发送至现场设备。

通信服务器执行与运行设备间的所有通信，包括与其他外部系统的接口，如无线、PA、PIS 和 SCADA 等。运行数据可由通信服务器发送至位于系统服务器的相应的处理模块。

运行数据在主服务器中处理，用以记录至数据库系统、在大屏幕显示系统显示或在工作站进行进一步的数据处理。

ATS 系统和中央控制调度员之间的信息交换主要包含显示于大屏显示系统或工作站屏幕的信息，包括运行数据和运行管理数据。此外，ATS 允许调度员配置信息显示、拟定运行管理指令、向相应现场设备发出控制指令。

ATS 系统的是一个计算机远程控制系统，其监视和控制的实现是依赖于数据的通信，因此接口是 ATS 系统的重要部件。ATS 接口分为内部接口和外部接口两大类，下面就该两类接口进行详细分析。

一、ATS 系统内部接口

(一) 接口通用知识

ATS 系统是计算机网络集成的远程控制系统，因此内部接口基本都是计算机系统接口。如果想要很好的学会系统维护技巧和能力，必须学习和掌握计算机的一些通用接口知识。

计算机系统有很多的接口，牢记下面这些接口并掌握接口的功能，才能在工作中事半功倍。

1. RJ45 (LAN/ISDN)

此类接口在 ATS 中通常应用于工作台、服务器的网络接口，如图 2-3-1 及网络设备接口。

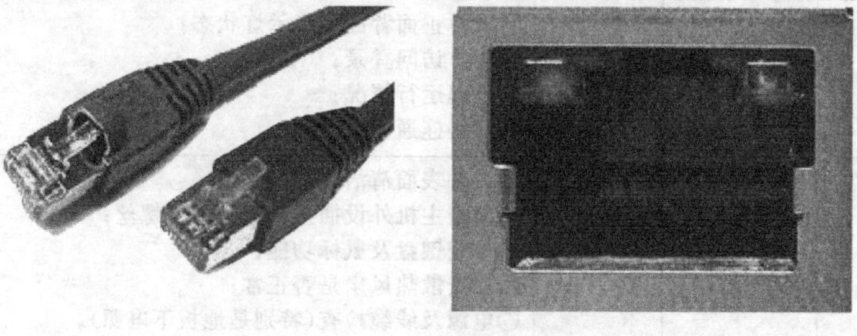

图 2-3-1　网络接口图

2. USB

此类接口通常应用于打印机接口、存储设备接口或鼠标键盘的转接口，如图 2-3-2。

图 2-3-2　USB接口图

3. Cinch/RCA(视频复合，音频，HDTV 分量)

此类接口通常应用于 ATS 大屏设备接口，如图 2-3-3。

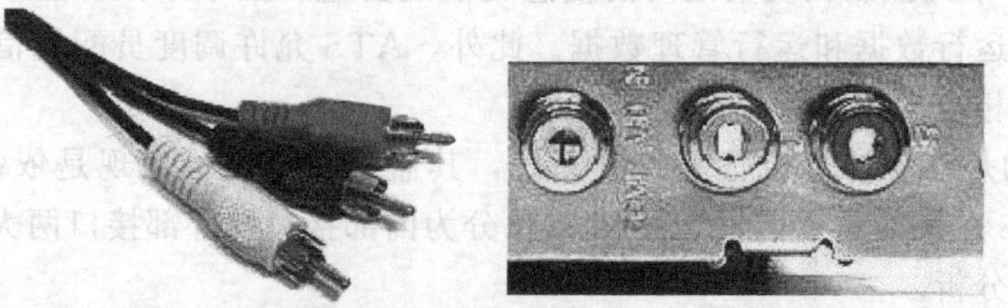

图 2-3-3　视频线接口图

4. PS2

此类接口通常应用于工作站或服务器的鼠标键盘接口，如图 2-3-4。

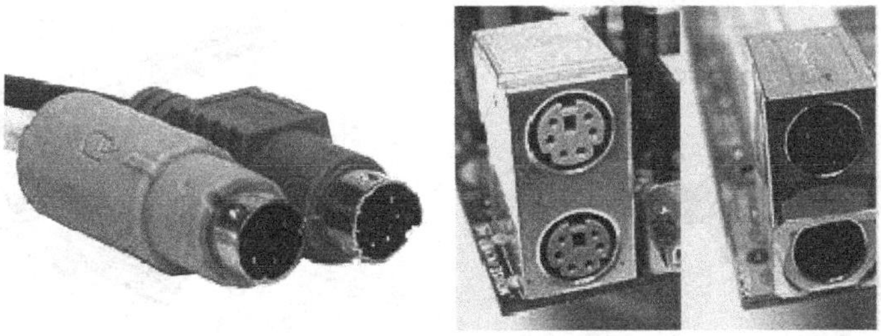

图 2-3-4 鼠标键盘线接口图

5. VGA

此类接口通常应用于工作站、服务器的显示器、多屏显示器接口，如图 2-3-5。

图 2-3-5 显示器接口图

(二) 接口描述

下面对各类内部接口进行详细描述。

1. USB

USB 是英文 Universal Serial Bus 的缩写，中文含义是通用串行总线。它是一种应用在计算机领域的新型接口技术。这几年随着大量支持 USB 的个人电脑普及，USB 逐步成为计算机的标准接口。

USB 用于将鼠标、键盘、移动硬盘、数码相机、VoIP 电话（Skype）或打印机等外设等连接到 PC。理论上单个 USB host 控制器可以连接最多 127 个设备。USB 目前有两个标准，USB1.1 的最高数据传输率为 12Mbps，USB2.0 则提高到 480Mbps。注意：二者的物理接口完全一致，数据传输率上的差别完全由 PC 的 USB host 控制器以及 USB 设备决定。USB 可以通过连接线为设备提供最高 5V，500mA 的电力。

USB 接口有 3 种类型：Type A：一般用于 PC；Type B：一般用于 USB 设备；Mini-USB：一般用于数码相机、数码摄像机、测量仪器以及移动硬盘等。如下图，左边接头为 Type A，右为 Type B，有这样两个接口的就可以成为一根 USB 延长线（图 2-3-6），它的长度一般不超过 5m。

USB 分离线，如图 2-3-7，每个端口各可以得到 5V500mA 的电力。移动硬盘等用电大户可以使用这种线来从第二个 USB 端口获得额外电源（500＋500＝1000mA）。

2. PS/2

PS/2 是一种古老的接口，广泛用于键盘和鼠标的连接，它已经慢慢地被 USB 接口所替

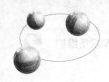

图 2-3-6　USB 延长线

图 2-3-7　USB 分离线

代了。PS/2 接口一般都带有颜色标示，紫色用于连接键盘，绿色用于连接鼠标。

有些主板上的 PS/2 接口可能没有颜色标示，别担心，插错接口并不会损坏设备，但此时鼠标键盘将无法工作，电脑也可能无法启动，很简单，将鼠标键盘对调一下接口肯定就对了。图 2-3-8 是前面提到过的 USB-PS/2 转接器。

3. Cinch/RCA(视频复合，音频，HDTV 分量)

在电视机后面通常可见到图 2-3-9 所示的接口样式，第一排的第一个是视频，右边两个是左右声道，第二排三个就是 HDTV 所用的了，这种视频接口可以用颜色来分辨，如表 2-3-1。

图 2-3-8　USB-PS/2 转换器

图 2-3-9　复合视频接口

表 2-3-1　视频接口分辨

颜色	功能	信号类型	颜色	功能	信号类型
黑/白	音频左声道	模拟	蓝	HDTV 分量 Y	模拟
红	音频右声道，也可能是下面的 HDTV 色差接口	模拟	绿	HDTV 分量 Cb/Pb	模拟
			红	HDTV 分量 Cr/Pr	模拟
黄	视频复合	模拟	橙/黄	音频 SPDIF	数字

4. VGA 显示接口

PC 计算机上和普通显示器上的标准接口都是 15 针的 miniD-Sub 接口，这种 D-Sub 接口传输 RGB 三色信号，同时还有水平同步 H-Sync、垂直同步 Vsync 等信号。图 2-3-5 是显卡上的 VGA 显示接口，这种 D-Sub 接口又称 HD15，通过标准模拟界面连接到 PC 上，如果使用合适的转接器，也可以将一台模拟显示器连接到 DVI-I 界面上。

5. RJ45 网线接头——以太网双绞连接线

有线网络主要使用双绞线进行互连。现在，千兆以太网正在逐步取代百兆以太网。网线主要有两种类型：

① 直通线，最广泛使用的双绞线；

② 交叉线，用于特殊情况下的连接。

使用直通线的网络设备一般连接到交换机（switch）或集线器（hub）上，如果想要直接连接两种同类设备，比如两台 PC，则可以使用交叉线而无需通过交换机或集线器。

PCI 网卡上的 RJ45 接口及网络活动状态如图 2-3-10。

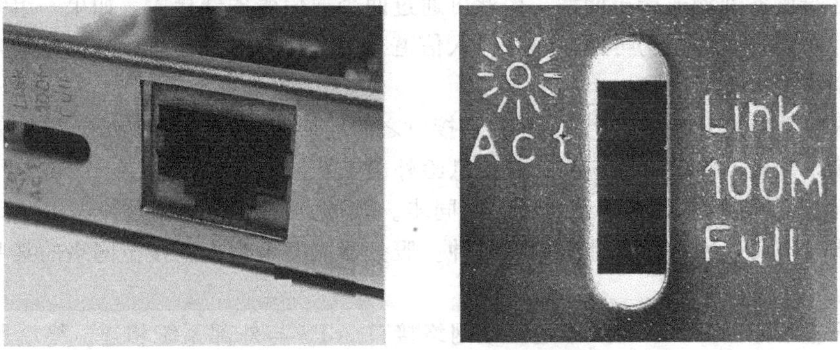

图 2-3-10 RJ45 接口网络活动状态

在欧洲和北美，ISDN 等网络设备同样使用 RJ45 接口。ISDN 在欧洲广泛使用，而在北美宽带连接比较普及，但只有 DSL 使用 RJ45，cable modem 通常使用 BNC 接口。因此，需要注意 RJ45 接口旁标注的是“LAN”，“ISDN”还是“DSL”，当然插错也不必担心设备损坏。

二、与外部系统接口

ATS 的基本任务是与运行系统的现场设备及 ATS 调度员进行信息交换。状态表示从现场设备进入中央 ATS，控制指令自中央 ATS 发送至现场设备。

通信服务器执行与运行设备间的所有通信，包括与其他外部系统的接口，如无线、PA、PIS 和 SCADA 等。运行数据可由通信服务器发送至位于系统服务器的相应的处理模块。

运行数据在主服务器中处理，用以记录至数据库系统、在大屏幕显示系统显示或在工作站进行进一步的数据处理。

ATS 系统和中央控制调度员之间的信息交换主要包含显示于大屏显示系统或工作站屏幕的信息，包括运行数据和运行管理数据。此外，ATS 允许调度员配置信息显示、拟定运行管理指令、向相应现场设备发出控制指令。

（一）硬件接口

ATS 通过 CTC 软件任务和网络连接的接口服务器与其他外部系统接口，终端服务器 A 和 B 提供串行通信链接。

通信系统是 ATS 应用软件直接管理的所有外部接口的集中点。子系统配置由两台服务器和两组终端服务器组成。

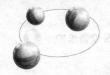

1. 通信服务器

通信服务器以正常/备用载荷分享配置的方式部署。在正常情况下，服务器在两个单元之间分配正常和备用软件。如果一个服务器故障，其他服务器自动启动故障服务器上已运行的软件。

2. 终端服务器

终端服务器用于通过两个网络提供到达每一外部（串行）接口的冗余路径。一组终端服务器连接至其中一个 ATS 网络。另外一组终端服务器连接至其他网络。

两组终端服务器均连接至网络，因此可通过两个通信服务器接入。如果一组终端服务器故障，另外的终端服务器仍可接入每一输入信道。每一通信服务器可接入每一输入信道，即使其中一个终端服务器故障。

接口服务器应用软件处理 ATS 和外部接口之间的协议。ATS 会发送必需的信息给接口服务器，接口服务器将转发相应格式的信息给外部子系统。

通信服务器同时为 ATS 系统执行时间同步。服务器同步其内部时钟与主时间源，反过来，也同步所有其他网络设备和其内部时钟。服务器同时也为未连接至网络的某些设备提供时间同步。

终端服务器如图 2-3-11，从本地区域网络接口 ATS 与外部系统相连。终端服务器提供在冗余 LAN 上将数据包转换成串行数据通信的方式。

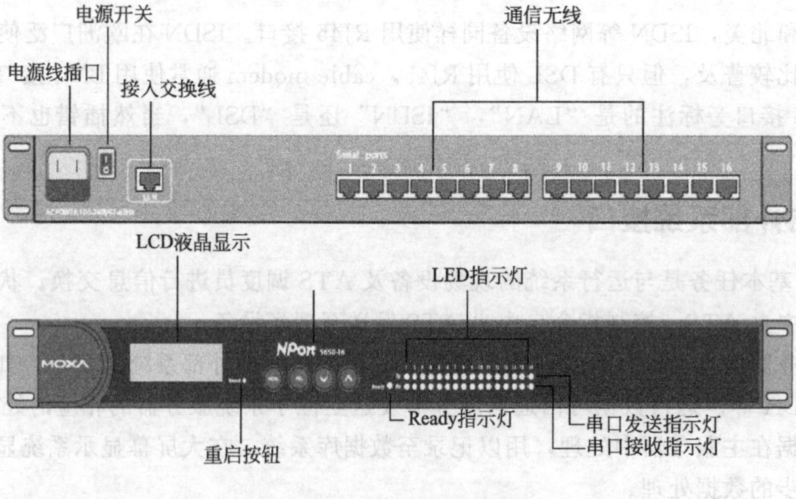

图 2-3-11　终端服务器单元

该单元具有 8 个 RJ45 序列端口、重置按钮、以太网端口、10/100BASE-T 的 RJ45 以太网端口、若干 LED 和电源开关。

ATS 除了通过 8 口终端服务器与外部系统接口外，两个单口终端服务器用于连接 SCC 的串口和 LANA、LANB。SCC 不能使用网口直接连接到网络。

(二) 接口功能

ATS 系统通过接口服务器和以下系统共享信息。接口服务器为外部系统提供了以下两种连接方式。

① 网口：在 OCC 提供网络交换机进行接口，例如 ISCS。

② 串口：在 OCC 和每个车站提供终端服务器进行接口，终端服务器一端通过网口连接 DCS 网络，另外一端提供外部系统所需的串行接口。例如，无线、发车计时器、车辆段工作站。

1. 与大屏系统接口

大屏幕显示系统和 ATS 系统的接口将位于控制中心的中央控制室。连接方式如图 2-3-12 所示。

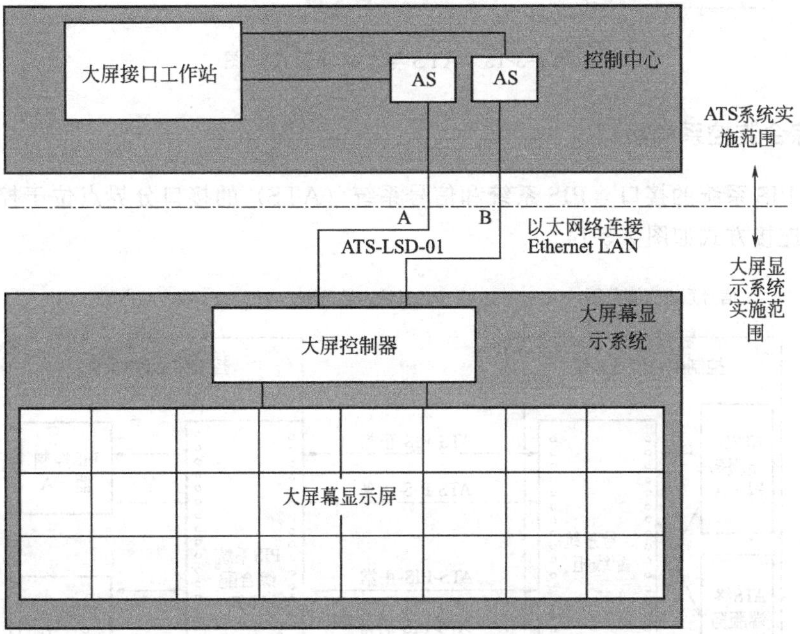

图 2-3-12 ATS 与大屏系统接口图

显示流程为：大屏工作站→DCS 网络（防火墙）→大屏控制器→大屏。

大屏系统所显示的画面由 ATS 和 CCTV 系统所提供的数据，由于 ATS 系统与大屏系统的数据安全级别不同，因此需要通过带有防火墙的 DCS 网络进行数据传输。传输的数据内容为工作站的列车运行画面。

2. 与车辆段/停车场系统接口

ATS 与车辆段/停车场系统的接口采用的串行通信接口。

车辆段/停车场计算机联锁系统发送车辆段/停车场内设备的实时状态到 ATS 系统用以显示以下功能：

① 列车占用追踪；

② 列车车组号显示；当列车退出运营返回车辆段/停车场（转换轨）时，ATS 系统发送列车车组号信息到车辆段/停车场计算机联锁系统用于车次跟踪。

实现 ATS 系统与车辆段/停车场计算机联锁系统之间的通信。硬件连接如图 2-3-13 所示。

车辆段/停车场内的信号系统设备状态显示；包括道岔位置，信号机状态等。

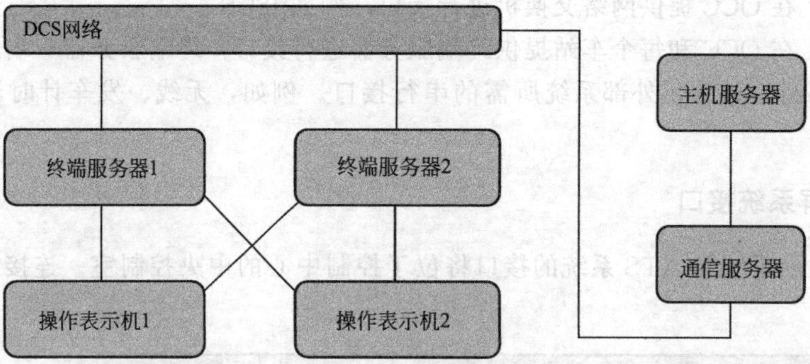

图 2-3-13　ATS与微机联锁接口图

3. 与综合监控系统接口

（1）与PIS系统的接口　PIS系统和信号系统（ATS）的接口分界点位于控制中心的信号设备室。连接方式如图 2-3-14。

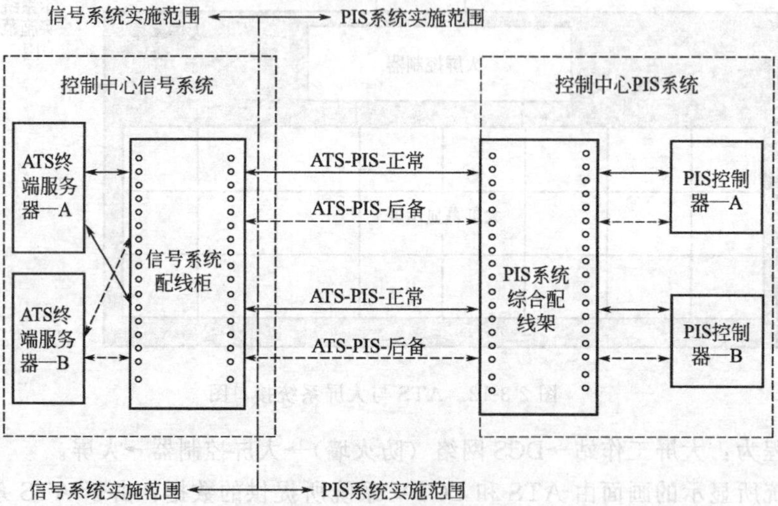

图 2-3-14　ATS与PIS系统接口图

（2）与BAS系统的接口　BAS系统和信号系统（ATS）的接口分界点位于控制中心的信号设备室，如图 2-3-15。

（3）与SCADA系统的接口　SCADA系统和信号系统（ATS）的接口分界点位于控制中心的信号设备室，如图 2-3-16。

（4）与FAS系统的接口　FAS系统和信号系统（ATS）的接口分界点位于控制中心的信号设备室，如图 2-3-17。

ATS与综合监控系统的接口均采用网络接口的形式均通过终端服务器输出网络接口，通过配线柜，连接到外部系统的相关接口设备上的。

4. 与时钟系统接口

主时钟确立了整个系统功能和数据的标准时间基准，如图 2-3-18。

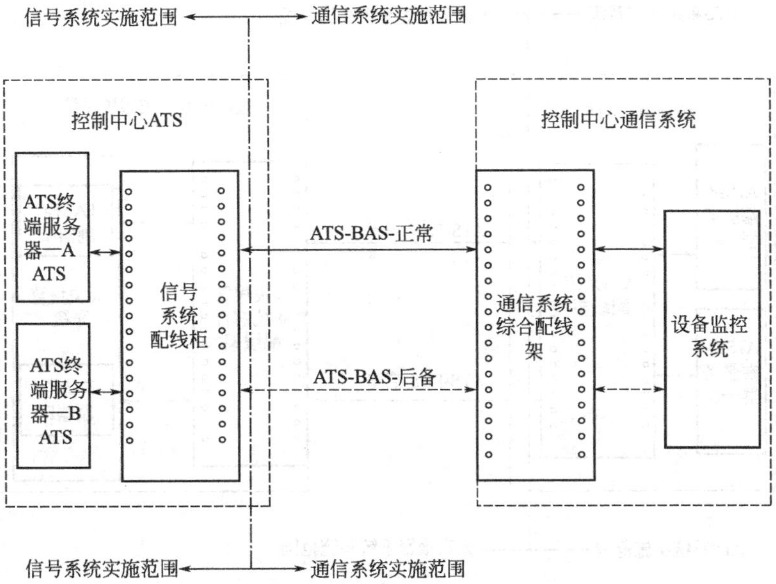

图 2-3-15　ATS 与 BAS 系统接口图

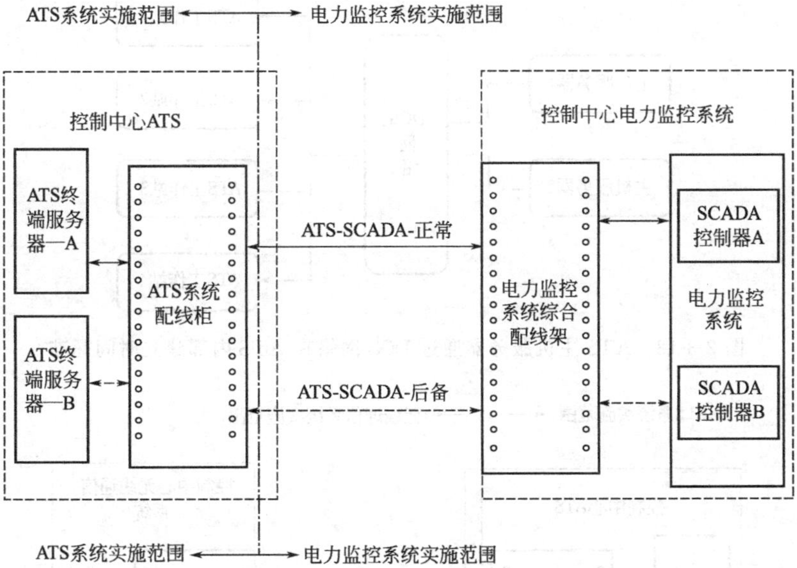

图 2-3-16　ATS 与 SCADA 系统接口图

中央 ATS 系统服务器的时间源是时钟系统中的两台主机服务器。其中一台是初级时钟源，另一台是次级时钟源。

中央 ATS 系统中每个服务器的时钟都通过网络时间协议（NTP）保持同步。

/etc/ntp. conf 文件是网络时间协议的配置文件，/etc/init. d/ntpd _ transitOffice 为 NTP 的进程文件。

ATS 工作站对应的/etc/ntp. conf 文件中内容包括两台主机服务器的 A 网和 B 网，如下：

server hz1sys001-e0　serverhz1sys001-e1

server hz1sys002-e0　serverhz1sys002-e1

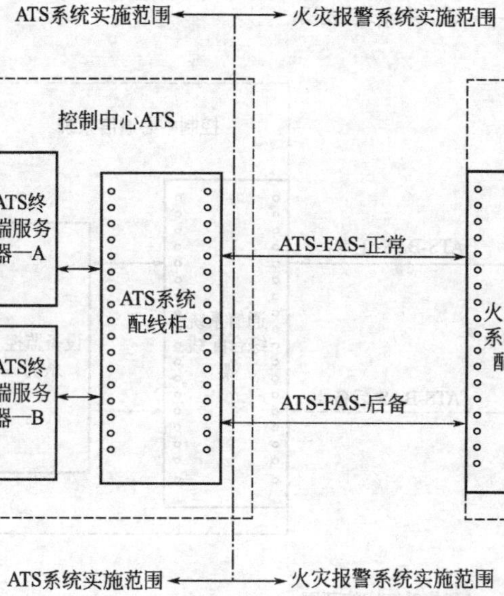

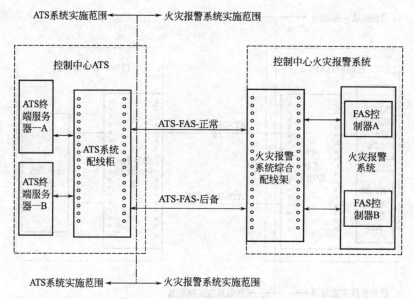

图 2-3-17　ATS 与火灾报警系统的接口

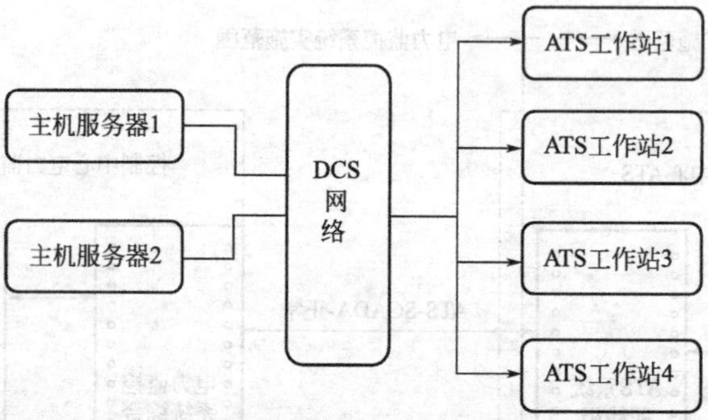

图 2-3-18　ATS 主机服务器通过 DCS 网络在 ATS 内部建立时间标准

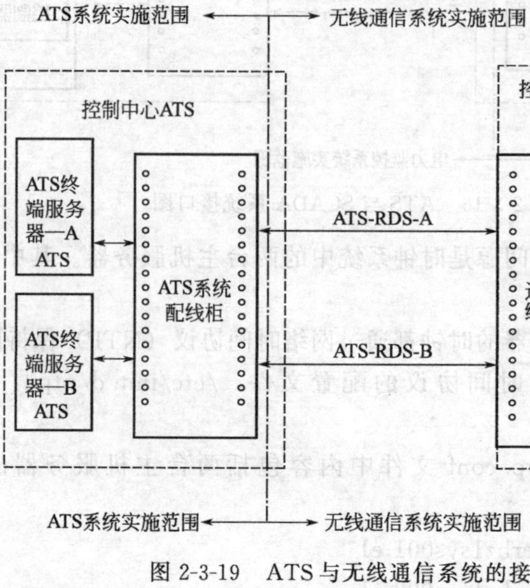

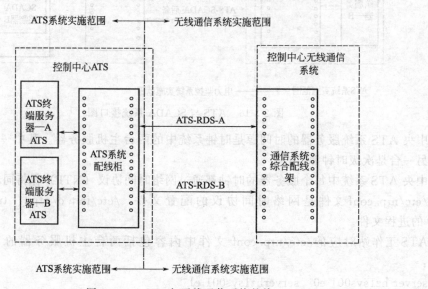

图 2-3-19　ATS 与无线通信系统的接口

5. 与无线通信系统接口

列车自动监控（ATS）与无线通信系统的接口位置在控制中心的信号设备室内，如图 2-3-19。

6. 与 SCC 系统的接口

列车自动监控 ATS 与 SCC 系统的接口也是通过 ATS 终端服务器引出的网络接口，通过 ATS 系统配线柜，接到 SCC 系统相关的接口设备上。如图 2-3-20 所示。

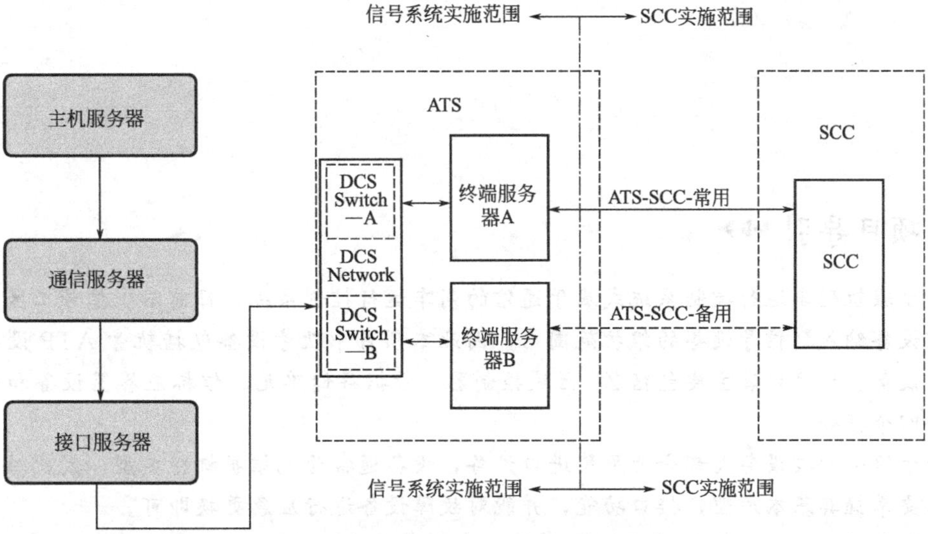

图 2-3-20 ATS 与 SCC 系统的接口

思考题

2-1 西门子移动闭塞 ATS 系统主要包括哪些系统设备？

2-2 控制中心主要包括哪些服务器和工作站，各服务器工作站主要的功能是什么？

2-3 在车站有哪些 ATS 系统设备，设备的主要功能是什么？

2-4 在 OCC 和车站，ATS 系统分别提供哪些接口？接口的类型主要有哪些？

2-5 控制中心系统设备维修的主要内容包括哪些？修程的含义是什么？

2-6 控制中心设备维修的通用技术规范有哪些主要内容？

2-7 静电对电子设备有哪些影响？如何在维修中进行静电防护？

2-8 控制中心服务器和工作站的养护维修内容主要有哪些？基本工艺要求有哪些？

2-9 控制中心外设与通信设备的主要维修内容有哪些？

2-10 车站 ATS 设备包括哪些？ATS 主要外部设备有哪些？外设的养护维修包括哪些主要内容？

项目三

轨旁设备维护

项目导引 ▶▶▶

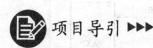

由于城轨列车运行控制系统式基于通信的列车运行控制系统，目前不少信号工区，已经将通信设备纳入到信号设备的维护范围内，因此本项目中轨旁设备包括轨旁ATP设备和轨旁通信设备。项目内容主要包括ZC区域控制器、数据存储单元、信标应答器设备和轨旁通信设备四个任务。

由于轨旁列控设备大部分为原装进口设备，设备通常为免维护机柜类型，因此对此类设备只需要掌握其基本原理，接口功能，并能对故障设备进行应急更换即可。

完成本项目后，学生应该具备轨旁设备的日常维护及常见故障应急处理的能力，具体如下：

- 能够对ZC机柜进行日常维护和应急故障处理；
- 能够对数据存储单元进行日常维护和应急故障处理；
- 能够对DCS设备进行故障界定；
- 能够对信标设备进行安装和日常维护及应急故障处理。

一、轨旁设备的结构与功能认识

CBTC系统中，车站分为联锁集中站与非集中站，轨旁设备，如图3-0-1所示，主要包括：ATP/ATO轨旁设备，无线车-地通信系统及轨旁基础外设，包括应答器、信标、列车检测设备等。其中基础设备在此不做介绍。列车自动防护系统（ATP）是列车自动控制系统（ATC）的一部分，它分为轨旁计算机单元和车载计算机单元。通过轨道到列车的通信网络，轨旁单元和车载单元之间的双向通信得以实现。

列车自动防护（ATP）负责列车的安全运行。在地铁系统中它完成保证安全的各种任务。ATP连续检测列车的位置和速度，监督列车必须遵循的速度限制，车门的控制，监督和启动屏蔽门，追踪所有装备信号设备的列车，考虑联锁条件（像转辙机和防淹门的监督），并为列车提供移动授权。

本任务内容以ATP轨旁设备结构与功能认识为主，兼顾DCS设备。

车载设备通过车载定位设备和轨旁信标应答器准确定位列车，并将列车的速度位置信息

通过无线 AP 传到 ZC 区域控制器，ZC 区域控制器结合数据存储单元、联锁、ATS 系统的列车控制相关的数据，通过计算生成行车许可，再通过轨旁 AP 发送至列车，实现对列车速度的实时控制。

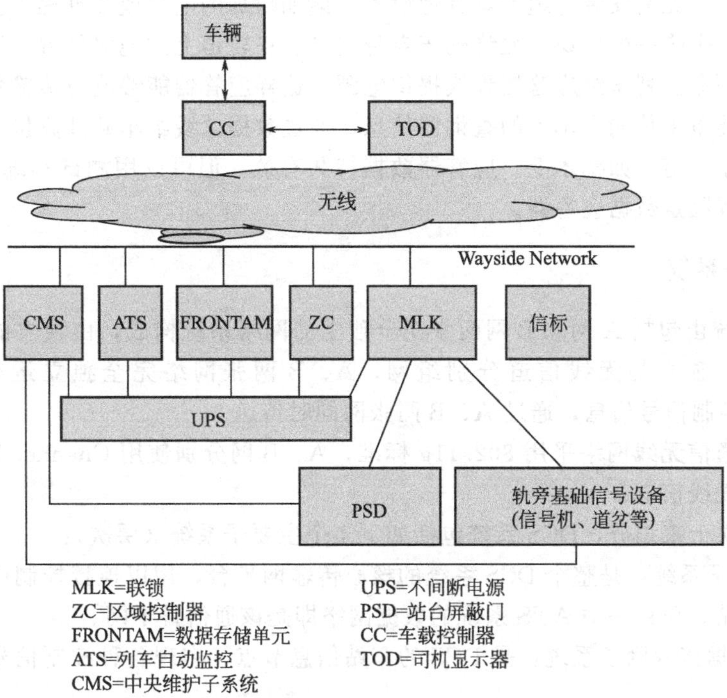

图 3-0-1 轨旁设备结构图

二、轨旁设备组成

轨旁设备主要包括 ZC 区域控制器、数据存储单元、信标应答器和轨旁通信设备。

1. ZC 区域控制器

CBTC 系统的主要任务是保证列车在系统控制的线路内安全运行。这是通过为每列通信列车提供一个 MA 来完成的。当列车在受控线路区域内按照正常时刻表运行时，CC 将列车的位置与运行方向发送给 ZC，而 ZC 使用列车当前位置、行驶方向、进路以及周围线路的当前状态来决定每列车的 MA。ZC 通过 DCS 通信子系统向 CC 传达列车的 MA。CC 负责列车在自己的 MA 范围内运行。

ZC 有规律地、定期性地通过 DCS 系统向其管辖区域内运行列车的 CC 发送 MA。ZC 还会把列车 MA 内的信号和道岔等障碍物状态告诉 CC。与之相反，CC 也会把列车位置和行驶方向周期性的告诉 ZC。

2. FRONTAM

FRONTAM（FRONT And Maintenance）为数据存储单元的简称，是 CBTC 系统中的轨旁设备。负责管理和存储轨道数据库，提供与 ATS 与 ZC 的通信接口，收集 CBTC 系统的运行信息，并提供与中央维护子系统的接口，同时负责数据记录和存档。

FRONTAM 是双机热备配置，在单个服务器出现故障的情况下，不影响其功能的实现。

3. 信标应答器

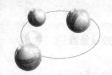

应答器是列车定位的无线的被动设备。固定数据应答器存储一个可再编程的报文并将其传输给通过列车。无需安装电缆或者其他设备，诸如附加的电源或数据提供。每个应答器报文含有至少有一个唯一的标识，允许列车自身定义它在轨道上的绝对位置。当经过应答器同时报文传输给列车。列车给应答器天线提供电源。这样应答器能够响应传输数据报文。应答器使用此电源能量来传输列车上的查询器信息，通过数据总线给车载计算机。

应答器位于轨道内如枕木上。应答器数据持久有效，但可以用测试和编程单元（TPG）检查和重新编程固定数据应答器。

4. DCS 子系统

DCS 子系统由包括 A 网和 B 网两张完全独立的网络系统构成，由独立的硬件系统、独立的网络连线、独立的无线信道分别组网，A、B 两张网络完全独立运行，同时工作。CBTC 相关的控制信号信息，通过 A、B 两张网同时传送

车地双向通信无线网络采用 802.11g 标准，A、B 网分别使用 Channel 1 和 Channel 11 两个不重叠的无线信道；

从网络层次上来划分，DCS 系统包括如下 4 个主要子系统（层次）：

① 骨干网子系统：是整个 DCS 系统的核心传输网平台，用以连接控制中心、车辆段和部分设备集中站，项目一中 ATS 系统的数据网络即是该通信骨干网。

② 轨旁数据接入网子系统：是 DCS 的车站信息节点，实现各种控制信号信息的边缘有线接入；

③ 车地通信网子系统：是轨旁无线覆盖网络的集合，包括轨旁无线接入点及相关的光纤传输系统；

④ 车载网络子系统：是列车信息网络的集合，包括车载无线、有线和其他车载控制系统部件。此部分在车载系统网络中详细讲解。

任务一 ●●● ZC 区域控制器设备维护

当列车在受控线路区域内按照正常时刻表运行时，CC 将列车的位置与运行方向发送给 ZC，而 ZC 使用列车当前位置、行驶方向、进路以及周围线路的当前状态来决定每列车的 MA。ZC 通过 DCS 通信子系统向 CC 传达列车的 MA。CC 负责列车在自己的 MA 范围内运行。

ZC 有规律地、定期性地通过 DCS 系统向其管辖区域内运行列车的 CC 发送 MA。ZC 还会把列车 MA 内的信号和道岔等障碍物状态告诉 CC。与之相反，CC 也会把列车位置和行驶方向周期性的告诉 ZC。

一、ZC 区域控制器的设备结构

ZC 设备主要由以下单元组成：

本地维护计算机-SILAM，负责收集与 ZC 相关的维护数据并把它传送给 FRONTAM。SILAM 由 2 个叫做“SilamA/B”的计算机和辅助的键盘显示器和鼠标组成。

3 取 2ATP 处理平台 CSD，负责执行 ZC 相关的核心功能。CSD 由 3 个叫做“PCSG1/2/3”

的模块组成，3 个 PCSG 独立运行，单系的故障不影响 ZC 的正常运行。放在机柜下部的三个机笼中。另外该平台通过通信板卡为每个 A/B 网提供 2 路以太网通信，用于轨旁 CBTC ATP 应用并与 CC、其他 ZC、FRONTAM、MLK 通信。

机柜如图 3-1-1 所示。

电源分配盘
本地磁盘处理单元SILAM2
本地磁盘处理单元SILAM1
KVM
风扇盘
PCSG1
PCSG2
PCSG3
风扇盘
空调过滤器

图 3-1-1　ZC 机柜布置图和实际机柜图

三取二的表决系统是一个 CSD 应用程序处理器单元，如图 3-1-2，包括以下部件。

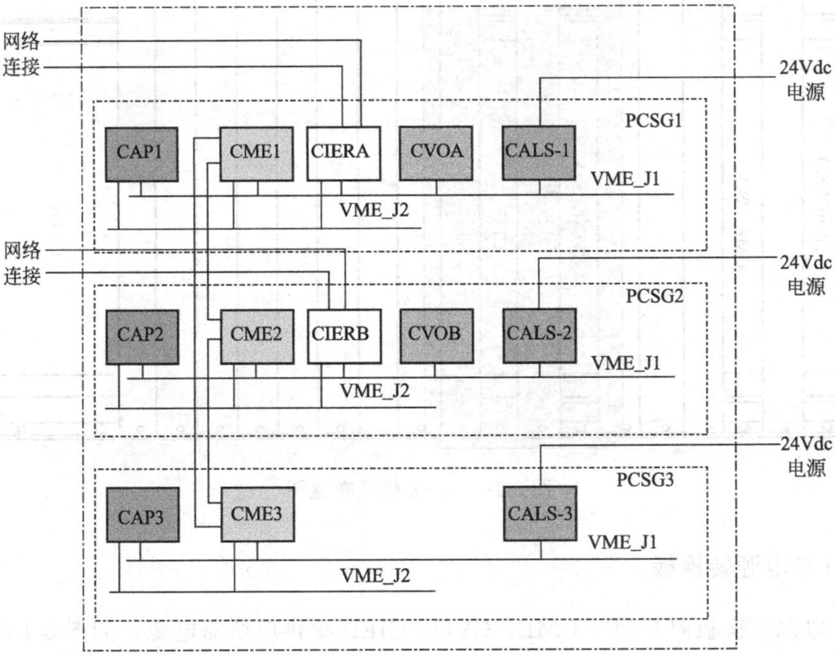

图 3-1-2　CSD 应用程序处理单元

① 3 个应用处理器板（CAP）。

② 2 个表决处理器板（CVO）。

③ 3 个交换存储器板（CME-CSD）。

④ 2 个以太网连接处理器（CIER）。

ZC 运算所需信息由通信板（CME-CSD）输入，并通过交换存储板送至三个应用处理板（CAP）分别进行运算，运算结果同样通过交换存储板（CME-CSD）分别送到两个表决处理板（CVO）中进行判断处理，将结果通过通信板（CME-CSD）送到 DCS 网络中，实现与外部系统的通信。

CSD 及输入/输出安装在三个机笼（如图 3-1-2）中：PAP1，PAP2 和 PAP3。

PAP1 和 PAP2 机笼，每个均包括下列电路板：1 块 CMECSD 通信板；1 块 CAP 板；1 块 CVO 板；1 块 CIER 板；1 块 CALS 电源板。

PAP3 机笼包括下列电路板：1 块 CMECSD 板；1 块 CAP 板；1 块 CALS 电源板。

pcsg 机笼实际设备和布置如图 3-1-3、图 3-1-4。

图 3-1-3　pcsg 机笼实际设备图

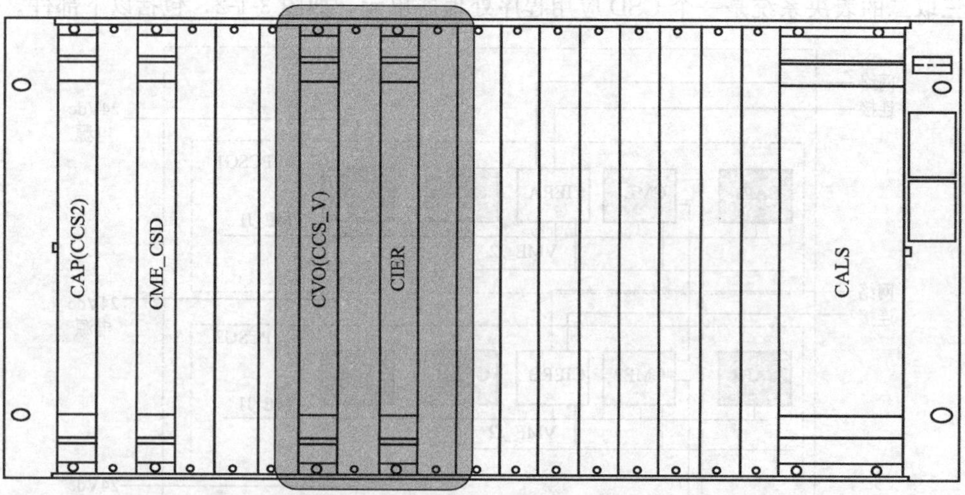

图 3-1-4　pcsg 机笼布置图

1. CALS 电源转换板

CALS 电源转换板向 CAP、CME、CVO、CIER 板供应所需电源，如图 3-1-5。

这块板由 24V DC 输入供电，并供出 5 种相互隔离的（除共用 0V 的＋12V 和－12V 电源）稳压电源：5V＃1（28A），＋12V（0.2A），－12V（0.2A），5V＃2（6A），24V（0.6A）。

五种电源输出正常时，前方指示灯为绿色常亮，右面为电源的测试插口，可用于测试五种电源的输出精确值。

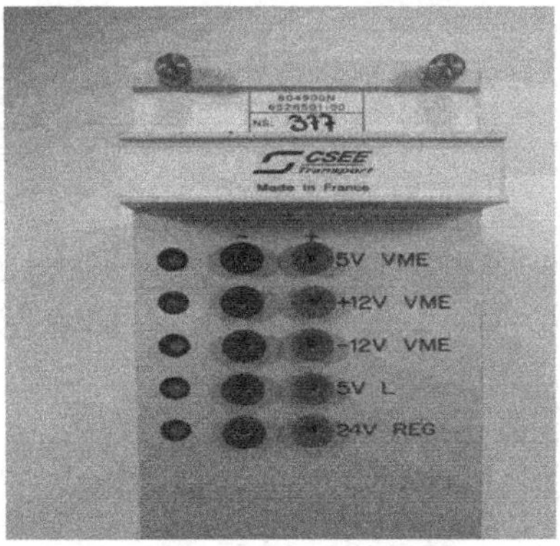

图 3-1-5　电源转换板图

2. CAP 应用处理板

它负责分配给专用模块的冗余功能，处理数据交换的安全是为 4 级别安全完整性等级和高可用性区域控制器的三取二结构而设计的。

板卡接口和指示灯如图 3-1-6 所示。

CAP 板是一个 COTS 板，该板特点如下。

• 450MHz Motorola MPC750 微处理器。

• 闪存 RAM：1M 用于固件，16M 用于应用软件。

• SDRAM：512M，在启动时，拷贝 SDRAM 中的数据和闪存中的软件。

• NVRAM：32k，用于不可变参数，例如：IP 地址，启动模块等。

• 内存控制器：(Hawk 元件)：内部总线控制器（内存，PCI 总线，中断，DEC16550）。

• 串口控制器（DEC16550 元件）。2 个 RS232 串口多达 115 波特。前端口用于控制台端口（显示和下载），后端口用于读取代码。

• 32 位可编程时钟：4 个，一个用于实时内核时钟，其他用于硬件看门狗。

• VME 接口（标准 A32D64）。

• 标准 10/100Mb/s 以太网接口。接口 1 用于以 100Mb/s 的速度远程下载应用程序。

• PCI 扩展：未使用

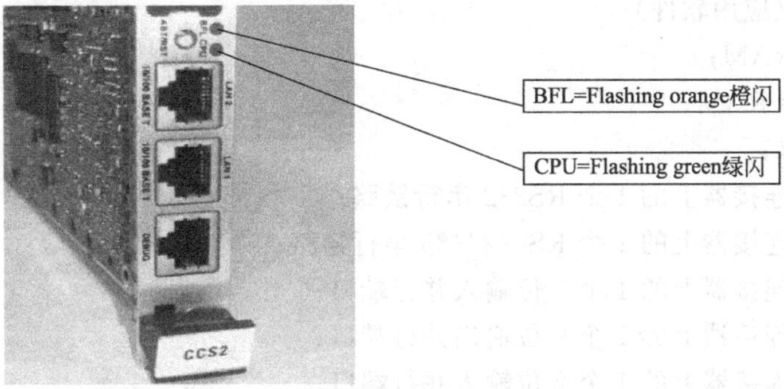

图 3-1-6　ZC 的 CAP 板 LED 指示灯状态

3. CME 内存交换板

它为三取二结构的三个处理链之间的数据交换提供两个 VME 通道，如图 3-1-7。

记录 CAP 板输出，一个输入/输出处理单元。

• LVDS 连接负责完成三个 CME 板之间的相互连接。

• CME 使用 48MHz FPGA 处理器，并装配了带板对板前部 I/O 连接器的Ⅱ型 ESM 接口。

• 4M SDRAM 用于数据交换。

• 4K EEPROM 用于不可变数据。

• 两个 22 位/66MHz LVDS 数据通道。

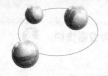

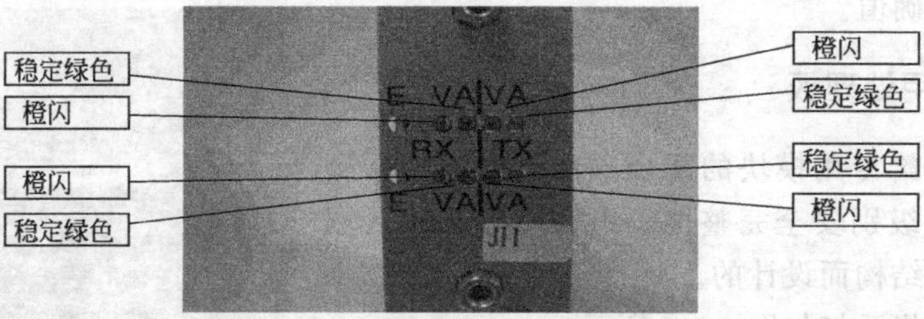

图 3-1-7 CME 内存交换板指示灯图

4. CVO 安全表决板

将 CAP 板的输出进行“3 取 2”处理。CVO 板指示灯如图 3-1-8。

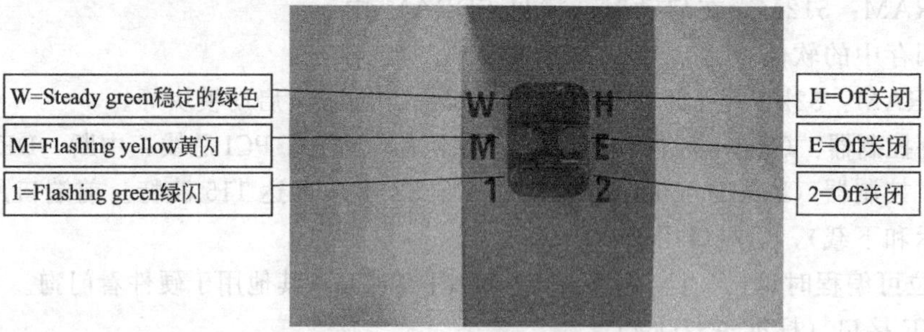

图 3-1-8 CVO 板指示灯

当前的 CVO 板（CCS 模式）是基于一个 68040 处理器（25 或 33MHz），特征如下：

- 2M 闪存（应用软件）；
- 2M 静态 RAM；
- 512K 引导 RAM；
- VME 接口；
- 位于前面连接器上的 1 个 RS232 串行链路；
- 位于背面连接器上的 1 个 RS422/485 串行链路；
- 位于背面连接器上的 1 个 8 位输入并行端口；
- 位于前面连接器上的 1 个 9 位输出并行端口；
- 位于前面连接器上的 1 个 2 位输入并行端口。

5. CIER 通信板

提供以太网接口。CIER 是一块 COTS 板，确保对于数据传输系统进行冗余的物理输入/输出处理，如图 3-1-9。

- 450MHz Freescale MPC8270 PowerQUICC Ⅱ处理器；
- 128MB SDRAM 存储卡；
- 16MB Flash 内存；
- 1 MB SRAM 存储卡 1-2MByte；
- 1kb 串行 EEPROM 存储卡；
- 三个高速以太网 10/100Mbps；
- 四个高速串行链接；

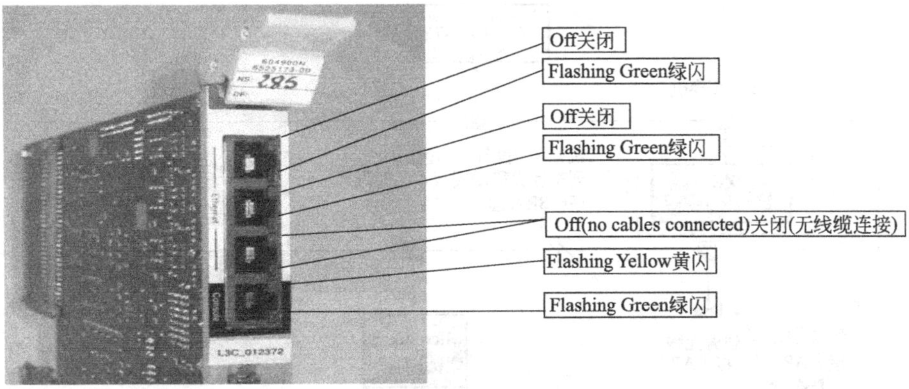

图 3-1-9 通信板接口及指示灯状态图

• 一个 RS-232 控制台接口。

6. 两个带本地磁盘的处理单元(SILAM)

SILAM 负责记录 ZC 的内部状态，处理 ZC 的维修诊断信息，如图 3-1-10。

SILAM 的硬件由两台工业计算机组成，分别为 SILAMA 和 SILAMB，出于可用性的考虑，SILAM 计算机冗余设计。两台 SILAM 计算机共用一个 KVM。

SILAM 收集、处理所有与维护有关的信息，并将其发送给 FRONTAM。

每台 SILAM 计算机连接至 DCS 系统的 A 网和 B 网，用于与 CIER 板和 FRONTAM 的通信，通信协议为 UDP/IP。

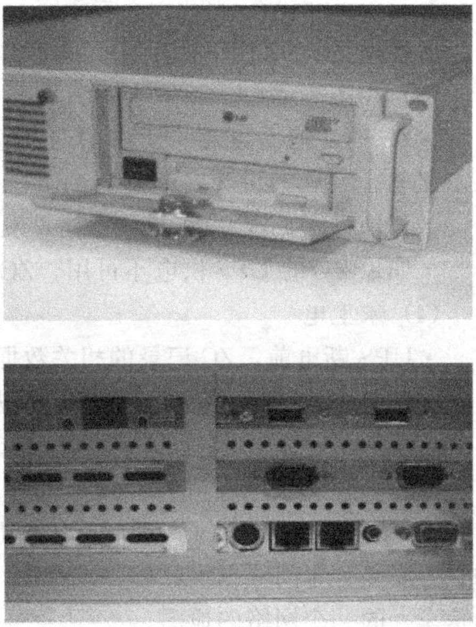

图 3-1-10 SILAM 正面及背面接口图

二、ZC 区域控制器功能

区域控制器的 ATP 功能（图 3-1-11）包括：

1. 区域控制器激活

(1) 激活中

• ZC 进行初始化流程（该初始化流程基于 ZC 的硬件和软件结构）。

• 如果在 ZC 初始化流程中检测到“严重故障（Fatal Error)”，ZC 即进入“严重故障”状态，否则进入“已激活（Activated)”状态。

• 如果 ZC 的 UPS 供电不可用，ZC 即进入“未上电（Not Powered)”状态。

• ZC 所有的与安全相关的输出（包括到 Microlok，CC，其他 ZC 和 ZCR 的输出）都被设为安全值。

(2) 已激活

• 所有的 ZC 功能被激活（ZC 不检测 UPS 电源的状态）。

• 如果检测到“严重故障（Fatal Error)”，ZC 即进入“严重故障”状态。

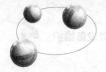

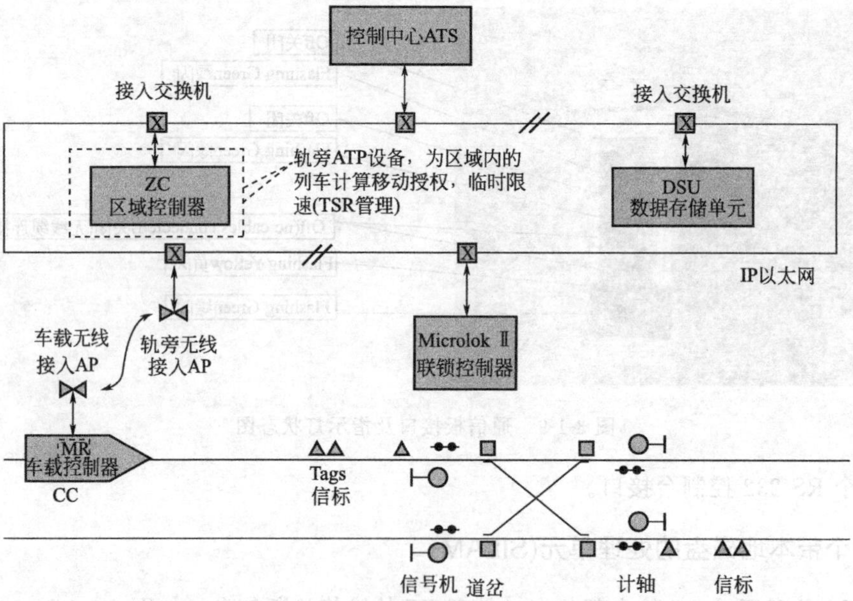

图 3-1-11　ZC 区域控制器的功能图

• 如果 ZC 的 UPS 供电不可用，ZC 即进入“未上电（Not Powered）”状态。

(3) 严重故障

• ZC 的功能不可用。所有的与安全相关的输出（包括到 Microlok，CC，其他 ZC 和 ZCR 的输出）都被设为安全值。

• 如果可用，ZC 应将其状态信息发送给 FRONTAM。

• 如果 ZC 的 UPS 供电不可用，ZC 即进入“未上电（Not Powered）”状态。

(4) 未上电

• UPS 断电前，ZC 记录的相关数据应被存储。

• 如果 UPS 电源恢复可用，ZC 即进入“激活中（In Activation）”状态。

2. 列车追踪和筛选

① ZC 确定每列车的位置，同时，比较每列车的位置和固定障碍物。列车追踪的主要目的是为安全列车间隔提供数据。该数据可以被看作是所有列车（CBTC 车、非 CBTC 车和非通信车）的一个网络的地图。

② ZC 根据以下信息来建立轨道占用地图：

• 对于非 CBTC 列车，根据计轴区段占用情况；

• 对于 CBTC 列车，根据 CC 提供的列车位置报告；

• 道岔位置。

③ 每个 CC 都提供包含列车识别信息的位置报告，包括车头和车尾的位置、安全计算的位置不确定性以及运行方向。列车识别信息实际上就是 CC 编号，通过为每列车硬编码，防止两个 CC 的编号相同。

④ 每个通信列车都会向轨旁 ZC 发送其位置信息（图 3-1-12），其中包括如下内容。

• 列车识别号（Train Identity）：列车识别号是用于确定线路上单独列车安全信息。

• 位置安全（Location Secured）：用于标记位置是否安全，当位置为安全时，其值为

"真"。

• 最大车头和车尾位置：该信息可以保证列车的最大可能车长（考虑了所有的安全余量）。最大车头和车尾位置是基于列车的运行方向的，因此，如果列车的运行方向为"未知"，最大车头和车尾位置也为"未知"。

• 位置不确定性（Location Uncertainty）：用于识别列车位置不确定性的安全信息。如果位置不确定性太大，那么就不能被标记为位置安全。

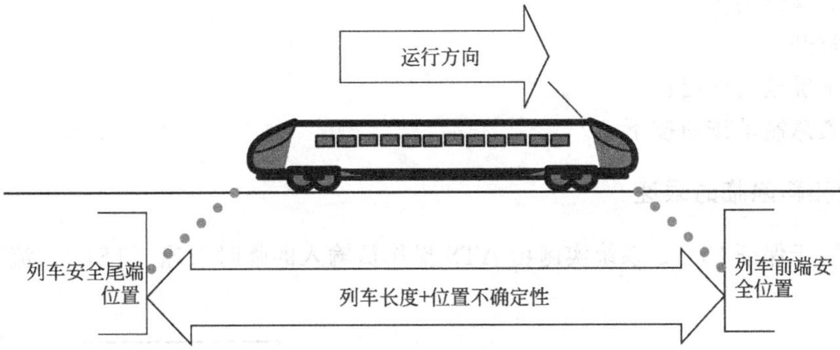

图 3-1-12　向 ZC 发送的列车位置

⑤ 只有当 CC 发送的位置信息被标记为位置安全时，ZC 才使用此位置信息（否则，ZC 弃用该位置信息）。对使用位置信息的所有安全功能，都需要使用被标记为位置安全的位置信息。

⑥ 只要需要考虑位置的不确定性，ZC 就根据 CC 报告的非安全位置报告和位置不确定性来计算列车的安全位置，如下图所示。这保证了列车长度的最大化（即轨道占用计算的"最坏情况"）。

⑦ 可疑标记：在正常情况下，ZC 对 CBTC 列车仅通过位置报告来定位。通常情况下，一个虚拟区段（VB）只能被一列车占用。但是在计轴区段故障或者列车不正常动车的情况下，有可能会违背该原则。因此在这种情况下，ZC 会"怀疑"在同一个虚拟区段内存在多列车，会给该列车标记一个"可疑标记"，可疑标记可以标记在列车车头、车尾或者两端。带可疑标记的列车仍然通过位置报告信息来定位，但是同时也使用计轴区段占用来定位。

在下列情况下，ZC 会为列车添加可疑标记。

• 列车本身已经通过位置报告来定位，但是与另外一辆通过计轴区段定位的列车的安全间隔不能保证（安全间隔只有在两车之间有一个空闲计轴区段的时候才能保证）。

• 列车本身已经通过位置报告来定位，但是出现了两辆车发送的位置报告显示在一个虚拟区段内的情况。

• 对于 ZC 定位的第一列车，出于安全考虑，会将可疑标记标记在该列车的两端。

⑧ ZC 根据系统的可用程度，自动选择是采用列车位置报告或者采用计轴区段占用来追踪列车。

当从计轴区段占用追踪列车，到列车位置报告追踪列车的转换过程中，列车需要经过筛选过程。

3. 特殊区域管理

CBTC 系统应可以保护某个区域。如果某个区域被保护，CBTC 禁止列车进入或者通过该区域。这些预先定义的区域叫做"移动授权区域"（MAZ）。

当一个与预定义区域关联的报警被激活时，就对此区域进行保护。该报警可以被列车调度员或工作人员或某自动装置或一列车激活。

当与此区域关联的报警消除并且从调度员那里收到解锁命令时，释放对此区域的保护。

在调度员的请求下，某些保护可以暂时解锁。

下列事件可能引起对某个区域的保护：

• 列车完整性丢失；

• 车门打开；

• 非正常屏蔽门开启；

• 站台紧急制动按钮按下。

4. 设置和移除临时限速

本功能用于保证 CBTC 系统实施由 ATS 操作员输入的临时限速（TSR）。流程如图 3-1-13 所示。

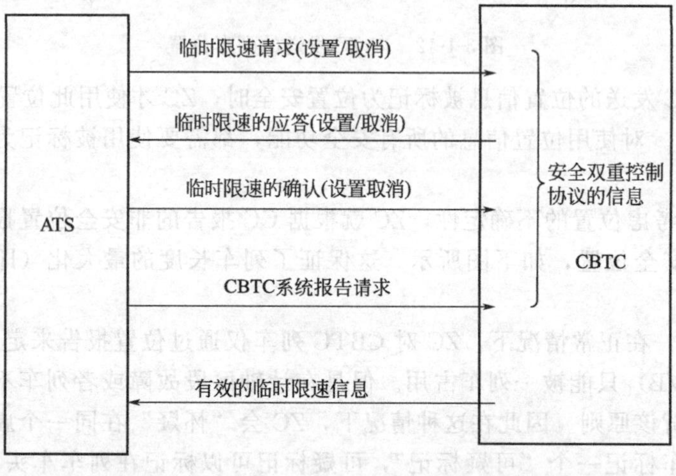

图 3-1-13 ATS 与 CBTC 下达临时限速的流程

临时限速的信息应包括：

• 相关轨道；

• 临时限速的公里标限制：区域的始端公里标，区域的末端公里标；

• 施加的速度限制。

如果在同一段轨道上有几个重叠的临时限速（TSR），CBTC 系统应在此段轨道上施加所有临时限速中最低的限速值。此功能由车载控制器保证。

根据请求，CBTC 系统应将在线路上的所有有效的临时限速（TSR）信息发送给 ATS。

5. 冲突防护

（1）移动授权　列车安全间隔基于前方列车瞬时停车原则。对于 CBTC 列车，列车位置的确定取决于基于 CBTC 系统的定位精度。对于非 CBTC 列车，列车的位置由轨旁设备确定（轨道电路或者计轴）。

CBTC 系统保证列车在 CBTC 区域内安全运行。为此，CBTC 系统应得知列车的安全位置（CBTC 车和非 CBTC 车），以及通过联锁系统和 CBTC 设备得知轨旁信号设备的状态。

CBTC 系统为每列 CBTC 车计算移动授权（MAL)。

移动授权为下列当中最受限制的：

• 前方 CBTC 列车的车尾，并需要考虑位置不确定性；

• 轨道终点；

• 一条进路的入口，当此进路尚未确认开放或者锁闭时（这种情况可能是在此进路的某个区段上有敌对进路)；

• 一段受保护的轨道区段的边界（例如，某条不能保证列车安全运行的进路的入口)；

• 前方非 CBTC 列车占用的轨道电路或者计轴闭塞。

(2) 保证在区域控制器重叠区域中列车安全间隔的连续性　相邻的两个 ZC 之间有一个重叠区域，用于列车在两个 ZC 管辖区域之间的切换，在该区域内两个 ZC 同时最总列车并计算 MAL，CC 使用最大的 MAL 作为移动授权。

CC 仅仅与它当前所占用区域的 ZC 通信。一旦列车穿越重叠区域边界，CC 开始与新的 ZC（接权 ZC)。在建立与接权 ZC 之间的通信后，CC 将切断与当前 ZC 之间的通信。接权 ZC 将负责与列车通信变成当前 ZC。

如果与接权 ZC 建立通信失败，CC 将继续与当前 ZC 通信直到它完全出清当前 ZC 的辖区，如果与新 ZC 之间的通信建立失败，在边界点（通过轨道电路占用或计轴区段检测）上列车将被处理为非装备列车。

列车经过 ZC 重叠区域时典型的处理过程如下：

• 两个相邻的 ZC 共同管理“区域重叠”。

• 在重叠区域里，两 ZC 都接收来自于列车的报文（包括定位信息)，并确保列车追踪。

• 两 ZC 都为在重叠区域内的列车计算 ZC _ MAL，在重叠区域内的 CC 接收两个 ZC _ MAL。CC 选择最长的一个 ZC _ MAL。如果在重叠区域内 CC 仅从一个 ZC 接收到 ZC _ MAL，认为该 ZC _ MAL 就是其移动授权。

(3) 信号机灭灯　信号机的显示由 Microlok 系统控制。

信号机灭灯功能的目的是为 CBTC 列车前方的信号机灭灯，使得 CBTC 列车的车载信号（通过 TOD 显示）与轨旁信号显示一致。比起单独通过 Microlok 系统来控制信号机显示的模式来，能够缩短运营间隔。当信号机没有任何列车接近时，信号机也应为灭灯状态。

ZC 根据从 Microlok 得到的关于某个“可灭灯信号机”（数据库中定义）的相应状态信息来计算该信号机灭灯命令。该灭灯命令需满足条件：

• 有 CBTC 列车接近该信号机；

• 该信号机防护的为 CBTC 区域；

• 接近列车的最大车头位置还未超过该信号机。

另外，当没有任何列车接近该信号机时，ZC 也会发送信号机灭灯命令。

三、ZC 区域控制器的基本操作

1. ZC 区域控制器数据下载

ZC 区域控制器中工作数据要及时下载并上传至 ASTS 服务器进行数据分析和处理。数据下载流程如下：

将 U 盘插入相应 silam 主机的 USB 插口（USB 插口共 4 个，前后各 2 个)，图 3-1-14

为后面的 USB 插口（确认 U 盘无病毒，务必使用空白 U 盘）。注：上层是 SILAM2 主机，下层是 SILAM1 主机。

在键盘右上方有服务器切换的按钮，如图 3-1-15，通过按压 UP 和 down 选择服务器。注：000 为 silam1 服务器，001 为 silam2 服务器。

图 3-1-14　silam 主机背部的 USB 接口

图 3-1-15　键盘右上方的服务器切换按钮

通过 windows 键＋D 键进入 windows 桌面，双击桌面“zip & relaunch recorder”快捷方式，此时 ZC 数据结束记录，数据准备好。

数据开始打包时，会有图 3-1-16(a) 所示的窗口弹出。上步结束后等几秒会有图 3-1-16(b) 所示的小窗口弹出，不用管这个窗口。此后会出现新的 3 个窗口，如图 3-1-16(c)，可以不需要理会它，因为这是新纪录开始记录的窗口。注意：若新 DOS 窗口没有弹出，等到数据拷贝流程完成后，再双击桌面“zip & relaunch recorder”快捷方式。

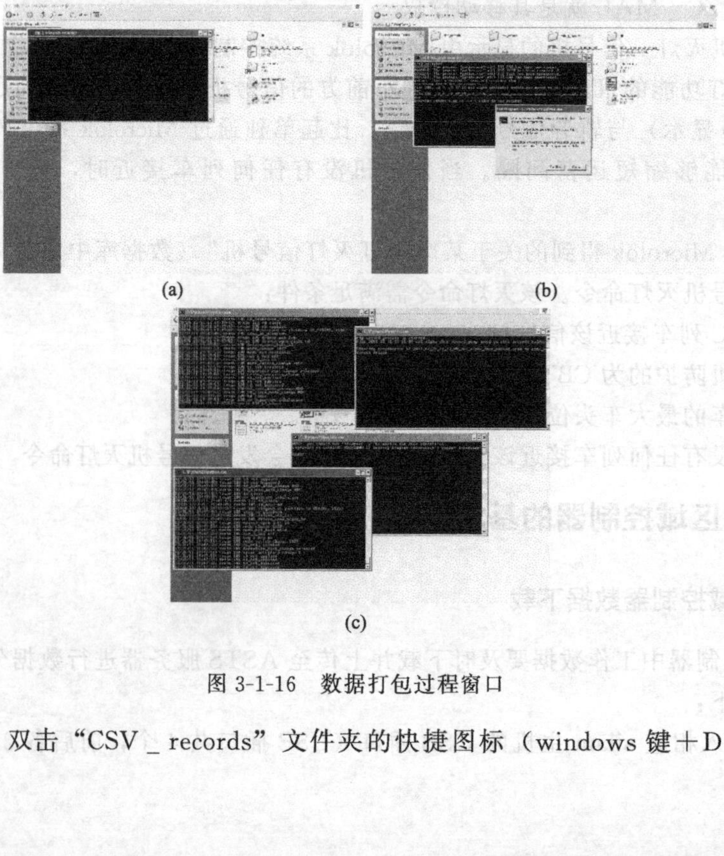

(a)　(b)

(c)

图 3-1-16　数据打包过程窗口

返回桌面，双击“CSV _ records”文件夹的快捷图标（windows 键＋D 键返回桌面）。

进入 CSV _ records 如图 3-1-17 所示文件夹，首先查看 coped _ CSV _ records 文件夹内的文件，这些文件即为上次拷贝过的文件，并将其删除，将需要拷贝的文件拷贝至 U 盘，并拷贝至 coped _ CSV _ records 文件夹。[“7Z”为后缀的数据包，这些数据包就是要下载的数据（注：如果数据没有打包完会有“csv”为后缀的文件存在，此时你需要耐心等待一下）]

图 3-1-17　CSV _ records 文件夹

注意：建议在自己的 U 盘内创建相应的 silam 文件夹，这样便于你知道自己的数据是在哪一台服务器上拷贝的。

取走自己的 U 盘，回去上传至 ASTS 服务器。

2. 上电断电

针对 ZC 机柜的主要是上电和断电，如图 3-1-18，上电之后，ZC 自动运行，不需要人为干预。

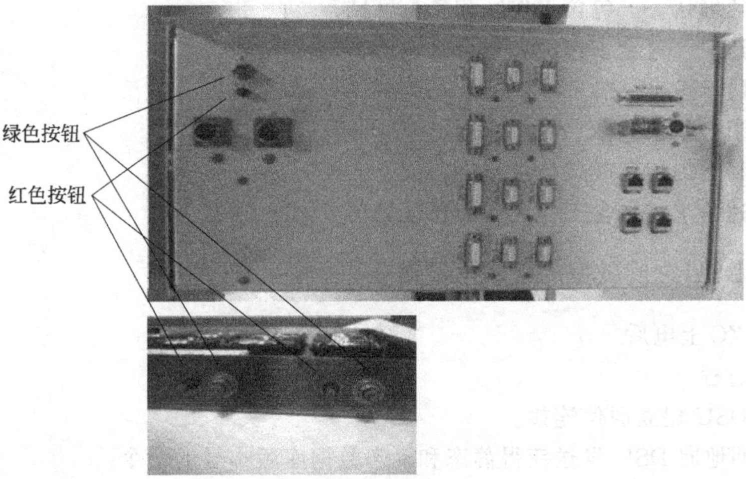

图 3-1-18　ZC 机柜的上电断电按钮

绿色按钮为上电按钮，红色按钮为断电按钮。

四、ZC 与外部系统接口的通信过程

1. 区域控制器（ZC）与区域控制器（ZC）

（1）通信通道　通道基于以太网连接和光纤骨干网，使用 UDP/IP。

（2）通信内容　CBTC方向区域状态；临时限速信息。

2. MicroLok联锁控制器与区域控制器（ZC）

（1）通信通道　通道基于以太网连接和光纤骨干网，使用UDP/IP。

（2）通信内容

① MicroLok联锁控制器到区域控制器（ZC）

- 计轴区段状态（占用/空闲）；
- 道岔位置；
- 信号机状态；
- 进路锁闭、解锁状态，进路人工取消进路延时状态；
- 站台自动折返按钮状态；
- 站台紧急停车按钮激活；
- 站台屏蔽门状态；
- 进路取消请求。

② 区域控制器（ZC）到MicroLok联锁控制器

- CBTC列车接近信号机；
- 信号机前停车保证；
- 信号机灭灯命令；
- 列车已经越过信号机压入下一个区段；
- 站台屏蔽门使能和门控命令。

3. 区域控制器（ZC）与ATS

（1）通信通道　通道基于以太网连接和光纤骨干网，使用UDP/IP。

（2）通信内容

① 区域控制器（ZC）到ATS

- 区域禁止的列车模式；
- 临时限速确认——包含工作区和禁行区域；
- 临时限速——包含工作区和禁行区域；
- CBTC列车移动授权。

② ATS到区域控制器（ZC）

- 区域内禁止的列车模式请求；
- 临时限速请求，包含工作区和禁行区域请求。

4. ZC与DSU之间数据库版本号检查

（1）场景 ZC上电后

（2）通信过程

① ZC与DSU建立通信连接。

② ZC周期地向DSU发送获得静态和动态数据库版本号的命令。

③ DSU收到ZC发送的获得静态和动态数据库版本号的命令后，向ZC发送静态和动态数据库版本号数据帧（在一帧信息内发出）。

④ ZC收到版本号数据帧后，根据协议格式提取静态和动态数据库的版本号，通过调用ZC DSU模块，获得ZC本地的静态和动态数据库的版本号，比较版本号是否一致。

⑤ 如果一致，则可以发送空报文保持通信连接。如果静态数据库版本号不一致，则转到静态数据库下载功能；如果动态数据库版本号不一致，则转到动态数据库下载功能。

⑥ ZC 判断是否周期到时，周期到时后，转②；否则发送空报文保持通信链接。

（3）通信过程

① 获得静态和动态数据库版本号的命令；

② 静态和动态数据库版本号数据帧。

5. ZC 从 DSU 下载数据

（1）场景 ZC 经过与 DSU 的数据库版本号检查后，发现数据库版本不一致。

（2）通信过程

① 如果动态数据库不一致，向 DSU 发送 N_GET_CMD（动态数据库）命令。

② DSU 收到 N_GET_CMD（动态数据库）命令，则 DSU（以一帧的形式）把含有动态数据库信息的帧发送给 ZC。

③ ZC 收到后含有动态数据库信息的帧后，则应答 DSU 收到动态数据库，并且丢弃以后（直至断开与 DSU 通信）收到的含有动态数据库信息的帧；如果没收到要重复发送 N_GET_CMD（动态数据库）命令。

④ DSU 收到 ZC 的应答后，不再发送含有动态数据库信息的帧；否则重复发送含有动态数据库信息的帧。然后将动态数据库信息提供给 ZC DSU 模块管理。

⑤ 如果静态数据库不一致，向 DSU 发送 N_GET_CMD（静态数据库）命令。

⑥ DSU 收到 N_GET_CMD（静态数据库）命令，则 DSU（已预先存好多帧 DSU 数据）把含有静态数据库信息的帧（有序号）发送给 ZC。

⑦ ZC 如果没有收到任何含有静态数据库信息的帧，则重复发送 N_GET_CMD（静态数据库）；如果收到含有静态数据库信息的帧，则发送对该帧的应答，直至又收到有含有静态数据库信息的帧。

⑧ DSU 如果在 2 个周期内没有收到 VOBC 针对某帧（含有静态数据库信息的帧）的应答，则在下个周期重新发送该帧（含有静态数据库信息的帧）。如果收到了 VOBC 的应答，则发送下一个未曾发送过的含有静态数据库信息的帧，直至最后一帧（含有静态数据库信息的帧）发送完毕。

⑨ DSU 最后一帧（含有静态数据库信息的帧）发送完毕，或收到 DSU 针对该帧的应答，则重复发送静态数据库发送结束帧，直至收到 VOBC 对静态数据库发送结束帧的应答帧。

⑩ ZC 如果收到静态数据库发送结束帧后，发送对静态数据库发送结束帧的应答帧；否则重复发送对最后一帧（含有静态数据库信息的帧）的应答帧。

⑪ ZC 在收完所有帧（含有静态数据库信息的帧）后，根据协议取出数据，作整体 CRC 校验。

⑫ 如果 CRC 校验正确，则清掉 VZ 静态数据库版本号不一致和 VZ 动态数据库版本号不一致的 2 个标志；如果 CRC 校验错误，则重新启动下载静态数据库的过程。

⑬ 下载完成后，ZC 将多帧的信息展开，根据 ZCDSU 要求的结构重组数据库，将保存的多帧（含有静态数据库信息的帧删除）。

（3）通信内容

① N_GET_CMD（静态、动态）；

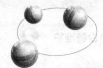

② 含有动态数据库信息的帧；

③ 含有静态数据库信息的帧；

④ 静态数据库发送结束帧；

⑤ 应答帧（针对动态、静态、静态结束）。

（4）异常处理　发生通信中断，DSU 删链接后不作任何处理，ZC 如果收到了含有动态数据库信息的帧后，则不再为了获得动态数据库而重新发起连接；ZC 如果收到了静态数据库发送结束帧，则不再为了获得静态数据库而重新发起连接；否则 ZC 都将重新发起与 DSU 连接，并重启比较版本号的过程。

6. ZC 与 CC 之间的数据库版本检查

（1）场景　VOBC 已在 CBTC 区域中运行，从非通信列车重新进入 CBTC 时；以及与 ZC 的例行通信过程中

（2）通信过程

① ZC 发给 VOBC 的每一帧数据中（包括应答 RFC 的 ACK 帧）中，包含有 ZC 本地的静态和动态数据库版本号。

② VOBC 在收到每一帧数据后，都根据协议格式提取 ZC 的静态和动态数据库版本号，通过调用车载 DSU 模块，获得 VOBC 本地的静态和动态数据库的版本号。

③ 如果 VZ 数据库版本号不一致（分动态和静态）标志未置位，则比较版本号（分动态和静态）是否一致。如果 VZ 数据库版本号不一致（分动态和静态）标志已置位，则不比较数据库版本号（分动态和静态）是否一致。

④ 经过比较，如果静态和动态数据库的版本号都一致，则不需作额外的处理（额外的处理指当版本号不一致时，VOBC 要作的处理）。

⑤ 如果静态数据库版本号不一致，则紧急制动，置位 VZ 静态数据库版本号不一致标志。如果动态数据库版本号不一致，则在 MA 范围内最近的障碍物前停车，置位 VZ 动态数据库版本号不一致标志。停车后发起与 DSU 的版本号检查。

（3）通信内容

① ACK 中的数据库版本号信息。

② 数据帧中的数据库版本号信息。

五、ZC 区域控制器的日常维护

ZC 的维护分为“预防性维护”和“故障维护”。

预防性维护只针对对于通风机架的维护，故障维护为 ZC 设备出现故障后的恢复性操作。故障的判断主要通过 FRONTAM 工作站上的报警信息，以及 ZC 机柜板卡的 LED 灯的显示。

ZC 故障维护时，可以针对单个 PCSG 机笼单独断电，断电后，ZC 自动进入二取二状态运行，维护完成上电后，如果故障排除，ZC 自动重新进入三取二的工作状态。因此，绝大多数情况下，可更换单元的故障只会影响系统的可用性，而不会影响系统的功能。

ZC 为模块化设计，因此维护工作针对的最小部件被称为 LRU（可更换单元）。ZC 机柜中的可更换单元表如表 3-1-1。

表 3-1-1 ZC 机柜中的可更换单元表

缩 写	功 能	缩 写	功 能
PZC	空置 ZC 机架	CIER	以太网接口板
CAP	应用板	CALS	电源板
BCH-CAP	应用板编码插头	SILAM	本地计算机维护辅助系统
CVO	表决板	Fan filters	风扇过滤器
BCH-CVO	表决板编码插头	PVentil ZC(or PVF)	风扇机架
CME+	存储交换板		

1. 区域控制器 ZC 日常保养

如表 3-1-2。

表 3-1-2 区域控制器 ZC 日常保养

区域控制器 ZC	①设备运行状态检查	每日
	② 机柜外部清洁	

2. 区域控制器 ZC 二级保养

如表 3-1-3。

表 3-1-3 区域控制器 ZC 二级保养

区域控制器 ZC	①风扇清洁	每季
	②防尘网清洁	
	③机柜内部清洁	
	④机柜外观检查	
	⑤接插件及机柜内部连接检查	
	⑥检查通信接口	
	⑦接口及外设连接件检查	
	⑧接地检查	
	⑨电源检测	

任务二 ● ● ● 数据存储单元设备维护

一、数据存储单元的设备构成

FRONTAM（FRONT and Maintenance）为数据存储单元的简称，是 CBTC 系统中的轨旁设备。

FRONTAM 机柜由以下设备组成：

- 两台应用服务器（互为冗余）；
- 一台存档服务器；
- 一个 KVM（供三台服务器共用）；

• 两个通风机架。

另外，为了操作和维护的方便，还设置了一台 FRONTAM 的操作员工作站，如图 3-2-1。

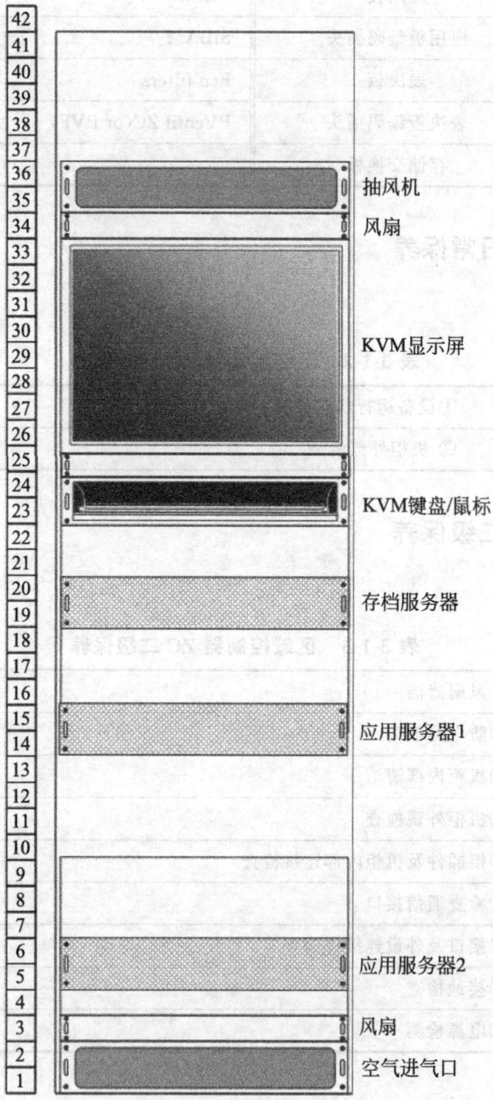

图 3-2-1　数据存储单元机柜布置图

1. 应用服务器

两台应用服务器（图 3-2-2）互为冗余，在单个服务器故障时自动进行主备切换。其功能主要是存储和管理轨道数据库，为 ATS 和 ZC 之间的通信提供接口。

2. 存档服务器

存档服务器为单服务器配置，其故障不影响 CBTC 系统的运行，且故障恢复后，在故障期间未存档的信息会自动重新存档。

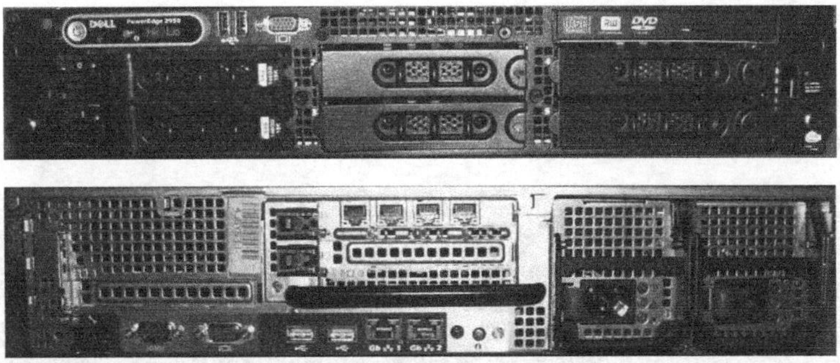

图 3-2-2　应用服务器正面背面设备图

3. KVM

KVM 提供上述三台服务器的人机接口。

由于三台服务器公用一套外设（鼠标、键盘和显示器）所以需要 KVM 切换器来转换三台服务器对外设的使用权，提供与三台主机的外设接口，和与外设的接口。设备细节如图 3-2-3～图 3-2-5 所示。

图 3-2-3　KVM 切换器背板图

图 3-2-4　KVM 切换器 12V 直流电源模块和电源插板

图 3-2-5　鼠标键盘显示器

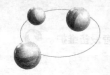

4. FRONTAM的操作员工作站

FRONTAM还通过操作员工作站（图3-2-6）提供与操作员的人机接口，使得操作员能够直观地看到CBTC系统中各个设备的状态信息。

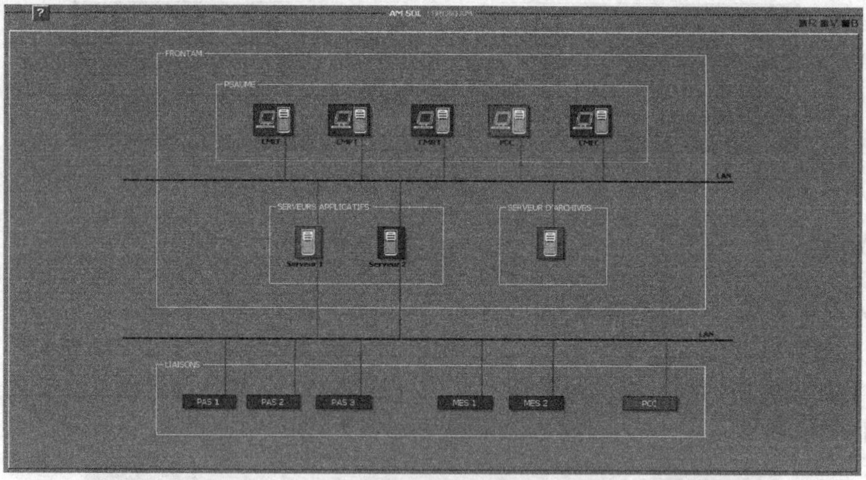

图3-2-6　操作员工作站界面

设备形式是PC机的形式，包括显示器、主机和打印机等，外观如图3-2-7所示。

图3-2-7　操作员工作站硬件配置

二、数据存储单元的功能原理

线路网络由连接在一起的轨段（Segment）组成。一个轨段是轨道的一段线性部分，由这些要素定义：编号（ID）、起点、常规方向和长度。一个轨段只有一个编号S1（也就是两个轨段不能有相同的编号）。每个列车的点位M和每段轨道特性由轨段的编号S1和偏移d（轨段的起点和该点位之间的距离）来决定。

线路区段（Line Section）的概念用于数据库，它是一组轨段的集合。每个集合命名为“线路区段”并包含诸如轨段、信标、斜坡和信号机位置的描述的信息。

线路区段一般为一个站间距（通常是在正线上从一个站台到另一个站台的距离）。注意：在地理上，一个线路区段包含一组轨段。

轨道数据库是用于描述列车运行的轨道线路的数据库，包括线路坡度、曲线、车站/站台设置、折返线/存车线设置，轨旁信号机、道岔、计轴点、信标点设置，以及屏蔽门、防淹门等所有运行线路相关数据的基础文件。

轨道数据库同时存储在区域器 ZC 和车载控制器 CC 中，ZC 根据轨道数据库计算列车的安全授权点 V-MAL 和非安全授权点 NV-MAL，CC 确定列车的运行速度防护曲线、计算运营停车点、折返点，确定列车正确的开门侧等。

为便于轨道数据库的管理和在线更新，轨道数据库，如图 3-2-8 也存储在数据存储单元 FRONTAM（DSU）中。

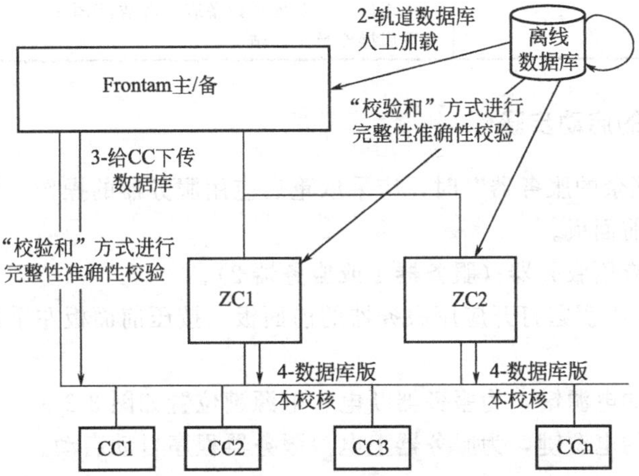

图 3-2-8　FRONTAM 轨道数据库数据功能

数据库的配置管理也是基于线路区段的。所以，每个线路区段都有自己的版本号。

FRONTAM 管理轨道数据库的流程如下。

① FRONTAM CC：每一个线路区段的轨道数据库，各不同的子网分别与不同的设备进行通信。

② ATS Vlan：FRONTAM 通过 ATS Vlan 与 ATS 进行通信。FRONTAM 中连接到 ATS Vlan 的设备有两台应用服务器、存档服务器和操作员工作站。

③ CBTC Vlan：FRONTAM 通过 CBTC Vlan 与 ZC 和 CC 通信。FRONTAM 中连接到 CBTC Vlan 的设备有两台应用服务器。

三、数据存储单元的操作及维护

（一）数据存储单元的预防性维护

如表 3-2-1。

表 3-2-1　数据存储单元的预防性维护

设　备	修程	周期	检修工作内容
FRONTAM 机柜及内部设备	日常保养	日	检查设备正面背面各指示灯状态； 检查机柜底座风扇是否正常转动； 检查 KVM 单元显示器电源指示灯是否正常，滑出的键盘是否顺畅无卡阻，再检查键盘是否正常工作，鼠标指针移动是否正常； 机柜外表面清洁，无尘无污渍
	二级保养	周	设备表面清洁； 机柜内部清洁； 目视各个插接连接线头是否插接牢固，无松脱； 日常保养检查各项内容

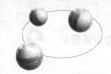

续表

设　备	修程	周期	检修工作内容
FRONTAM 机柜及内部设备	小修	半年	更换干净、完好的风扇过滤器； 检查 230V 风扇架托盘是否牢固，检查每一个风扇是否能正常转动，工作正常； 检查 KVM 单元显示器电源指示灯是否正常，滑出的键盘是否顺畅无卡阻，再检查键盘是否正常工作，鼠标指针移动是否正常； 检查 KVM 开关背板上插接件是否牢固无松脱； 机柜内部以及各个设备表面清洁，无尘； 重启操作员工作站

1. 应用服务器的启动步骤

当出现“丢失冗余的服务器”时，应采取重启应用服务器的操作，操作步骤如下。

① 打开机柜的前面板。

② 找到故障的应用服务器（服务器 1 或服务器 2）。

③ 使用 DELL361 钥匙打开应用服务器的前面板。按压前面板左手边的扣环，将服务器卸下。

④ 按下服务器的电源键，为服务器断电。电源键位置如图 3-2-9。

⑤ 按下前面板的电源键，为服务器上电。服务器程序自动启动。

图 3-2-9　电源键位置图

⑥ 按下〈PrtSc〉（打印屏幕）键，或者双击轨迹球键盘的〈Ctrl〉键，以运行 KVM 开关的 OSCAR 接口程序。

⑦ 显示屏上出现主窗口，显示出 KVM 开关的状态，如图 3-2-10。双击启动的服务器名称（FMT1 或 FMT2）。

⑧ 在登录页显示出来后，输入用户名（frontam）和密码。

⑨ 检查服务器是否工作正常。等待大概一分钟，检查在 DOS 窗口中（图 3-2-11）是否显示如下信息：

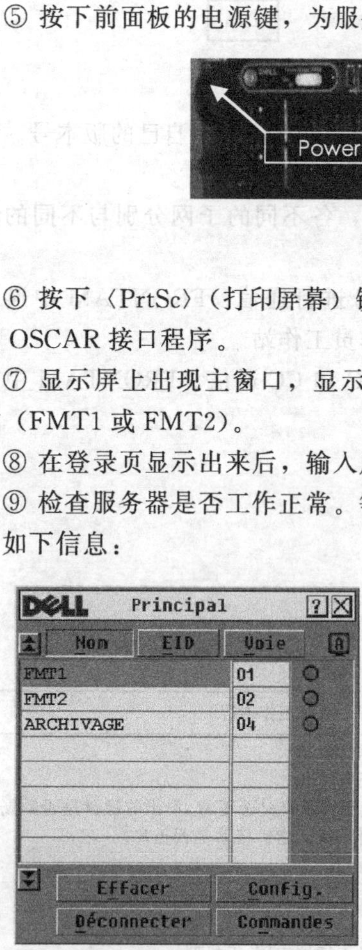

图 3-2-10　KVM 开关状态界面

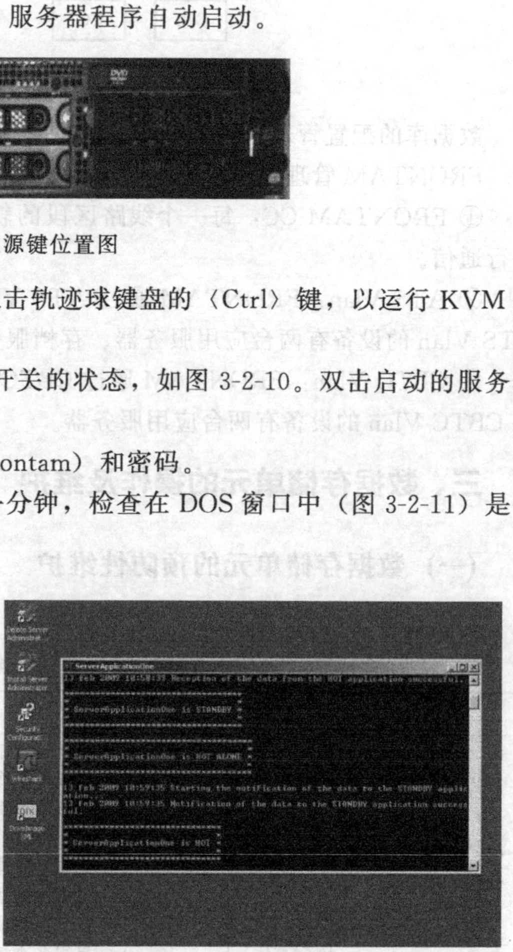

图 3-2-11　DOS 窗口显示是否正常工作的情况

"ServerApplicationOne is STANDBY" or "ServerApplicationTwo is STANDBY"

⑩ 出现上述信息显示服务器已正常启动。

重新执行步骤⑥，登录启动的应用服务器（FMT1 或 FMT2）并检查 DOS 窗口中：

"ServerApplicationOne is HOT" or "ServerApplicationTwo is HOT" 如图 3-2-12，双击 CBTC Service 图标（在任务栏的右下部），并在下拉菜单中选择 Open Spy 项。

图 3-2-12 CBTC Service 图标位置

在"CBTC Service：MASTER"窗口中，如图 3-2-13，检查 ServerApplicationOne-CBTC _ FRONTAM 或 ServerApplicationTwo-CBTC _ FRONTAM 项为"Open，Correct"。

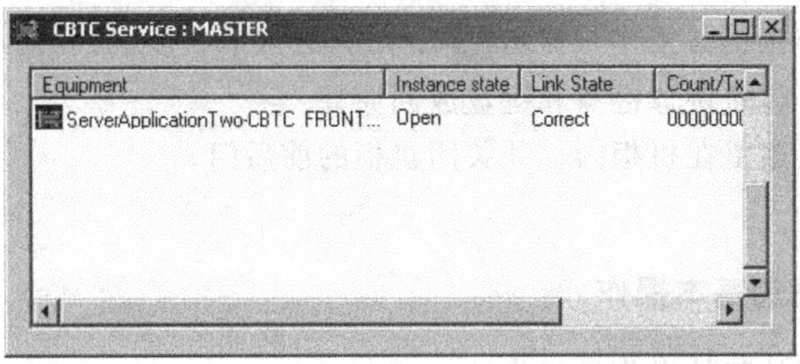

图 3-2-13 "CBTC Service：MASTER"窗口

⑪ 关闭"CBTC Service：MASTER"窗口。

⑫ 在操作员工作站上检查：报警消失 & 故障的应用服务器显示为绿色。否则，开始应用服务器的故障维护流程。

2. 存档服务器的启动步骤

前面同应用服务器的启动步骤，直到打开 KVM 开关状态，如图 3-2-10。双击启动的服务器名称（ARCHIVING）。

① 在登录页显示出来后，输入用户名（frontam）和密码。

② 检查服务器是否工作正常。

等待大概一分钟，检查在 DOS 窗口中是否显示如下信息：

"EventRecordingApplication is started"

③ 在操作员工作站上检查：报警消失 & 故障的存档服务器显示为绿色。

3. KVM 切换器的切换三个服务器的外围设备的基本操作

① 打开机柜的前面板。

② 打开显示器的开关。

③ 正常情况：显示器开启，电源指示灯变亮。显示器显示 Windows 操作系统的窗口（主页、登录页或者桌面）。

④ 按下〈PrtSc〉（打印屏幕）键

⑤ 双击〈Ctrl〉键，运行 KVM 开关的 OSCAR 接口程序。

⑥ 显示屏上出现主窗口，显示出 KVM 开关的状态，如图 3-2-10。

与应用服务器和存档服务器的连接状态显示在窗口的右侧（ 或 图标）

服务器名称定义：

• FMT1：应用服务器 1。

• FMT2：应用服务器 2。

• ARCHIVING1：存档服务器 1。

• ARCHIVING2：存档服务器 2。

OSCAR **界面中的图标意义：**

：SIP 在线（红圈）。

：SIP 不在线或不正常工作。

⑦ 如果某个连接不正常工作（显示 图标），从操作员工作站上检查服务器状态。如果服务器状态不正常，开始应用服务器的启动流程（或存档服务器）。

⑧ 如果所有的连接正常工作（显示 图标），进入下一步。

⑨ 关闭显示器，将轨迹球键盘和键盘放回原处。

⑩ 确认没有工具遗留在机柜内，并关闭机柜的前后门。

⑪ 结束。

4. 操作员工作站的基本操作

① 根据报警确定故障的操作员工作站。

② 按下前面板的按钮（图 3-2-14），为主机断电。按下前面板的按钮，为主机上电。应用程序为开机自启动。

③ 在登录页显示出来后，输入用户名（frontam）和密码（frontam）。

④ 检查操作员工作站是否工作正常。等待大概一分钟，使操作员工作站程序启动并检查：

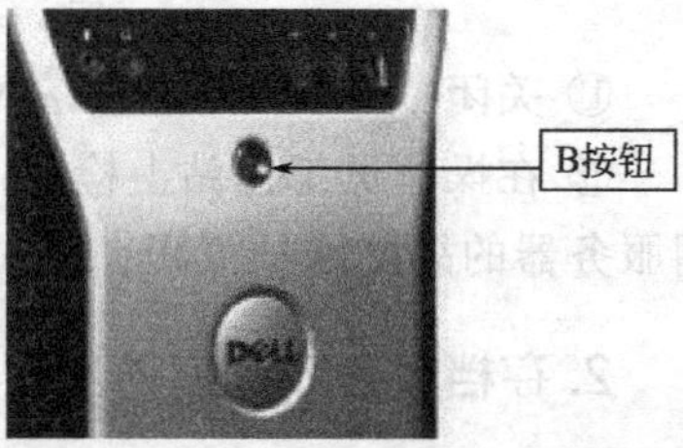

图 3-2-14　操作员工作站电源按钮

• RGB 测试模型。可以使操作员检查显示器与 FRONTAM 服务器之间的通信是否正常。只要服务器在刷新视频输出，字母（和对应的方块图标）轮流的周期性的闪烁（1s）。如果与服务器的连接丢失，则停止刷新。视频测试如图 3-2-15。

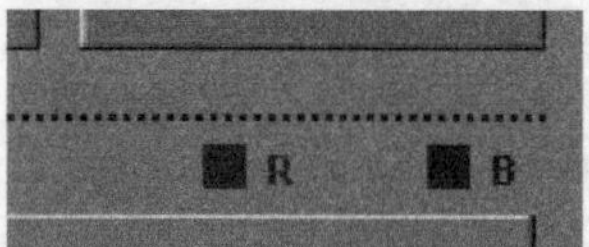

图 3-2-15　视频测试

• 在 AMSOL/FRONTAM 屏幕上确认后，报警消失。故障的操作员工作站显示绿色图标。

（二）数据存储单元的故障性维护

当重启操作无法恢复故障，或者设备出现故障需要更换时，进入故障性维护环节。

1. 应用服务器的更换操作

备用应用服务器：应在维护之前配置完毕（操作系统和应用程序）。

① 按下服务器的电源键，为服务器断电。

② 打开机柜的后门。

③ 从服务器的后面板（图 3-2-16）断开电源线。

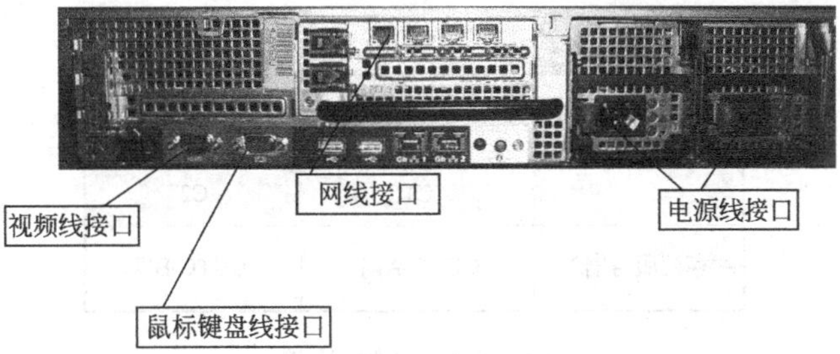

图 3-2-16 操作员工作站背面接口

④ 从服务器的后面板断开 4 根网线。

⑤ 从服务器后面板断开与 SIP 模块连接的线缆。

⑥ 卸下服务器前面板的两个螺丝。

⑦ 将服务器从机柜中拉出，直到被安全挡停住。

⑧ 拉起导轨上的解锁挡，为安全挡解锁，然后将服务器从导轨上抽出，如图3-2-17。

⑨ 将备用的服务器放置在导轨上。

使用 3 个侧面螺栓安装服务器，使其与导轨上的 J 形开口匹配，将背部的螺栓安装在对应的位置。

将服务器前面放低，以使中间的侧面螺栓与 J 形开口配合。拉起导轨上的解锁挡，为安全挡解锁，然后将服务器从导轨上推入。

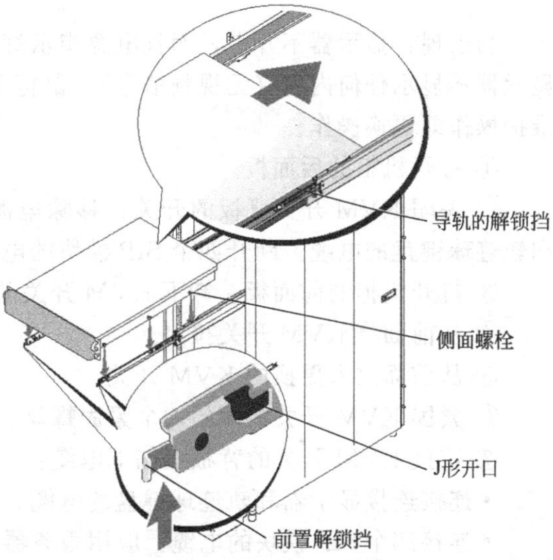

图 3-2-17 轨道解锁图

⑩ 安装服务器前面板的两个螺丝。从服务器后面板连接与 SIP 模块连接的线缆。从服务器后面板按照图 3-2-18 连接四根网线。

	C1	C2	C3	C4
应用服务器1	CBTC-A网	CBTC-B网	ATS-A网	ATS-B网
	C1	C2	C3	C4
应用服务器2	CBTC-A网	CBTC-B网	ATS-A网	ATS-B网

图 3-2-18 网线接口配线

⑪ 在服务器背板处连接两根电源线。

⑫ 执行应用服务器的开启程序。

⑬ 结束。

2. 存档服务器的更换操作

与应用服务器基本操作相同，网线连接如图 3-2-19。

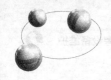

	C1	C2
存档服务器1	CBTC-A网	CBTC-B网
	C1	C2
存档服务器2	CBTC-A网	CBTC-B网

图 3-2-19　网线连接

3. KVM 切换器的更换操作

当出现：显示器不开启，而且电源指示灯不变亮；显示器开启，电源指示灯变亮，但是显示器不显示任何内容（无视频信号）；鼠标不能移动；键盘不能工作时，启动 KVM 故障维护操作即更换操作。

① 打开机柜的后面板。

② 关闭 KVM 开关背板的开关，移除电源线，以关闭 KVM 的电源。断开连接显示器和轨迹球键盘的电缆。断开四个 SIP 模块的电缆。

③ 打开机柜的前面板。卸下 KVM 开关前面的四个紧固螺丝。

④ 从前面将 KVM 开关拉出。

⑤ 从前面放入更换的 KVM 开关。

⑥ 紧固 KVM 开关前面的四个紧固螺丝。

⑦ 连接 KVM 开关的背板上如下电缆：

• 连接连接显示器和轨迹球键盘的电缆。

• 连接四个 SIP 模块的电缆：应用服务器 1 的 SIP；应用服务器 2 的 SIP；存档服务器 1 的 SIP；存档服务器 2 的 SIP。

• 连接电源线。

⑧ 打开 KVM 开关的电源开关，打开 KVM 开关的状态如图 3-2-10。点击 Config。以显示配置对话框。

⑨ 点击 Names，以显示名称对话框。

分配服务器的名称：在 Names 对话框中选择某个服务器名称，然后点击 Edit，会显示编辑名称的对话框。

• FMT1：应用服务器 1。

• FMT2：应用服务器 2。

• ARCHIVING 1：存档服务器 1。

• ARCHIVING 1：存档服务器 1。

点击 OK，将新的名称发送给 Names 对话框。但是只有在点击了 Names 对话框的 OK 后，新的名称才能被保存。

⑩ 对其他服务器重复上面步骤。

⑪ 点击 OK 保存所作的修改，或者点击 X 或按〈Esc〉键，不保存修改退出。

⑫ 关闭显示器并将轨迹球键盘收起并推入。

4. 操作员工作站的故障维护

当操作员工作站出现故障后，首先进行重启操作和测试，若故障依然没有排除，则进入故障维护阶段。

① 按前面板的按钮关闭主机的电源。

② 调到主机的背板，如图 3-2-20：

③ 断开电源线、鼠标和键盘的 USB 线，打印机的 USB 线，两根网线和显示器的视频线。

更换备用的工作站主机。

④ 在工作站主机的背板：按照第②步的描述连接两根网线。

连接鼠标和键盘的 USB 线，打印机的 USB 线和显示器的视频线，连接电源线。

⑤ 完毕。

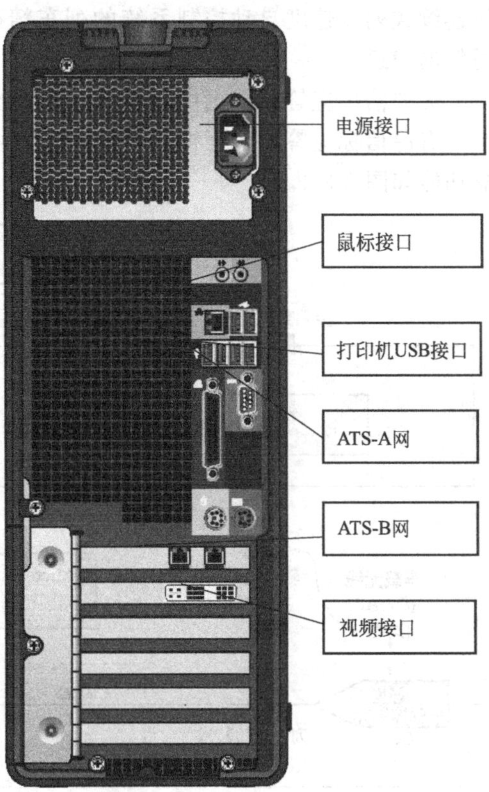

图 3-2-20　操作员工作站背面

5. 风扇故障维护

① 打开机柜的背板。

② 断开风扇架背部的电源线，如图 3-2-21。

③ 在前面板处打开风扇架。

④ 卸下 230V 风扇架上四个固定螺丝。

⑤ 拉出故障的风扇架。

⑥ 换上备用的风扇架。

⑦ 连接风扇架背部的电源线。

⑧ 检查风扇架是否正常工作。

⑨ 将四个紧固螺丝在风扇机架上旋紧。

⑩ 检查没有工具遗留在机柜内。

⑪ 关闭机柜的前门。

⑫ 关闭机柜的后门。

⑬ 结束。

图 3-2-21　风扇电源接口

任务三 ●●● 信标应答器设备维护

一、信标应答器的分类

信标应答器能够给列车提供位置、路况等信息的装置，分为有源和无源两种，它可以用

作连续式列车速度自动控制系统的列车精确定位设备，通常也把它用作线路地理信息车-地通信的信道

无源信标应答器数据由安装的时候一次写入，数据不变，因此又称为固定信标应答器。

有源信标应答器数据根据信号机的信号，数据可变，因此又称为动态信标应答器。应答器功能如图 3-3-1。

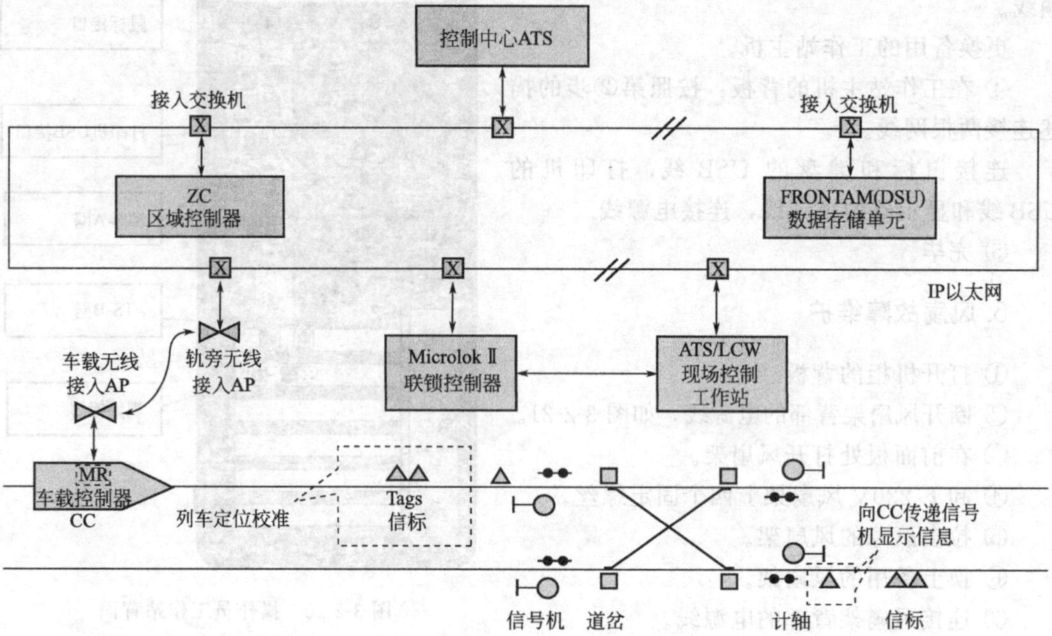

图 3-3-1　应答器功能图

1. 固定数据信标应答器

固定数据应答器是列车定位的没有任何连接的被动设备（图 3-3-2）。固定数据应答器存储一个可再编程的报文并将其传输给通过列车。无需安装电缆或者其他设备，诸如附加的电源或数据提供。每个应答器报文含有至少有一个唯一的标识，允许列车自身定义它在轨道上的绝对位置。当经过应答器同时报文传输给列车。列车给应答器天线提供电源。这样应答器能够响应传输数据报文。应答器使用此电源能量来传输列车上的查询器信息，通过数据总线给车载计算机。

图 3-3-2　固定数据应答器轨旁安装图

应答器数据持久有效，但可以用测试和编程单元（TPG）检查和重新编程固定数据应答器。

2. 动态信标应答器

动态信标应答器（图 3-3-3）和一根连接电缆一起交付。该连接电缆铺设在钢轨下的道床内。

动态信标应答器通常在后备模式下使用，即点式 ATP 模式下，用于向车载设备发送进路相关信息。

一个动态信标至关联一条联锁进路。

为消除不必要的停车，为区间信号机设置预告信标。

图 3-3-3 动态信标应答器轨旁安装图

二、信标应答器的功能原理

应答器位于轨道内如枕木上。信标读取器天线安装在转向架上。信标读取器使用两个不同的通道来提供信息给车载控制器：一个指示开/关状态的磁场强度信号和一个数据的串口连接。串口连接也提供诊断信息通道以便 CC 能够监视信标读取器的状态。除此之外，车载控制器将会关联来自读取器的诊断信息，磁场强度信号和关于信标正在读取的信息来判断是否信标读取器故障。

信标应答器必须具有的功能是：接收电能信号，探测、解调远程能量信号；产生生链路信号，通过接口向列控车载设备传送报文；选择启动方式，确定是发送自身存储的报文还是发送接口来的报文。

信标应答器在城市轨道交通中的主要功能是列车定位、定位停车和点式列控。

1. 列车定位

列车位置或方向的确定是 ATP 一项重要的功能。ATP 通过安装在车载上的传感器和收集到有关的信息来确定列车位置。这些传感器包括测速电机、多普勒雷达、信标读取器。cc 含有线路数据库，用于表示系统物理拓扑（物理地图）。位置传感器和物理地图向 cc 提供对列车进行精确定位的所有必要信息。为确定列车位置，ATP 采用列车长度来确定列车两端的位置。

ATP 采用几个车载传感器确定系统内部的列车位置。图 3-3-4 显示了列车定位的过程。

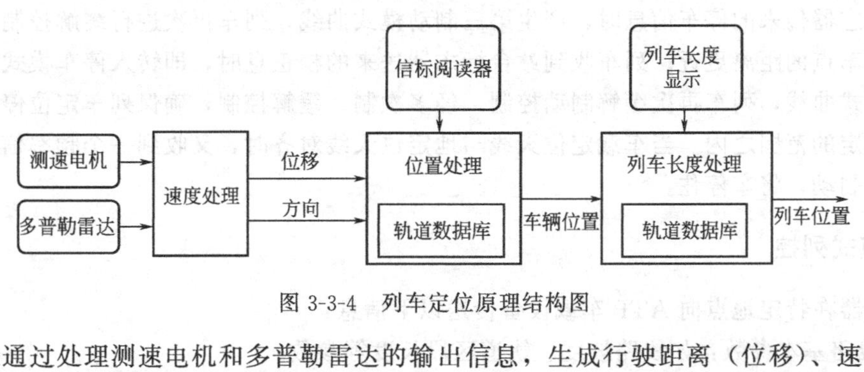

图 3-3-4 列车定位原理结构图

首先通过处理测速电机和多普勒雷达的输出信息，生成行驶距离（位移）、速度和方向的精确表示。线路曲线半径过小可能会导致测速电机产生一个车载位移的较小误差。为解决这一问题，ATP 在列车运行的整个距离上确定累计错误的误差范围。

第二步，为了防止定位误差累计过大，沿轨道设置信标，每个信标有一个唯一的编号并带有特定的位置信息，列车上安装有信标读取器，车载设备通过信标读取器识别信标，从而校正自身的位置。当遇到信标时，在更新车载位置和重新设置位置误差之前，ATP 检查信标的位置坐标是否在当前计算的车载位置误差范围之内。如果信标坐标不在当前计算位置（超过位置误差范围），或者信标的坐标错误，其坐标位置不在轨道数据库中，ATP 即采取紧急制动。此外，当列车经过信标标记时，ATP 自动校准车轮直径，消除人为输入车轮直径所产生的误差。

最后，由 VATC 存储的上一个信标位置，计算从上一信标开始的位移和位置误差。

通过加上每一侧的列车长度和列车每一段的位置误差，CC 确定列车轨迹两端的位置，整个列车确保位于该位置之中，如图 3-3-5 所示。

图 3-3-5 信标应答器定位原理图

2. 定位停车

在车站，由一组应答器向列车提供至停车点的距离信息，以实现精确定位停车。

设置站台屏蔽门时，车门的开度和屏蔽门的开度要配合良好。要求安装有屏蔽门的地下车站允许停站误差为±0.25m，其他车站允许停站误差为±0.5m，这就需要确定点。精确定点依靠一组地面应答器（或称为标志器）提供至停车点的距离信息。标志器设置的多少可视定位停车精度而异，一般为 3～4 个。

地面标志器设于沿线离站台的确定距离内，当列车应答器置于地面标志器作用范围内时，使列车接收滤波-放大电路开始振荡，振荡频率通过调谐标志器的线圈来确定，每个标志线圈根据距站台的距离调在不同的频率上。

列车正向运行经过 350m 标志器时，列车接收停车标志频率信息，启动定点停车序，产生第一制动模式曲线，按此制动曲线停车，列车离定位停车点较远；当列车驶达标志器时，产生第二制动模式曲线，并对第一阶段制动进行缓解控制，以使列车离车点更近；当列车收到内方标志器传来的停车信息时，产生第三制动模式曲线，列车再次进行缓解控制，使列车离定位停车点的距离更近；列车收到站台标志器送来的校正息时，即转入停车模式，产生第四制动模式曲线，列车再次缓解制动控制。经多次制、缓解控制，确保列车定位停车的精度控制在规定的范围之内。当车载定位天线与地定位天线对齐时，又收到一个频率信号，立即实施常用制动，将车停住。

3. 点式列控

应答器在特定地点向 ATP 车载设备传送以下信息：

① 线路基本参数：如线路坡度、轨道区段长度等参数。

② 线路速度信息：如线路最大允许速度、列车最大允许速度。

③ 临时限速信息：当由于施工等原因引起的对列车运行速度进行限制时，向列车提供

临时限速信息。

ATP车载设备接收到这些信息后，形成允许速度曲线，对列车运行速度进行控制。如图3-3-6所示。

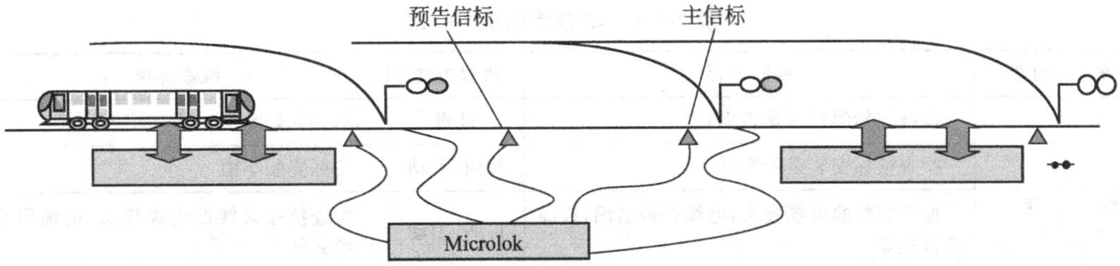

图3-3-6　允许速度曲线

点式ATP（点式移动授权）的时效性功能：由于“点式”移动授权的非实时性，为每一个动态信标设置有效时间（即DMC时间，如图3-3-7）限制，以保证消除潜在的安全隐患。

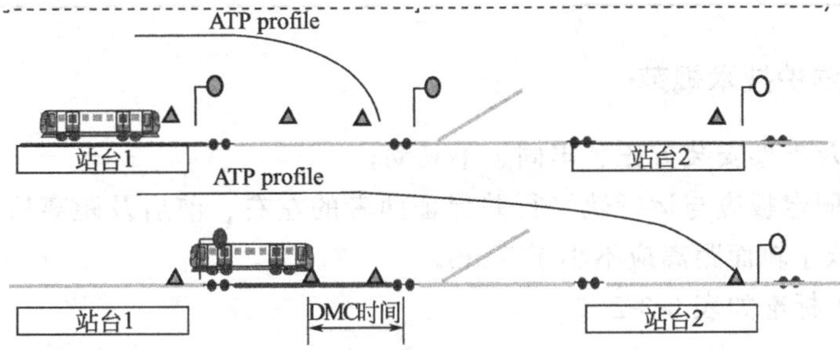

图3-3-7　DMC时间

4. 发送进路功能

点式ATP模式下，动态信标向车载设备发送进路功能，图3-3-8中T2、T3为预告信标，T2预告正线进站，T3预告侧线进站，T4、T5为主信标。

动态信标由联锁控制，联锁为列车排出进路后，通过T2、T3预告动态信标预告不同的进路信息，并在通过主信标后进入不同的进路。

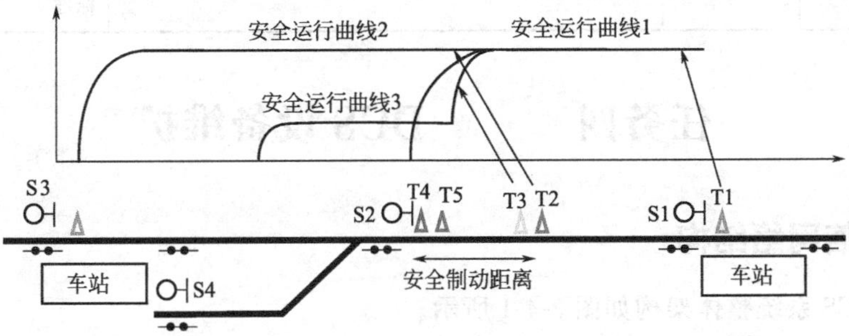

图3-3-8　动态新表发送进路信息示意图

三、信标应答器的日常维护标准

1. 动态信标维护技术规范

① 动态信标及支架安装方正、牢固、不晃动。

② 动态信标箱盖应密封良好，且开启灵活。

③ 各部位螺栓紧固、无锈蚀。

动态信标维护标准如表 3-3-1。

表 3-3-1　动态信标维护标准

修程	周期	维修内容	维修方法	维修标准
小修	年	检查信标的外观是否完好	目测	信标完好无损
		检查信标安装是否牢固	目测，手动	信标安装牢固
		检查信标的电缆接头，电缆是否紧固，线缆是否完好	目测，手动	检查信标天线的电缆接头、电缆紧固，线缆完好
		开盖检查，测试工作电压	手动	工作电压在标准范围内
中修	五年	对部件性能老化度评估，根据评估结果更换老化部件		
大修	十五年	更换设备		性能不得低于原设备标准

2. 静态信标维护技术规范

① 静态信标及支架安装方正、牢固、不晃动；

② 静态信标固定板应与运行轨平行并保证两者的左右、前后及距离轨面距离符合设计要求，信标顶面低于轨面距离应不小于 5mm。

静态信标维护标准如表 3-3-2。

表 3-3-2　静态信标维护标准

设备	修程	周期	维修内容	维修方法	维修标准
静态信标	二级保养	每半年	检查信标的外观是否完好	目测	信标完好无损
			检查信标安装是否牢固	目测，手动	信标安装牢固
	中修	五～八年	对部件性能老化度评估，根据评估结果更换老化部件		
	大修	十～十二年	更换设备		性能不得低于原设备标准

任务四 ●●● DCS 设备维护

一、通信网络结构

CBTC-DCS 系统整体架构如图 3-4-1 所示。

DCS 子系统由包括 A 网和 B 网两张完全独立的网络系统构成，由独立的硬件系统、独立的网络连线、独立的无线信道分别组网，A、B 两张网络完全独立运行，同时工作。CBTC 相关的控制信号信息，通过 A、B 两张网同时传送。

车地双向通信无线网络采用 802.11g 标准，A、B 网分别使用 Channel 1 和 Channel 11 两个不重叠的无线信道；

从网络层次上来划分，DCS 系统包括如下 4 个主要子系统（层次）。

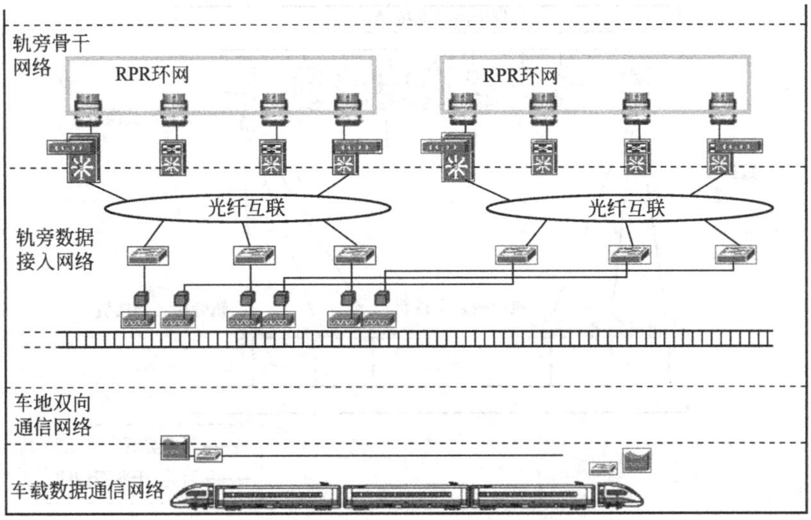

图 3-4-1　CBTC-DCS 系统整体架构图

1. 骨干网络

骨干网络架构如图 3-4-2 所示。

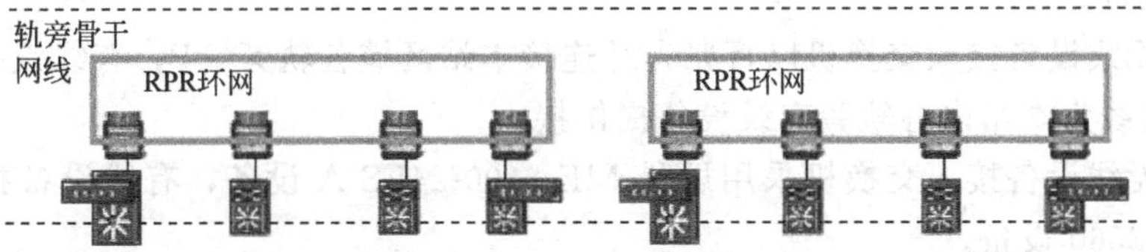

图 3-4-2　骨干网络架构图

骨干网架构：轨旁骨干网采用业内关键应用组网的通用架构构建，由专用的光传输平台产品和骨干交换机构成，此架构具有网络层次划分科学、高可扩展性和可维护性等特点。

郑州轨道交通 1 号线选择 OCC 和部分设备集中站作为设备汇聚节点，每个汇聚节点各部署 2 台骨干交换机作为汇聚节点的数据交换转发设备（A、B 两网各有一台，相互独立），每个骨干交换机通过传输模块和光缆连接组成带宽为 2.5Gbps 的环路。传输环采用了 RPR 技术可以提供优秀的底层保护。骨干光传输平台采用思科专业的 ONS 15454E 多业务传输产品以及先进的 RPR 技术构建，运营控制中心和车辆段骨干交换机采用 Catalyst 6506E 核心交换机产品。

运营控制中心和车辆段各部署两台骨干交换机以及两台光传输设备（A、B 网分别部署，两网独立并行运行），正线共 7 个设备集中站，其骨干交换机采用 A、B 网交叉布放方式，世纪城站部署两台骨干交换机以及两台光传输设备，其余 6 站各部署一台骨干交换机以及一台光传输设备，骨干交换机上连本站光传输设备，光传输设备之间通过光纤互联组成 RPR 环网。

在业务保护上，采用 RPR 的保护，实现业务的快速恢复和收敛（＜50ms）。

2. 轨旁数据接入网

轨旁接入网架构如图 3-4-3，具体介绍如下。

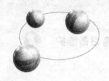

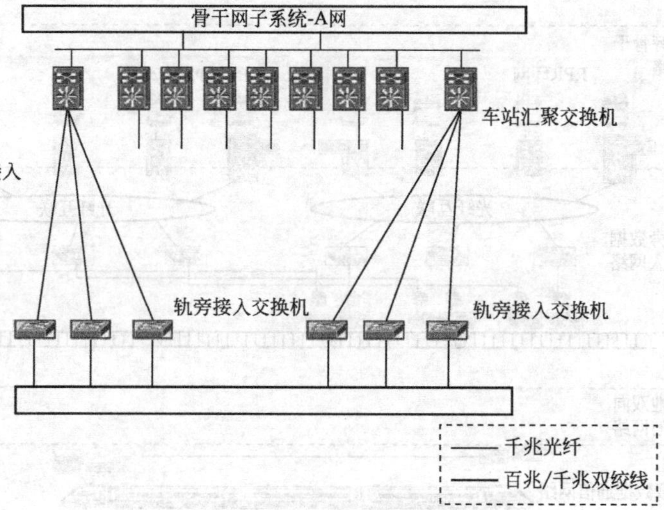

图 3-4-3　轨旁接入网架构图

① 全线各车站均部署一台轨旁无线设备接入交换机和一台有线设备接入交换机（A、B网分别部署，两网独立并行运行）。

② 轨旁无线设备接入交换机和有线设备接入交换机分别以星型方式千兆上连所属的本区域骨干交换机。

③ 轨旁无线设备接入交换机以百兆光纤连接本站区域各轨旁 AP，有线设备接入交换机通过百兆双绞线为本站内各轨旁有线设备提供接入。

④ 轨旁无线设备接入交换机采用思科 ME-3400-24FS-A 设备，有线设备接入交换机采用思科 WS-C3560 设备。

3. 轨旁无线通信网络

轨旁无线通信网络即车地通信网络，主要由轨旁 AP、光电转换器、天线、连接线缆、供电部分设备、保护箱设备组成，如图 3-4-4。

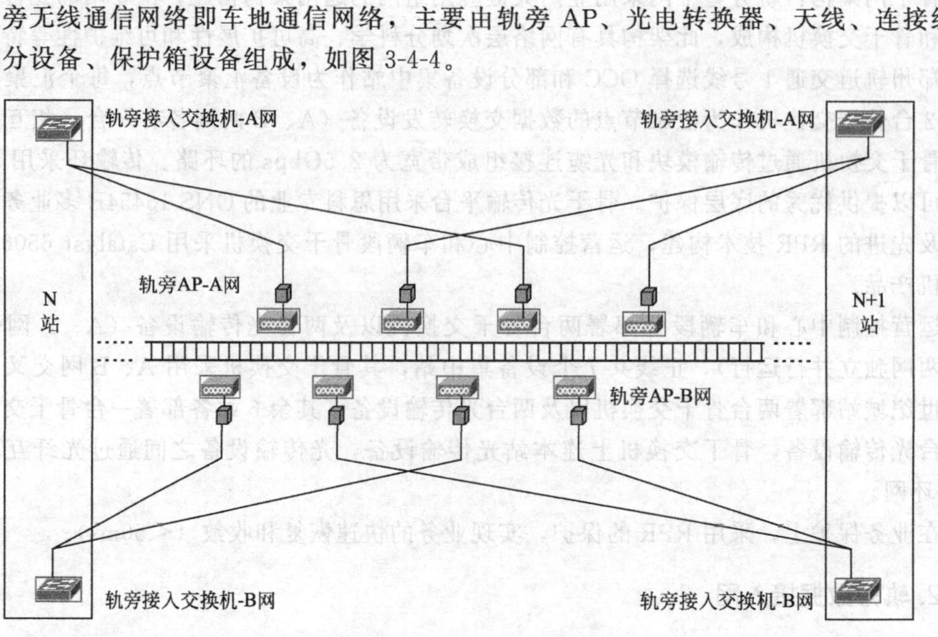

图 3-4-4　轨旁无线通信网络架构

轨旁 AP 采用防护等级为 IP65 的室外防护机箱，满足项目防护等级要求。

轨旁 AP 分为 A、B 网设备独立部署，采用思科 1310 无线 AP 设备及 13.5dBi 的八木定向天线。

任一网络（A 网或 B 网）轨旁 AP 的部署遵循无线信号重叠覆盖的原则，即每个轨旁 AP 的无线信号覆盖范围为 2 倍的轨旁 AP 部署间距，如图 3-4-5 所示。

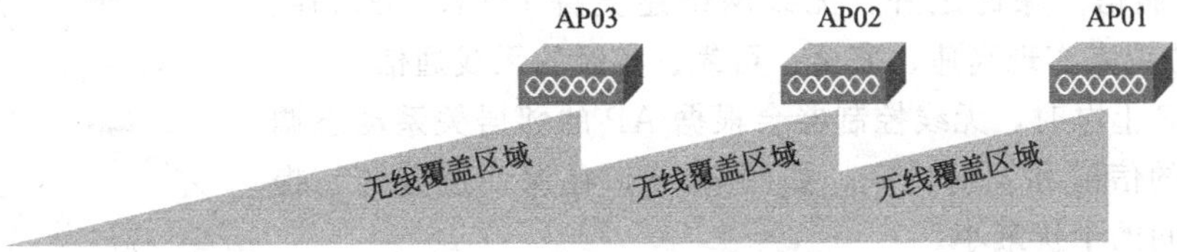

图 3-4-5　轨旁 AP 冗余覆盖

如图 3-4-6 轨旁 AP02 故障时，仍能维持轨旁无线信号的连续覆盖。

图 3-4-6　轨旁 AP02 设备故障

4. 车载子系统

车载网络系统分别由车头驾驶室网络部分及车尾驾驶室网络部分组成。其中车头驾驶室网络部分由车载无线网络单元即车载 MR、车载天线、车载网络交换机和车载 CBTC 系统设备组成。车尾驾驶室网络部分也同样由车载无线网络单元即 WGB1310、车载天线、车载网络交换机和车载 CBTC 系统设备组成。车载通信网络架构如图 3-4-7 所示。

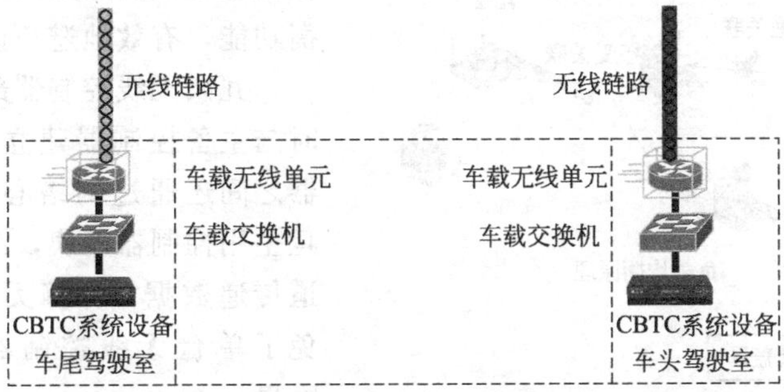

图 3-4-7　车载通信网络架构

车载无线网络单元同样采用 Cisco Aironet 1310，只需简单地把 Cisco Aironet 1310 配置成 WGB 工作模式，Cisco Aironet 1310 即工作在 WGB 状态下。

与轨旁天线的选择一样，车载无线单元的天线配置为分极天线。在列车车头和车尾各部署一个车载 MR 设备（分属于 A、B 网），采用思科 1310 无线设备及 10dBi 八木定向天线。

二、轨旁无线网络设备组成

ATS 设备和 ZC、frontam 是架构在网络基础上的，因此骨干网络和轨旁数据接入网已经在这些设备的内容中进行了讲解，车载无线网络将在车载设备维护中分析，下面重点分析一下轨旁无线网络的构架和组成。

DCS 子系统的轨旁无线网络是沟通车载数据通信网络与轨旁数据通信网络的渠道，实现车地之间的双向通信。它采用 IEEE 802.11g 的无线局域网技术。IEEE 802.11g 是当前比较先进和成熟的 WLAN 标准，在高速移动环境中可以支持车地之间的双向移动通信。除此之外，无线网络还支持 IEEE 802.11e、802.11i 等协议来实现高速、安全、可靠、实时的无线通信。

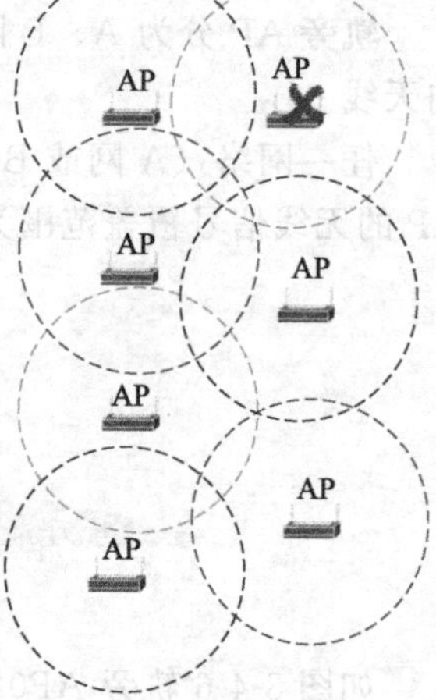

图 3-4-8　轨旁 AP 发射功率调整

每个 AP 上电时，无线控制器会根据 AP 的邻居关系动态调整 AP 工作的信道和发射功率，如图 3-4-8，在保证覆盖的前提下保证 AP 间的干扰最小。

当 AP 覆盖区域受到外界强信号干扰时，无线控制器会控制 AP 自动切换到合适的工作信道以规避干扰信号。

当覆盖区域内的某个 AP 发生故障而造成覆盖黑洞时，无线控制器会自动调整相邻的 AP 的发射功率以消除黑洞区域，当故障 AP 恢复工作后无线控制器可以自动调整邻居 AP 的发射功率恢复原始工作状态。

无线控制器可以设定 AP 间对接入用户进行负载分担，负载分担的策略可以是基于 AP 接入的用户数量和 AP 流量负载情况。

当无线控制器发现 AP 的负载超过设定的门限值以后，对于新接入的用户无线控制器会自动计算此用户周围是否还有负载较轻的 AP 可供用户接入，如果有则 AP 会拒绝用户的关联请求，用户会转而接入其他负载较轻的 AP。

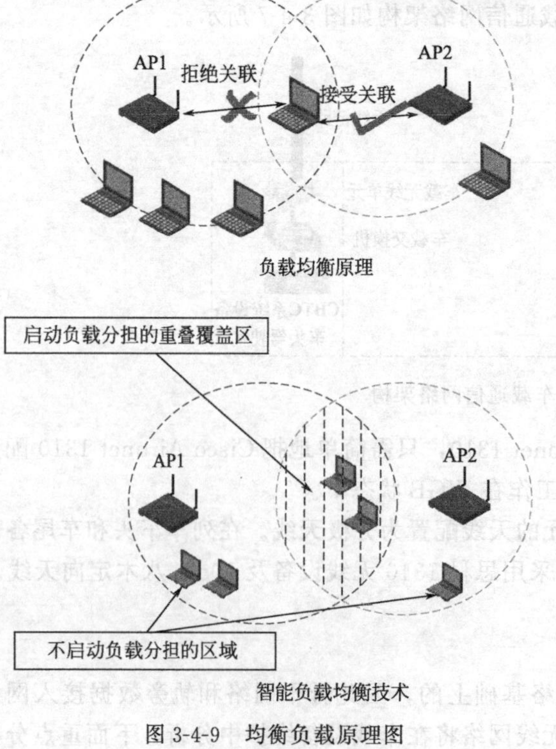

图 3-4-9　均衡负载原理图

H3C 公司创新性地支持智能负载均衡技术，如图 3-4-9，保证只对处于 AP 覆盖重叠区的无线用户才启动 AP 负载均衡功能，有效地避免误均衡的出现。

冗余无线控制器部署：轨旁 AP 会同时与主备控制器建立隧道，而主备控制器之间还通过网络心跳线同步信息，一旦主用控制器瘫痪，AP 会自动从备用隧道传递数据，保障无线传输不中断，避免了单台无线控制器方案的单点故障隐患。

AP 信号冗余覆盖：AP 的部署间距设计为小于或等于 AP 的覆盖半径，这样即使单个 AP(N) 出现故障，相邻两个 AP(N−1)、AP (N+1) 的信号依然能覆盖到 AP(N) 的空缺范围，保障无线信号的连续不中断。

AP 交叉部署：轨旁 AP 将采用交叉部署的方式与相邻两个车站交换机互联，例如 1、3、5、7AP 与车站 *N* 的交换机互联，而 2、4、6、8AP 则与 $N+1$ 车站的交换机对接，避免车站交换机故障导致车站沿线无线网的瘫痪。

轨旁通信网络设备包括 Cisco AIR-LAP1310G AP 组成的 AP 机箱（还包括光电转换器，电源等部件）。

1. AP 机箱

AP 机箱内安装有独立的设备安装板。在设计布局时，充分考虑了线路最短、数据和供电分离、电路和数据分离、固定性和安全性的要求。

整体布置分成三个区域：

① 供电和供电设备区，这个区域放置接线端子、电源和漏电保护器；

② 线路布置通道，这个区域用于数据和电源线路走线，为了使数据和电源线路分离，采用了 U 型槽设计，使电源线路和数据线路可以分别固定，独立走线；

③ 数据设备区，这个区域是数据设备工作的区域，无线 AP、光电转换器和光纤盘绕放置在这个区域。

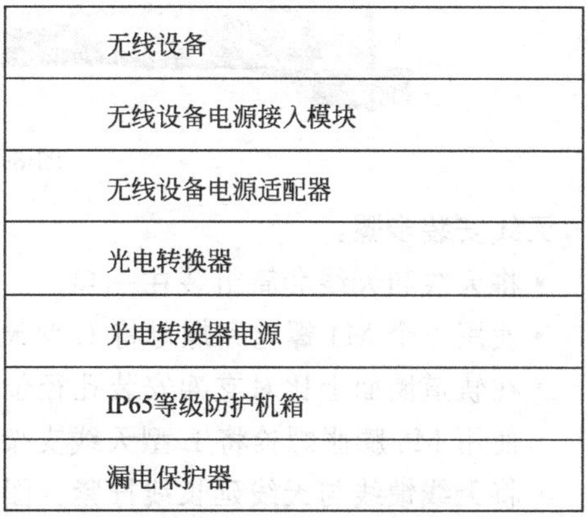

图 3-4-10　AP 机箱布置图

机箱设备说明：如图 3-4-10～图 3-4-12。

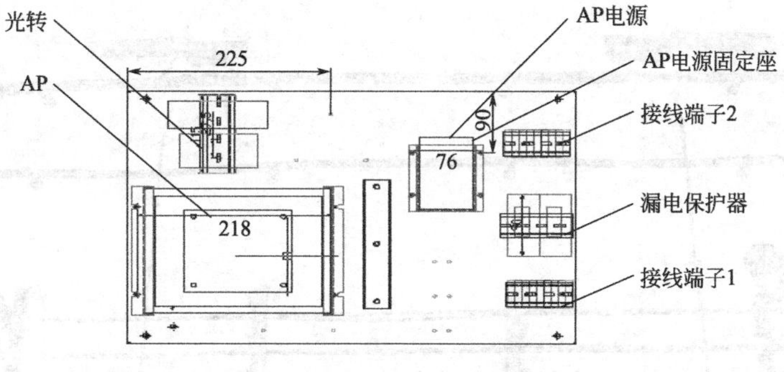

图 3-4-11　轨旁 AP 机箱设备组成安装图

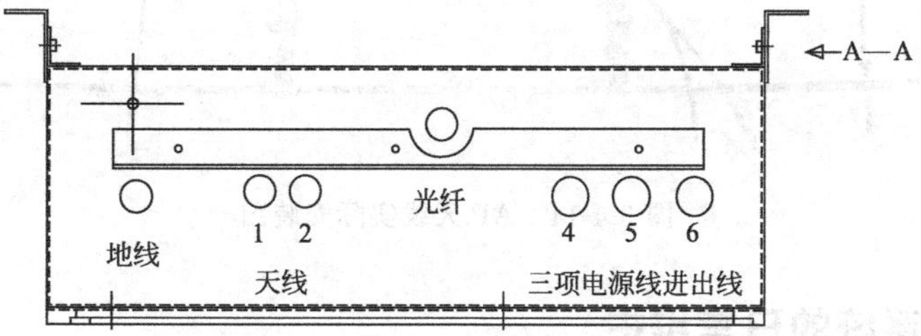

图 3-4-12　AP 机箱的连接线示意图

2. AP 天线

轨旁天线采用 Cisco AIR-ANT 1949 型号，如图 3-4-13。

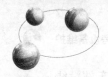

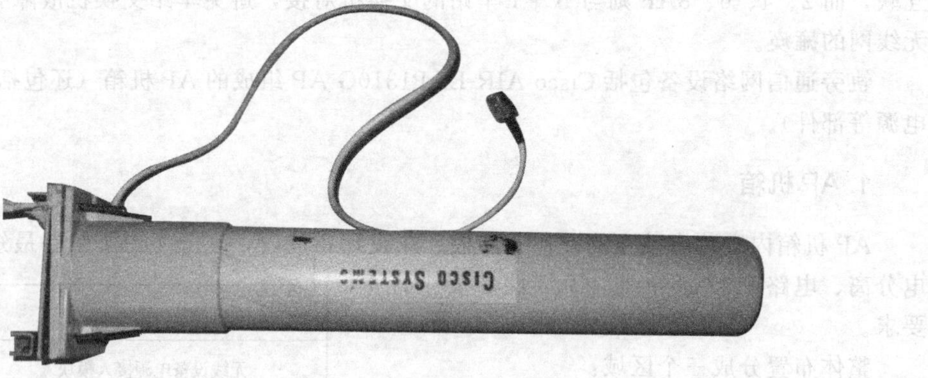

图 3-4-13　轨旁天线

天线安装步骤：

- 将天线和天线套筒组装在一起；
- 使用 4 个 M4 螺丝和螺母将 L 型天线支架与天线和天线套筒组装件固定；
- 在轨道墙面上比对支架安装孔径位置钻出 4 个安装洞；
- 使用 M6 膨胀螺栓将 L 型天线支架与天线和天线套筒组装件打入墙体；
- 将天线馈线与天线延长线拧紧（图 3-4-14）；
- 在天线馈线与天线延长线接头位置缠好防水胶带；
- 使用 U 型卡将天线馈线固定在墙壁上，避免馈线晃动；
- 馈线另一端接入 AP 机箱，多余部分在 AP 机箱外侧盘好。

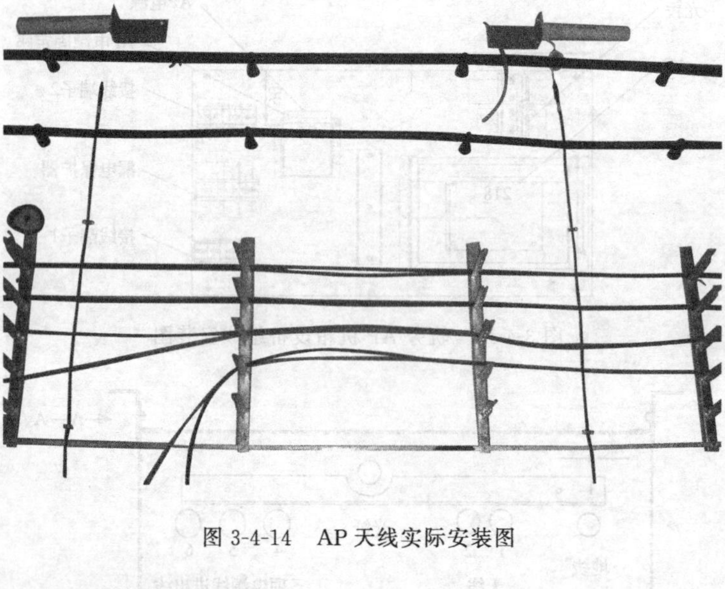

图 3-4-14　AP 天线实际安装图

三、DCS 系统的日常维护

1. DCS 技术规范

数据通信子系统是一个宽带通信系统，提供了 CBTC 系统内的三个主要列车控制子系统，包括中央控制室（OCC）、轨旁子系统（ZC、MicroLok Ⅱ）和车载子系统（CC）以及其他沿线地面设备之间双向、可靠、安全的数据交换。

DCS子系统基于开放的业界标准：有线通信部分采用IEEE802.3以太网标准，无线通信部分采用先进的WLAN技术——IEEE 802.11g标准，最大程度地采用成熟的设备。

车地通信技术指标如表3-4-1。

表3-4-1 车地通信技术指标

项 目	无线电台
传输介质的主要特点	电磁波
采用的技术标准	802.11系列无线局域网标准(包括802.11g,802.11i和802.11e等)
调制解调方式	OFDM/CCK/DSSS
传输频带	车地通信的无线局域网采用双网并行工作,每网都占用22MHz信道带宽
数据传输速率	最大54Mbps
单次报文传输时间(平均值)	100ms
报文的循环更新时间	300ms
单次报文传输时间(最大值)	最大0.5s
丢包率	采用丢包率描述:100数据包,丢包不大于1个
无线通信设备移动切换时间	少于50ms
满足车地间可靠通信的最高列车运行速度	120km/h
对环境的干扰	EMC标准
对环境的要求	EMC标准

2. 维护注意事项

(1) 机房维护

① 保持机房整洁，防尘防潮，防止虫鼠进入。

② 各型号设备整齐放置在室内工作台和机柜上，并按照规范要求连接地线和电源，保证连接稳定可靠、不易被非维护人员触碰。

③ 用于系统管理、设备维护和业务操作的维护人员名和密码应该严格管理，定期更改，并只向特定的相关人员发放。

④ 不在设备维护终端主机上安装与业务无关的软件，也不在设备维护终端主机上运行与业务无关的应用。维护终端主机应该定期查杀计算机病毒。

⑤ 调整线缆必须慎重，并在调整前作好标记，以防误操作。

(2) 设备维护

① 对设备硬件进行相关操作时应注意戴好防静电手腕。

② 对设备进行复位操作、配置改动前应做好配置信息备份工作。

③ 确认所有设备都运行在统一指定的软件版本。

④ 在对设备版本进行升级前，应全面备份设备配置信息，并记录当前版本号。

3. 维护标准

(1) 外部环境维护　如表3-4-2。

表 3-4-2　外部环境维护

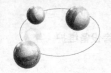

维护项目	操作指导	参考标准
电源	查看电源监控系统或测试电源输出电压	电压输出正常,电源无异常告警
温度(正常 0～35℃)	检查机房的灰尘含量	每平方米灰尘颗粒数量≤3×10^4(3 天内桌面无可见灰尘) 注:灰尘粒子直径≥5μm 直观判断:三天内桌面无可见灰尘为好
湿度(正常 20%～80%)	测试机房温度	温度范围:0～35℃;建议为 15～25℃
机房清洁度(灰尘含量)	测试相对湿度	相对湿度:20%～80%(无冷凝)
机柜清洁检查	观察机柜内部和外部的清洁状况	机柜表面清洁,机柜内部灰尘不得过多,否则必须清理
其他状况(火警、烟尘)	查看消控系统告警状态	消控系统无告警

(2) 设备运行状态检查　如表 3-4-3。

表 3-4-3　设备运行状态检查

设备	修程	周期	工作内容	工艺和标准
ODF 架	日常保养	日	检查光纤是否完整	ODF 架上检查尾纤跳线无弯折,无倾斜,无松动,插接良好,备用光纤连接器用光纤帽封闭
9505 骨干交换机	日常保养	日	①检查设备外表; ②检查主机面板指示灯状态; ③连接线缆检查	①各指示灯显示正常; ②设备外表干净、清洁、无灰尘。检查外表是否有裂纹、刮花或破损等现象; ③各连接线缆正常连接,接口指示灯正常
	二级保养	季度	同日常保养内容	
			①更换工作状态不良的模块; ②更换电气性能不良的线缆、接头	①按标准技术规则进行更换; ②按线缆、接头施工规范进行更换
	小修	年	同二级保养内容	
			①清洁过滤棉; ②检查电源风扇	①过滤网干净、清洁、无破损; ②双电源均供电,风扇运转
接入交换机	日常保养	日巡检	①检查设备外表; ②检查主机面板指示灯状态; ③连接线缆检查	①各指示灯显示正常; ②设备外表干净、清洁、无灰尘。检查外表是否有裂纹、刮花或破损等现象; ③各连接线缆正常连接,接口指示灯正常
	小修	年	同日常保养内容	
			①清洁过滤棉; ②检查电源风扇	①过滤网干净、清洁、无破损; ②双电源均供电,风扇运转
轨旁 AP	二级保养	半年	①清洁 AP 箱的卫生; ②检查天线、AP 箱是否紧固; ③尾纤插头及光纤盒是否紧固; ④AP 箱线缆及防雷端子整治; ⑤电气测试; ⑥天线功能测试	①AP 箱表面洁净,干燥剂没过期。天线线缆接口洁净; ②天线、AP 箱固定架紧固,无松动。AP 箱密封完好; ③尾纤插头紧固; ④连接头无损坏及松脱,线缆无老化。各地线螺丝固定,无生锈。防雷端子完好; ⑤输入、输出的电压在设计范围内; ⑥天线安装成水平方向。所有区域场强均符合要求

续表

设备	修程	周期	工作内容	工艺和标准
网管服务器	日常保养	周	①外观检查； ②设备清洁维护； ③紧固部件螺丝； ④连接线缆检查	①各指示灯显示正常； ②检查外表是否有裂纹、刮花或破损等现象。设备外表干净、清洁、无灰尘； ③插接板插接牢固且密贴性良好。各接口的螺丝应紧固，连接线应连接牢固、无断线、无接角不良、表皮无破损； ④各连接线缆正常连接，接口指示灯正常
	二级保养	季度	同日常保养内容	
			①设备表面清洁； ②检查电源； ③检查硬盘空间； ④检查 CPU 利用率	①设备表面、清洁、无灰尘、各类线整洁、设备稳固； ②电源供电正常； ③硬盘空间富余； ④CPU 利用率不高于 70%
网管终端	日常保养	日	①外观检查； ②界面显示正常	①显示器能够正常显示界面； ②通过 IMC 软件查看通道状态，无线 AP 链接状态是否正常
	二级保养	季度	同日常保养内容	
			查看告警信息，清除堆积的告警信息	通过网管软件对系统中的各个交换机集中查看与处理，清除过期的告警信息
防火墙	日常保养	周	①外观检查； ②设备清洁维护； ③紧固部件螺丝； ④连接线缆检查	①各指示灯显示正常； ②检查外表是否有裂纹、刮花或破损等现象。设备外表干净、清洁、无灰尘； ③插接板插接牢固且密贴性良好。各接口的螺丝应紧固，连接线应连接牢固、无断线、无接角不良、表皮无破损； ④各连接线缆正常连接，接口指示灯正常
	二级保养	季度	同日常保养内容	
			①设备表面清洁； ②检查电源	①设备表面、清洁、无灰尘；各类线整洁；设备稳固； ②电源供电正常

4. 网络维护常用工具

在日常的系统维护中，维护人员可以使用 ping 命令和 tracert 命令来检查当前网络的连接情况。在日常的系统调试中，维护人员可以使用 debug 命令来打开调试信息开关，通过调试信息来诊断系统故障。

（1）Ping 功能　通过使用 ping 命令，维护人员可以检查指定地址的设备是否可达，测试网络连接是否出现故障。

Ping 功能是基于 ICMP 协议来实现的：源端向目的端发送 ICMP 回显请求（ECHO-REQUEST）报文；源端根据是否收到目的端的 ICMP 回显应答（ECHO-REPLY）报文来判断目的端是否可达，根据发送报文个数、接收到响应报文个数来判断链路的质量，根据 ping 报文的往返时间来判断源端与目的端之间的“距离”。

（2）Ping 配置　如表 3-4-4。

表 3-4-4 Ping 配置

操作	命令	说明
检查 IP 网络中的指定地址是否可达	ping[ip][-a *source-ip* |-c *count* |-f |-h *ttl* |-i *interface-type interface-number* |-m *interval* |-n|-p *pad* |-q|-r|-s *packet-size* |-t *timeout* |-tos *tos*|-v|-vpn-instance *vpn-instance-name*] * *host*	二者必选其一 ping 命令用于 IPv4 网络环境，ping ipv6 命令用于 IPv6 网络环境 两条命令均可在任意视图下执行
	ping ipv6[-a *source-ipv6* |-c *count* |-m *interval* |-s *packet-size* |-t *timeout*] * *host*[-i *interface-type interface-number*]	

(3) tracert 功能　通过使用 tracert 命令，维护人员可以查看 IP 报文从源端传送到目的端所经过的三层设备，从而检查网络连接是否可用。当网络出现故障时，维护人员可以使用该命令分析出现故障的网络节点。

(4) 配置准备　需要在中间设备（源端与目的端之间的设备）上开启 ICMP 超时报文发送功能。如果中间设备是 H3C 设备，需要在设备上执行 ip ttl-expires enable 命令。

需要在目的端开启 ICMP 目的不可达报文发送功能。如果目的端是 H3C 设备，需要在设备上执行 ip unreachables enable 命令，Tracert 配置如表 3-4-5。

表 3-4-5 Tracert 配置

操作	命令	说明
进入系统视图	system-view	—
查看源端到目的端的路由	tracert [-a *source-ip* | -f *first-ttl* | -m *max-ttl* | -p *port* | -q *packet-number* | -vpn-instance *vpn-instance-name* | -w *timeout*] * *host*	二者必选其一 tracert 命令用于 IPv4 网络环境，tracert ipv6 命令用于 IPv6 网络环境 两条命令均可在任意视图下执行
	tracert ipv6 [-f *first-ttl* | -m *max-ttl* | -p *port* | -q *packet-number* | -w *timeout*] * *host*	

思考题 ▶▶▶

3-1　在西门子移动闭塞 ATC 系统中，车站与轨旁设备主要包括哪些？

3-2　轨旁 ATP 系统与哪些其他系统交换信息？交换哪些信息？

3-3　在轨旁和车载设备之间，可以实现哪两种级别的车-地通信？分别采用何种具体的通信方式？

3-4　ATP 可以提供哪些安全防护功能？

3-5　ATP 系统如何处理列车的定位和速度检测信息？如何保证定位和测速的准确性？

3-6　什么是移动授权？移动授权的计算需要考虑哪些条件？

3-7　ATP 车门解锁需要检查哪些条件？

3-8　无线车-地通信系统的组网方式是怎样的？

3-9　无线车-地通信系统的硬件主要包括哪些？

3-10　轨旁无线系统的维修主要包括哪些内容？

3-11　轨旁无线接入点 AP 的维修需要满足哪些基本工艺要求？

项目四 车载设备维护

项目导引

车载设备按照功能分可分为车载ATP设备和车载ATO设备，本书参照的设备型号是安萨尔多的设备，其设备的ATO和ATP功能是在同一套设备上实现的，下面以郑州地铁信号工区的维护内容将本项目分为车载显示屏、车载外围设备和车载主机三个任务内容。

学完本项目，应当具备按照城市轨道交通信号系统维修规程进行车载设备日常养护维修和设备定期维修及设备故障处理的基本职业能力。即：

• 掌握车载主机结构、设备分布、设备接口及连接关系；

• 掌握车载HMI人机界面设备显示内容、操作方法及设备监控内容；

• 掌握车载速度检测设备，各类天线及无线接收发送设备，车辆接口等养护、定期维修及设备故障处理。

车载CBTC系统（图4-0-1）由以下设备构成：车载控制器（CC），移动通信系统（MR）、MR天线、轴装光电速度传感器（EOSS）、查询器（TI）、查询器天线（TIA）以及列车司机显示器（TOD）。

一、司机显示器（TOD）

列车司机显示器的报警器在超速时发出持续的声音。列车司机显示器包含双以太网端口，配有几个开关和按钮，包括司机确认按钮，显示信息包括停站时间结束、车载设备状态、当前驾驶模式、超速、速度表、目标距离（至限速点或停车点）等。

二、车载控制器（CC）

每个CC机架安装在带锁的柜子中。该单元安装在开放的支架里，与框架相配。CC机架有两个机笼，包括一个ATP/ATO处理器和外围设备，一个与安全继电器和连接器接口的面板。

三、车载外设（车载天线及速度传感器）

信标读取器：每端CC配置一个信标读取器，安装在列车的转向架上。信标读取器使用

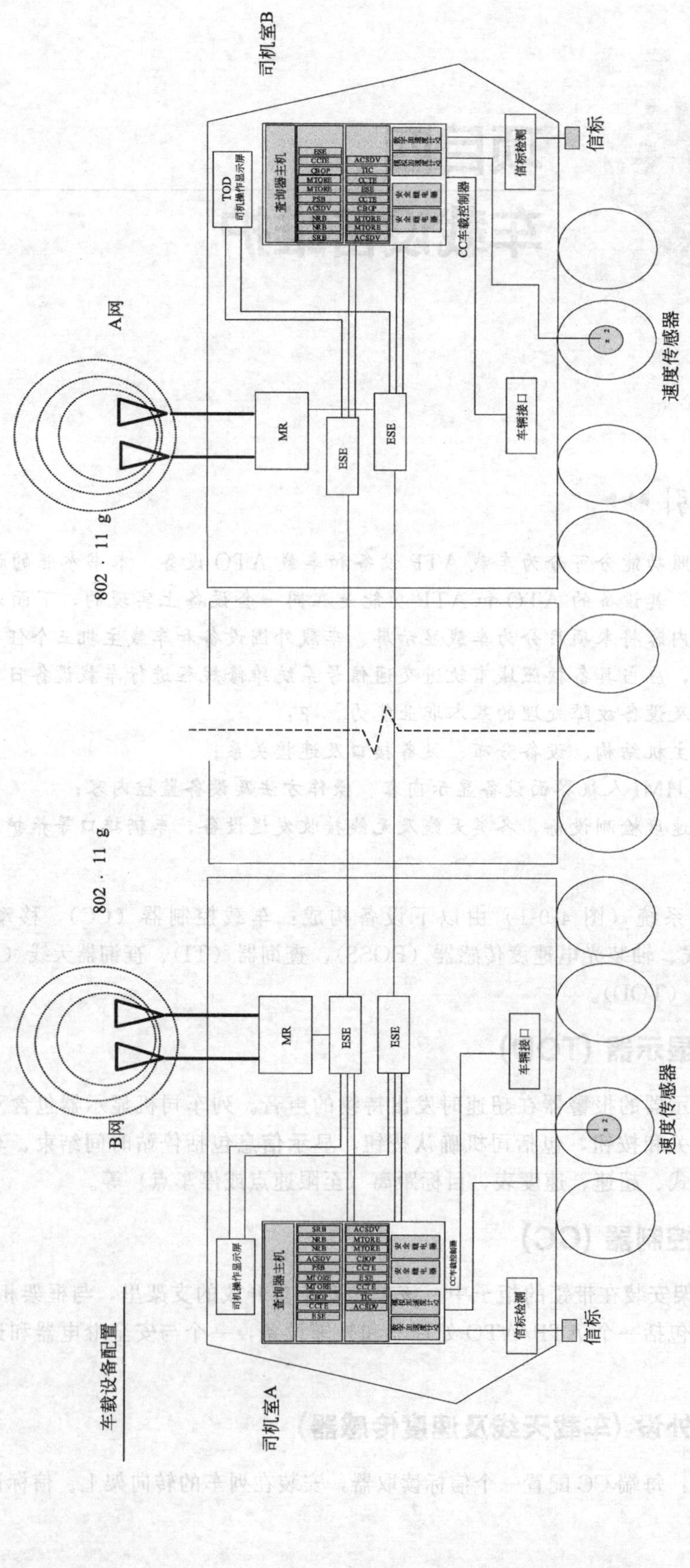

图 4-0-1　车载 CBTC 系统图

两个不同的通道来提供信息给车载控制器。

速度传感器：列车每端安装两个速度传感器，用于检测列车的实际运行速度。

车载通信网络：车载数据通信系统（DCS）由移动通信设备（MR）和 MR 天线构成。在列车每端安装有一个 MR 和两个 MR 天线。MR 是车载无线设备，用来在车载设备（如 ATP 和 ATO）和轨旁设备间传输数据。车载 ATP 和 ATO 子系统通过两个独立的以太网连接到 MR。CC 的以太网扩展设备（集成在以太网延长器板上）利用双绞线彼此连接，实现车厢之间的网络通信。

CBTC 系统提供三个列车控制等级：CBTC，点式 ATP 和联锁控制。每一个等级基于各个列车控制子系统的运行状态提供相应的操作和性能。控制等级定义如下。

① CBTC　完整的系统操作和性能。CBTC 要求所有列车控制子系统，包括轨旁、中央、车载和通信子系统，都完备并工作。CBTC 提供最高等级的系统操作和性能。CBTC 提供移动闭塞安全列车间隔和保护，全功能的车载 ATP/ATO，以及 120s 的正线运行间隔。支持所有定义的 ATC 驾驶模式。其中某些提供完整的系统操作和性能［自动列车运行（ATO）模式和 ATP 监控下人工驾驶（ATPM）模式］。其他模式在降级条件［受限人工（RM）和非受限人工（NRM）］下提供降级操作。

② 点式 ATP　降级的系统操作和性能。点式 ATP 提供正方向的车载超速防护（根据预先设定的最大限速），信号灯冒进防护。后备 ATP 要求车载 ATP（包括所有的传感器）都在工作并且轨旁联锁控制系统（MicroLok Ⅱ 和计轴设备）工作，定位信标（包括动态和静态信标）区域控制器，DCS 无线部分和 ATS 不需要工作（ZC、DCS 无线部分和 ATS 不工作的时候，点式 ATP 也可以正常工作，即点式 ATP 不依赖于 OCC 是否正常工作）。

③ 联锁控制　最低等级的系统操作和性能。联锁控制提供固定闭塞列车间隔和联锁防护。不能提供其他的 ATC 功能。联锁控制需要联锁系统工作。不需要其他 ATC 子系统存在或工作（除轨旁 DCS 外）。

任务一 ●●● TOD 设备认识

一、设备构成

1. TOD 人机界面

列车操作显示器（TOD）是列车操作控制台（驾驶室）的一部分，提供驾驶员和车载控制系统之间的人机交互界面。TOD 向列车驾驶员提供运行模式、故障、操作等信息。

司机台上装有一台 TOD，如图 4-1-1 所示。

① TOD 可接收 2 路冗余的以太网连接 TOD 的所有的控制和指示是非安全的。

② TOD 软件采用嵌入式 Linux 系统平台，运行于 DEUTA 公司的 MFT-L11 硬件平台上。MFT-L11 带有触摸屏，安装于列车两端。TOD 软件通过高可靠性的双通道传输（BIM _ P）协议与当前活动的车载设备进行通信。

③ TOD 通常作为复杂控制和导向系统的人机交互界面。TOD 显示处理中的数据并接收来自驾驶员的输入，数据可以通过触摸屏进行输入，MFT-L11 基于使用 GEODE 处理器

的单板机（“嵌入式 PC”）。一块 10.4 英寸的有源矩阵彩色显示器（TFT）用于 TOD 的显示屏。

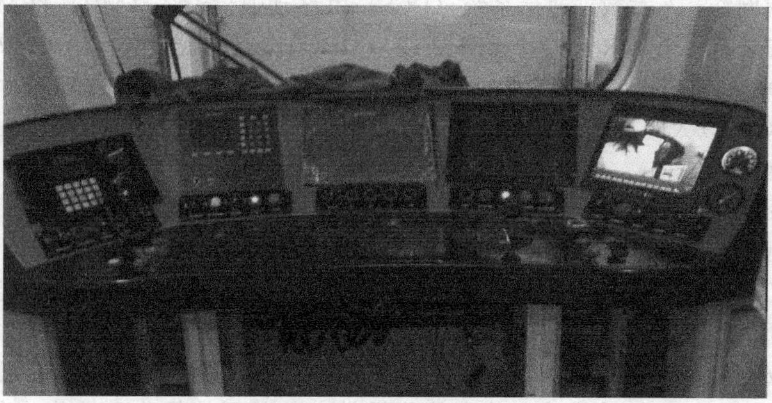

图 4-1-1　司机驾驶台

列车司机显示器的报警器在超速时发出持续的声音。显示器实际布局在设计联络阶段完全按运营需求设置。

2. 模式开关

模式开关 1 有 5 挡，如图 4-1-2(a)。

① ATO 模式：列车在 ATP 的防护下自动运行，实现 ATP 和 ATO 的所有功能，司机只需操作的是按 ATO 发车按钮，或人工干预开/关门。

② ATB 模式：自动折返，在折返操作过程中，CC 负责安全和自动运行，无需司机任何干涉，折返完成后 CC 自动换端。

③ IATP 模式：点式列车驾驶模式（iATP）司机利用来自信号机处动态信标的信息以及 TOD 信息来驾驶列车。

④ ATPM 模式：ATP 列车人工驾驶模式，司机根据 TOD 上显示的信息，在 ATP 防护下驾驶列车。

⑤ RM 模式：限制人工驾驶模式，列车司机按照地面信号显示运行并不能超过 25km/h。

模式开关 2 有 NRM 模式和 NOR 模式，如图 4-1-2(b)。

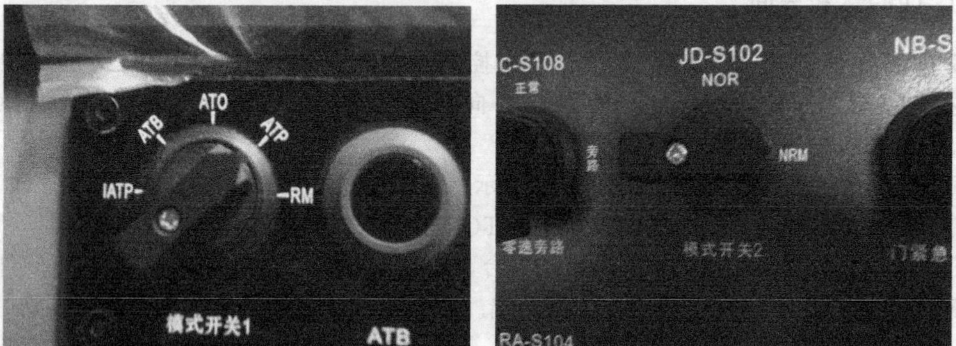

(a)　　(b)

图 4-1-2　模式开关

3. 司机操作按钮和开关

司机操作按钮和开关如图 4-1-3。

图 4-1-3　司机控制手柄和方向控制手柄、车门模式选择开关和开关门按钮

① 司机控制手柄，可手动输入制动、去牵引、等控制命令。

② 车门模式选择开关，可选择手动打开车门或自动打开车门。当车门模式开关为手动位时，可通过开关门按钮控制车门的打开或关闭。

自动折返按钮和发车按钮及门旁路开关如图 4-1-4。

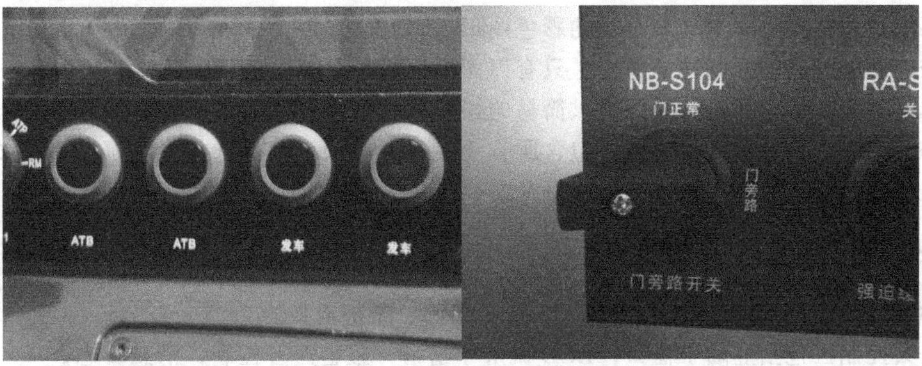

图 4-1-4　自动折返按钮和发车按钮及门旁路开关

① 自动折返按钮和发车按钮，可手工进行折返操作和手动发车。

② 门旁路开关：门正常表示信号开关门，门旁路表示车辆开关门。

二、设备功能

列车操作显示器（TOD）的目的是提供给司机所有必需的列车驾驶信息，如图 4-1-5。它是车载 ATP/ATO 系统和司机的接口。司机 TOD 包括一个显示屏（用于给司机信息的显示）和一个数据输入部分（接收司机的输入和指令）。

人机界面给司机指示以下主要信息：

- 列车实际速度；
- 列车允许速度；
- 目标速度；
- 目标距离；
- 驾驶模式；
- 紧急制动；
- 门状态；
- 错误消息。

其他诸如后续里程的速度曲线、报警信号（听觉的和视觉的）、文本消息或者时间信息等也会显示给司机。TOD 从 ATP 或者 ATO 的车载设备接收数据。

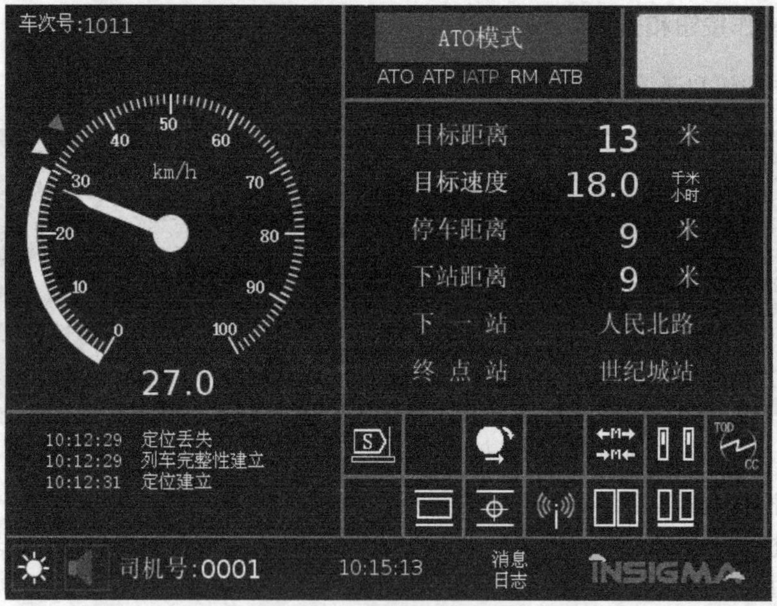

图 4-1-5 车载 TOD 界面

系统给司机提供一个高分辨率的彩色图形 LCD 显示器和一个专用的触摸屏，以确保显示的按钮和操作之间强制性的对应，只有以图形方式显示的按钮是可以触摸操作的。不同的功能单元集成在窗口区，给司机提供简易的操作。一个窗口区负责一个集成的功能单元的任务。一个菜单区具有最高优先级，包含所有任务，可以从该菜单选择操作屏幕和概要屏幕。可以从概要屏幕选择任何输入屏幕。每个窗口区称为页面，类似的页面称为类似标记。

三、TOD 显示器界面认识

TOD 的界面主要包括公共控制区、驾驶界面、维护窗口。

公共控制区包括登陆子窗口，LCD 调节子窗口，报警声音控制，消息日志。

驾驶界面包括一些基本信息，如驾驶模式区，速度显示区，消息显示区，目标信息区，状态信息区，EB 窗口，站停信息区。

1. 公共控制区

公共控制区（图 4-1-6）位于 TOD 界面的底部，用于实现以下功能：

- 打开 LCD 亮度调节对话框；
- 报警声音控制开关；
- 显示司机号，打开登录对话框；
- 显示系统时间；
- 显示消息日志；
- 公司标示图标。

图 4-1-6 公共控制区

2. LCD 亮度调节

在公共控制区，点击 LCD 控制按钮，弹出如图 4-1-7 所示对话框。可以通过按压

“+”和“−”来调节屏幕亮度。

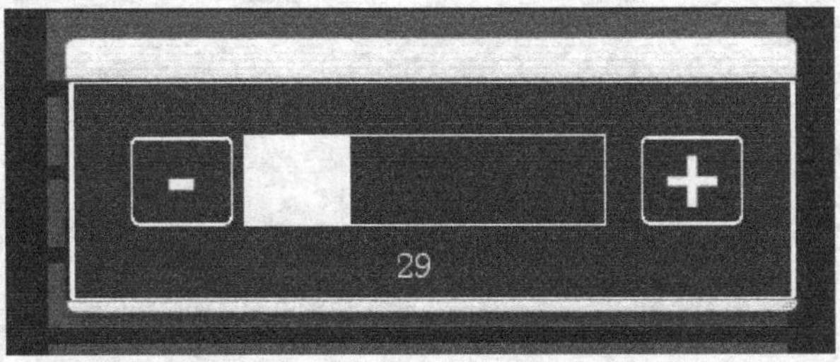

图 4-1-7　LCD 亮度调节对话框

3. 报警声音控制开关

当出现声音报警时，在公共控制区会出现图标按钮，用户可以点击该按钮图标中断声音报警。当无声音报警出现时，该控制区域的图标按钮显示为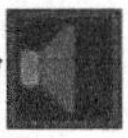。

4. 司机登录

司机号位于报警声音控制调节按钮的右侧，点击司机号，弹出司机登录对话框，如图 4-1-8。司机号和密码由数字组成。按“取消”按钮清除输入。按“确定”进行登录。

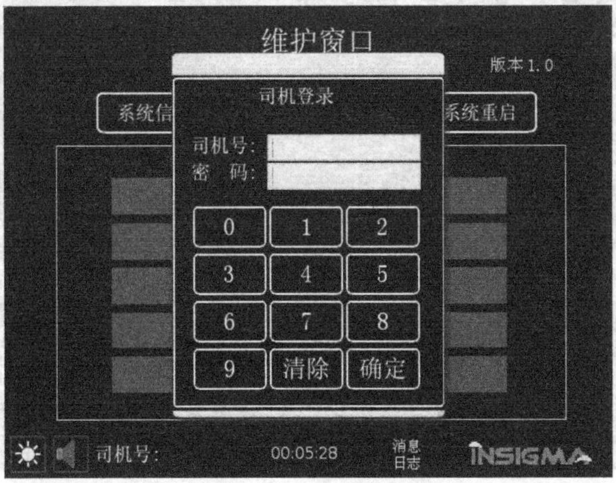

图 4-1-8　登录对话框

5. 消息日志

当列车停止或与 CC 通信中断情况下，点击消息日志可弹出消息日志对话框，如图 4-1-9。

6. 驾驶界面

如图 4-1-10，介绍如下。

(1) 车次信息显示区　车次号信息。

(2) 驾驶模式区　上半部分为列车当前采用的驾驶模式，下半部分显示的是当前可用的

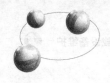

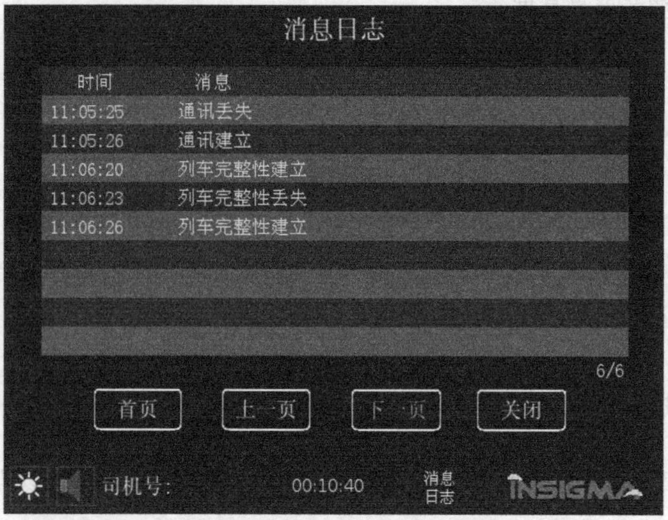

图 4-1-9 消息日志窗口

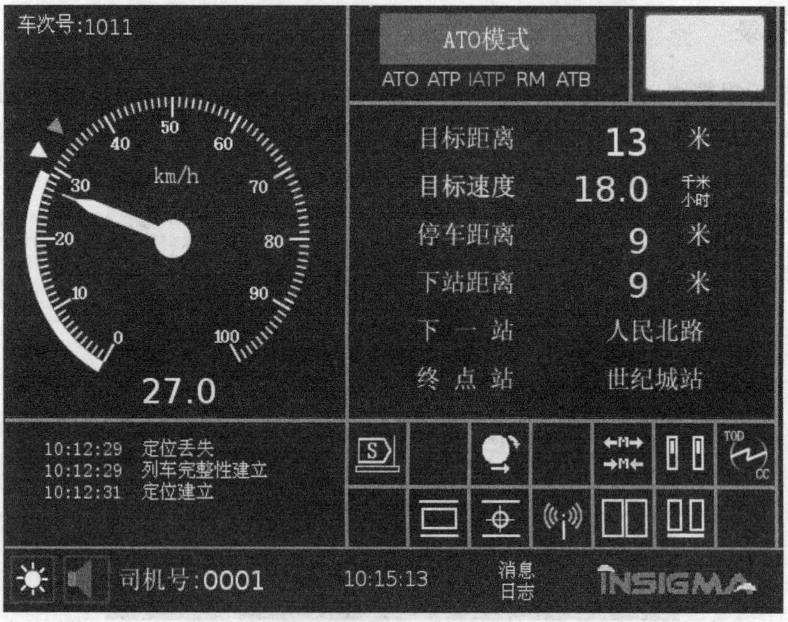

图 4-1-10 驾驶界面

模式，当某一模式不可用时，该位置显示为暗。例如图 4-1-10 中，表示当前 ATP/IATP/RM/ATB 四种模式可用，而 ATO 模式不可用，而当前采用“ATP”模式。

其中在非限制人工驾驶模式（NRM）下，由于车载信号系统已经被旁路，不起任何作用，TOD 无法显示任何内容，TOD 将显示初始界面。

（3）速度显示区 其中白色光带表示的是推荐速度，用于司机以人工模式驾驶列车时按该速度行车，指针为列车当前速度，对应于速度盘下方数字部分。黄色三角为 FSB 速度，建议司机始终按照推荐速度运行列车，如果当前列车速度超过 FSB 速度，CC 将自动实施 FSB，此时司机应将司控器打到 FSB 位，从而确认 FSB 的实施，如果列车速度降到 FSB 曲线内，FSB 将缓解。如果超过推荐速度，司机将收到警报。红色三角为 EB 速度，一旦列车速度超过 EB，就会触发 EB。

（4）消息显示区　消息显示区用于显示最近收到的几条消息。司机如果需要查看历史消息，可在停车状态下打开消息日志浏览窗口。

（5）目标信息区　目标信息区显示目标速度、目标距离、停站距离、下站距离、下一站站名和终点站名。

目标信息区仅在 ATO/ATP/IATP/ATB 模式下适用。在 RM 模式下，显示为空。

（6）状态信息区　状态信息区，显示驾驶过程中各设备的状态。可用于辅助判断设备的工作情况和故障分析（表 4-1-1）。

表 4-1-1　状态信息区

图标	说明	备注
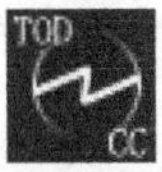	TOD/CC 通信正常显示	
	TOD/CC 通信异常	
 	停车到位 停车过位或过位恢复过程中	
	车门旁路	
	车载设备故障	表示有车载设备出现故障
	空转/打滑	
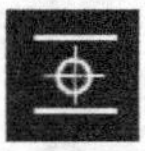	定位建立	
	定位丢失	
	通信建立	表示车载和轨旁之间的通信已经建立
	通信丢失	表示车载和轨旁之间的通信丢失

续表

图标	说明	备注
 	完整性丢失/正常	
	自动开、自动关 ADO/ADC	开门模式
	手动开、手动关 MDO/MDC	
	自动开、手动关 ADO/MDC	
	门非使能	当门使能时，可以分为左门使能，右门使能
	门使能	
	关门状态	车门状态显示
	开门状态	
	门出错状态	
	屏蔽门关	屏蔽门状态显示 PSD status
	屏蔽门开	
	屏蔽门出错	
	无屏蔽门	
	屏蔽门状态未知	

（7）EB 窗口　当列车行驶过程中出现 EB 时，将在驾驶界面右部分出现“紧急制动!”的红色字样。如图 4-1-11 所示。

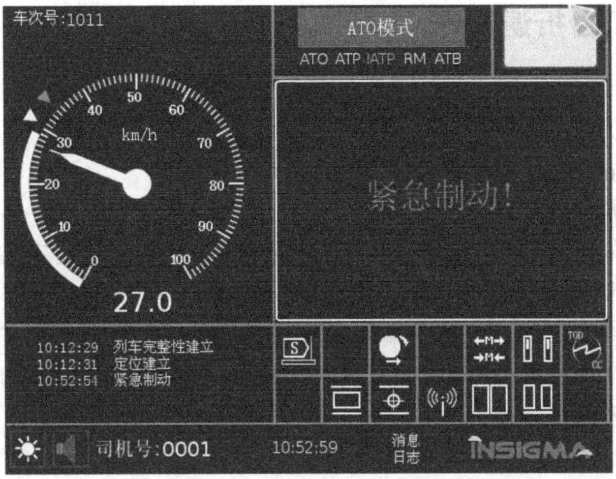

图 4-1-11　EB 时弹出窗口

（8）站停信息区　在 ATP、ATO 模式下，TOD 的停站时间倒计时器与站台 DTI 同步显示停站时间，TOD 将从 CC 接收停站时间并倒数至 0，然后提示驾驶员发车。在 IATP 模式下，TOD 停站时间倒计时器指示司机观看站台 DTI 停站时间及发车指令。

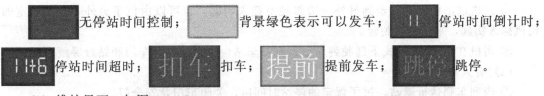

停站时间倒计时板：

无停站时间控制；背景绿色表示可以发车；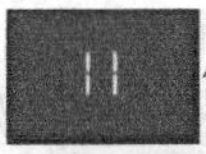

停站时间倒计时；

停站时间超时；

扣车；

提前发车；

跳停。

（9）维护界面　如图 4-1-12。

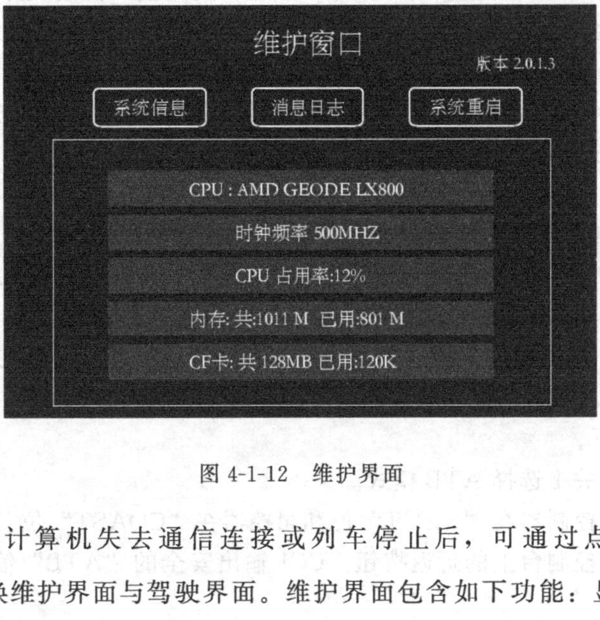

图 4-1-12　维护界面

当 TOD 与车载计算机失去通信连接或列车停止后，可通过点击 INSIGMA 图标 INSIGMA 切换维护界面与驾驶界面。维护界面包含如下功能：显示系统信息，消息日志，系统重启的功能。

设备进入地铁公司后，该图标会变成地铁公司的标志图。

四、车载司机台折返操作

1. 站前折返

① 列车停稳在站台。

② 列车车门和屏蔽门打开。

③ 司机设置方向控制器为“空挡”位置，设置主控制为“惰行”位置，并拔下钥匙。

④ 当 CC1 拔出钥匙时，列车实施 EB。

⑤ 同一个或另一个司机进入另一端驾驶室打开钥匙开关从而激活 CC2，并缓解 EB。

⑥ 停站结束时（考虑关门延时），司机用手动关门命令关闭车门和屏蔽门。

⑦ 司机选择适当的驾驶模式。

⑧ 一旦停站时间结束，信号系统允许发车，司机可将车驶离站台。

2. 站后折返

站后折返分为以下几种方式。

（1）ATPM 模式下的人工折返

① 列车到达折返站，在规定的停站时间结束后，人工关闭车门和站台屏蔽门。

② 列车在 ATPM 模式下驾驶列车运行到折返轨停车。

③ 司机取出钥匙并且走到另外一边驾驶室插入钥匙，也可以由位于另外一个驾驶室的司机插入钥匙，来启动驾驶台。

④ 司机在 ATPM 模式下驾驶列车运行到发车站台，人工打开车门和站台屏蔽门。

（2）有人自动折返

① 当列车到达折返站，过了规定的停站时间后，关闭车门及安全门。

② 在 ATO 模式下，当司机按下“发车”按钮，列车驶入折返线并停车。

③ 一旦列车已经到达折返线，司机拔出当前司机室的钥匙，走到另一头的司机室，插入钥匙。

④ 一旦 CC 完全启动，司机就将驾驶模式切换到 ATO 模式并再次按下发车按钮，在 ATO 模式下将列车驶到首车站。

（3）无人自动折返

① 初始条件：列车停在车站，没有乘客在车上，列车车门全关闭，ATS 已请求折返进路，MLK 根据 ATS 请求设置进路，自动驾驶模式可用：ATO 模式和 ATB 模式。

为了实现从 CC1 到 CC2 的自动换端，需要检查以下在驾驶室 2 中的 CC（CC2）条件：CC2 正常工作，CC2 成功定位，模式开关 1 在 ATB 位，模式开关 2 在 NORMODE 位，门旁路开关在 NOR 位，列车完整性“正常”。折返操作示意如图 4-1-13。

② 折返步骤如下。

• 司机从模式开关 1 选择 ATB 模式。

• 司机设置方向控制器在“NEUT”位和司控器在“COAST”位。

• 司机按下司机控制台上的折返按钮：CC1 输出安全的“ATB”信号；TOD 显示自动折返被激活。

- 司机转动驾驶室钥匙开关到 OFF 位并取出钥匙，司机通过驾驶室门离开列车。
- 司机按下站台上自动折返按钮。
- CC1 启动列车到达站台（[B][C]）。
- CC1 将车停在发车站台 [C] 并且请求保持制动。
- 司机在列车完全停稳后进入驾驶室 2。
- 司机插入钥匙激活驾驶室 2。
- 司机通过 CC2 选择合适的驾驶模式。
- 通过驾驶室 2 打开列车门和屏蔽门。

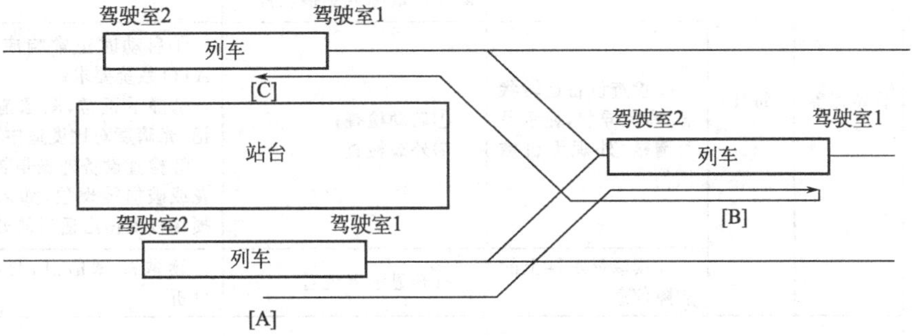

图 4-1-13　折返操作示意图

五、TOD 设备维护

1. TOD(MFTL11 显示屏)接口连接

TOD 的前视图和背视图如图 4-1-14。背视图中 X1 是电源接口，X12、X13 是与 CC 连接的接口，X16 为编程上载软件。其他的为设备预留接口，暂未分配。

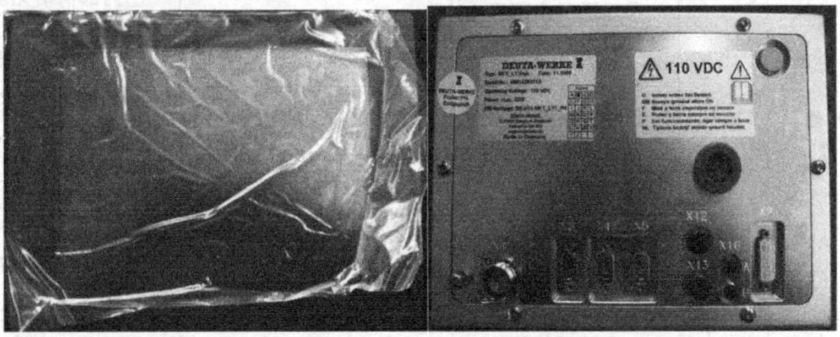

图 4-1-14　TOD 的前视图和背视图

2. 维护检修时所需的工具

如表 4-1-2。

表 4-1-2　维护检修时所需工具

序号	工具名称	单位	数量
1	EMC——安全工作区域(导电垫、接地支架等)	块	1
2	十字螺丝刀,尺寸为 T25	把	1
3	一字螺丝刀,小号	把	1

3. 维护内容和要求

如表 4-1-3。

表 4-1-3 维护内容和要求

设备(数量)	修程	周期	维修内容	维修方法	维修标准
车载信号显示屏	日常保养	每日	①问调度,了解设备使用情况	询问调度在日常使用过程中是否有异常现象,了解设备状态,以便及时排除硬件故障或更换软件	设备正常使用无异常
			②检查设备运转状态,有无异状,显示是否清晰,外观无机械损伤	①启动检查; ②外观检查	①启动时正常响应车载 ATP/ATO 系统要求; ②显示正常,图像清晰、色彩鲜艳、光暗度对比度适中; ③检查设备外表是否有裂纹、刮花或破损等现象,如果有,应根据损坏程度作出适当的处理
			③读取显示屏上的故障信息	打开显示屏观看	读取故障信息,做好记录,并分析
	二级保养	每季	①同日常保养内容		
			②显示器屏幕清洁	采用眼看、手动检查设备外观	设备表面干净、清洁、无灰尘及油渍
			③静态测试	按照静态测试项目要求进行	①按照检查项目要求; ②点触显示屏选项反应灵敏,正确表示相关数据及实时列车状态; ③电缆的连接应牢固,接触良好
	小修	每年	①同二级保养内容		
			②显示屏内部卫生清洁(部件)	清洁显示屏内部清洁	①内部清洁无灰尘; ②各部件螺丝紧固(无松动、锈蚀、滑丝、缺损等现象)
			③检查接插件是否牢固,接口是否良好	采用眼看、手动检查设备外观	各部件、接口的螺丝应紧固,连接线应连接牢固,无断线、无接触不良,表皮无破损
			④动态测试	按照动态测试项目要求进行	①显示正常,图像清晰、色彩鲜艳、光暗度对比度适中; ②显示内容与测试项目吻合,无延时性
	中修	五年	对整机部件性能老化度评估,根据评估结果更换老化部件		
	大修	十五年	更换系统(根据采购合同系统生命周期而定。 性能不低于原设计标准)		性能不低于原设计标准

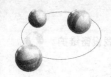

预防性维护是在正常的运行时间之外，由地铁车载工区进行的。这包括每两年一次的检查，其中包括根据维护说明进行的功能测试。特别指出的是，必须每年进行一次检查显示器和 CCFL 灯管的功能和亮度，如果必要的话，进行更换。CCFL 背光灯（冷阴极荧光灯管）

会遭受物理老化。因此，应当根据外观检查的结果更换该部件。大约 40000h（在 25℃，50％的亮度下）后，背光亮度仅余一半。只有经过厂家培训并且获得授权的具备电气经验的人员才能更换 CCFL 背光灯。

Compact Flash 卡中的控制器拥有对每个存储单元进行写访问的权限。在典型应用中，例如带有显示器设备的驾驶员控制台，和硬盘之类不同，可以假设使用寿命不会被期望成为无限。只有经过厂家培训并且获得授权的具备电气经验的人员才能更换 Compact Flash 卡。

只能使用家用或者玻璃清洗液（洗碗液）清洗本设备的前框架和触摸屏。使用腐蚀性溶剂（例如，丙酮、苯、稀释剂、四氯化碳）将会导致永久损害。

(1) 更换 CCFL 灯管

① 操作步骤

- 断开本设备电源。
- 从司机控制台上拆下本设备。
- 显示器面向下，将本设备放置在柔软的导电垫上，电气连接件面向维修人员。
- 松开外壳后面板上的 6 个螺钉（梅花 T25），抬起外壳，将其拆下（图 4-1-15）。
- 拔掉插接式连接器（图 4-1-16）。

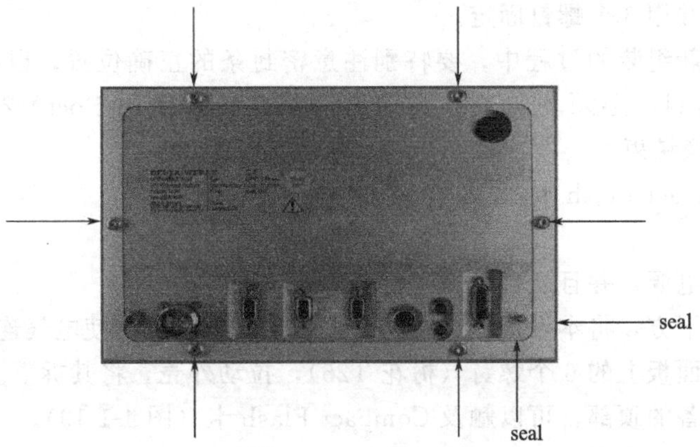

图 4-1-15　拧开螺钉示例图

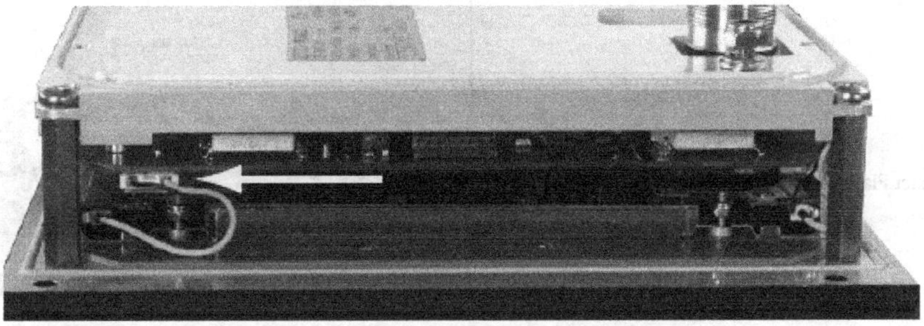

图 4-1-16　CCFL 元件插接式连接器

小心地调直在 CCFL 元件上的铜夹子，这样可以越过双头螺栓，将该元件拉出来（图 4-1-17）。

- 按下防坠器，从其导柱上小心地拉出 CCFL 元件（图 4-1-18）。
- 对于将被插入的 CCFL 元件，同样调直铜夹子。

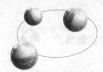

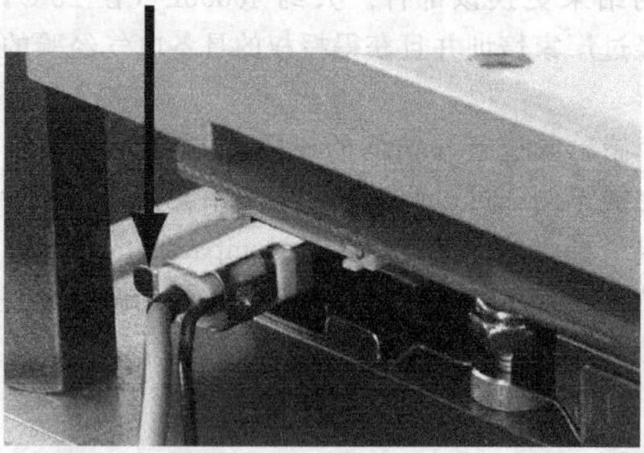

图 4-1-17　可调铜夹位置

图 4-1-18　防坠器位置

② 操作注意事项

• 现在安装新的 CCFL 元件。避免触及 CCFL 灯管的光线出口开口。

• 请注意，在任何情况下，光线出口开口均指向内侧！防坠器必须明显地锁定。

• 重建 CCFL 元件的电气连接。

• 放回外壳，并用 6 个螺钉固定。

• 注意：在重新组装的过程中，要特别注意密封条的正确位置，以防止任何可能的损坏，确保均匀地密封，必须均匀地拧紧螺钉，并且必须使用 Loctite243 胶固定！至此，CCFL 背光灯的更换结束。

（2）更换 Compact Flash 卡

① 更换步骤

• 断开本设备电源，并且从司机控制台上拆下该设备。

• 显示器面向下方，将本设备放置在一个柔软的导电垫上，使电气连件面向操作人员。

• 松开外壳后面板上的 6 个螺钉（梅花 T25），拉动外壳，将其拆下。

• 现在，在设备的顶部，可以触及 Compact Flash 卡（图 4-1-19）。

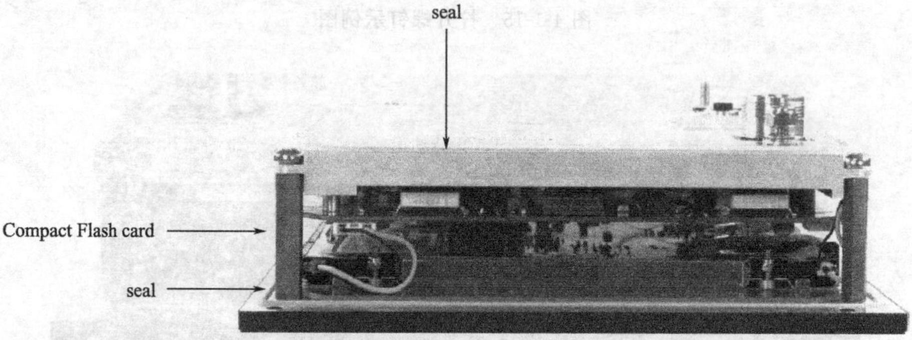

图 4-1-19　Compact Flash 卡的位置

• 按下夹子。

轻轻水平移动，拉出 Compact Flash 卡并拆下该卡（图 4-1-20）。

• 现在可以插入新的 Compact Flash 卡。按回卡前方的弹簧，确保新卡固定在卡座里。

• 安装回外壳，用 6 个螺钉固定。

② 操作注意事项

• 注意 ESD 防护措施。

• 注意：在重新组装的过程中，要特别注意密封条的正确位置，以防止任何可能的损坏，确保均匀地密封。

• 必须均匀地拧紧螺钉，并且必须使用固定。

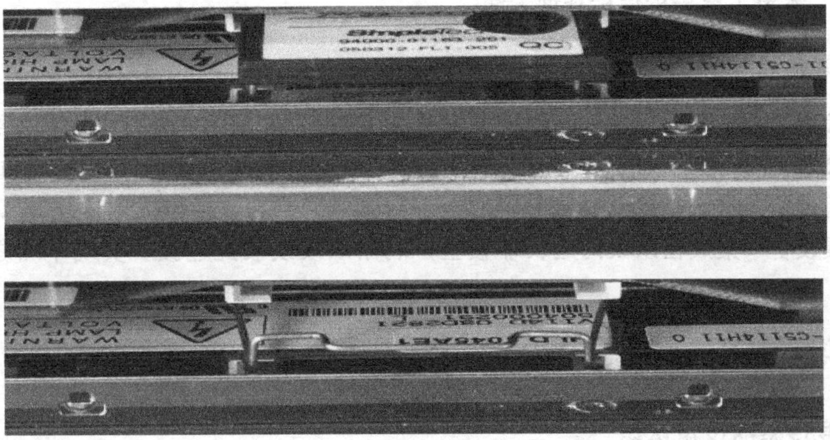

图 4-1-20　拆除卡后的空夹子示意图

任务二 ●●● 车载外围设备维护

一、设备功能

1. 速度传感器

列车每端安装两个速度传感器，分别安装在不同的转向架非动力制动轴上在 1，3 轴的左侧。随着车轮轮齿的转动，当传感器经过轮齿的时候会输出数字脉冲。这些脉冲由硬件计数器来计数，从而可以在给定周期内测试速度。速度传感器经过多次现场使用并且被证明是非常可靠的。设备的配置和传感器的数量针对不同应用可能不同，并且车轮每转一圈的能够输出脉冲数量也与速度传感器的通道数量有关，与输出通道之间的相移（如何把各个通道的输出整合在一起来提高分辨率）也有关系。

速度传感器和加速度计配置配置原理图中说明了速度传感器输入在 CC 内部的作用过程。ACSDV 为 CCTE 板和速度传感器提供电源。这种结构除了给 CC 系统增加多样性外，还提供了高可用性和高可靠性。对于测距子系统，只要列车位置的不确定性超出了预定给出的极限值，CC 将通过 EB 停车。这种结构中任何一个单独的信号丢失，都不会停止 CC 的正常运行。

CC 采用 3 取 2 的结构，如果供电板 1 失效（ACSDV2 和 ACSDV3 的情形也类似），在 Tach1、AccA、AccB 和 ATP1 的一对通道将失去它们的电源，然后 CC 变成 2 取 2 的结构。

每一个速度传感器包含六条独立通道，分为三组，每组中的两条通道存在 90°的相移，三组彼此独立（分别的电源、独立的机械结构）。两个速度传感器将安装在两个不同的轴上，两者采用独立的方法测量列车的位移和速度。即使其中一个速度传感器部分失效但其他车载零部件工作正常时，CC 将继续正常工作。

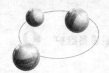

2. 信标查询天线

应答器为无源设备，安装在道床上，由列车上的查询器天线的无线电信号激活。每列车装备2套查询器（TI）和查询器天线（TIA）。查询器安装在CC机柜中，前一单元已经在CC中讲过，本节主要分析信标查询天线。

3. 车载通信网络

车载数据通信系统（DCS）由移动通信设备（MR）和MR天线构成。在列车每端安装有一个MR和两个MR天线。MR是车载无线设备，用来在车载设备（如ATP和ATO）和轨旁设备间传输数据。车载ATP和ATO子系统通过两个独立的以太网连接到MR。CC的以太网扩展设备（集成在以太网延长器板上）利用双绞线彼此连接，实现车厢之间的网络通信。

二、设备认识

1. 速度传感器设备认识

（1）外形及工作原理　DF16传感器（图4-2-1）由光电模块、光栅、外壳、传动轴、软性连接器、16芯矩形防水插头、座和外附导线等组成。各模块彼此隔离，可安装于内或外轨道上，通道数为1～6。当机车运行时传感器产生频率 $f=n\times P/60$（n 为转速，P 为内或外轨道的每转脉冲数）的方波信号，供机车电子控制系统对机车速度、空转、方向、打滑进行采样检测。

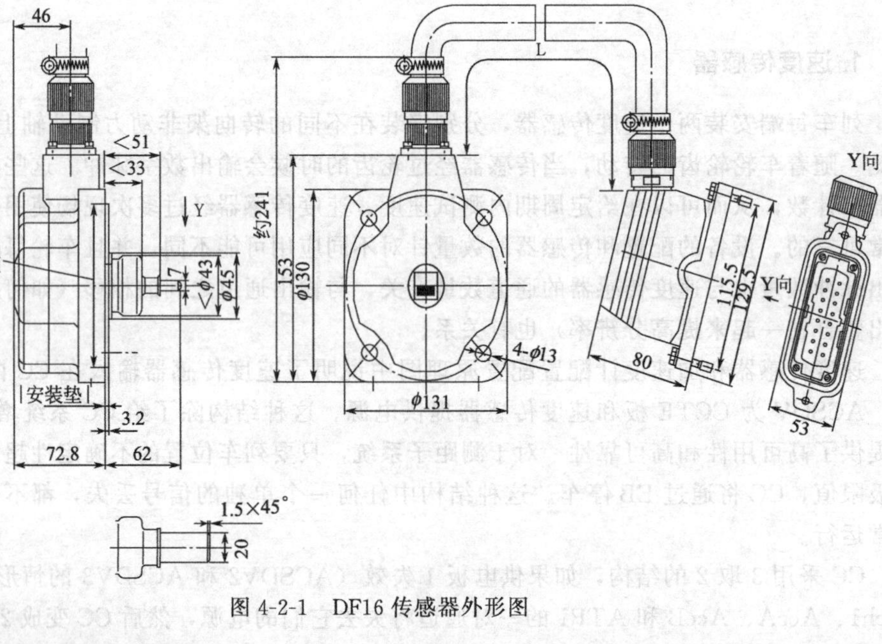

图4-2-1　DF16传感器外形图

DF16是光电式速度传感器。它有单、双、三、四、五及六通道可供选择。通过内外两轨道光栅盘扫描，传感器输出两种不同脉冲数的方波信号，内轨道每转80个脉冲，外轨道每转200个脉冲，输出可以是不同脉冲数的各种组合（不大于200P/R的任意脉冲数，或两种脉冲数输出的组合），各通道间彼此隔离，且带有极性保护、输出短路保护。传感器可方便地安装于轴箱盖上，传动部分采用软性连接，能克服安装不同心及驱动间隙。DF16 传感器具有坚固、密封、抗震、抗冲击、测速范围宽、温度适应范围宽、可靠性好、使用寿命长等特点。适用于国内外各种类型机车的速度、方向、空转及打滑等各项检测。

(2) 接口及安装标准　采用对接方式连接的 DF16 传感器，其后半部分 16 芯矩形插座和终端为冷压端子的外附导线的接线方式如图 4-2-2，接线表如表 4-2-1。

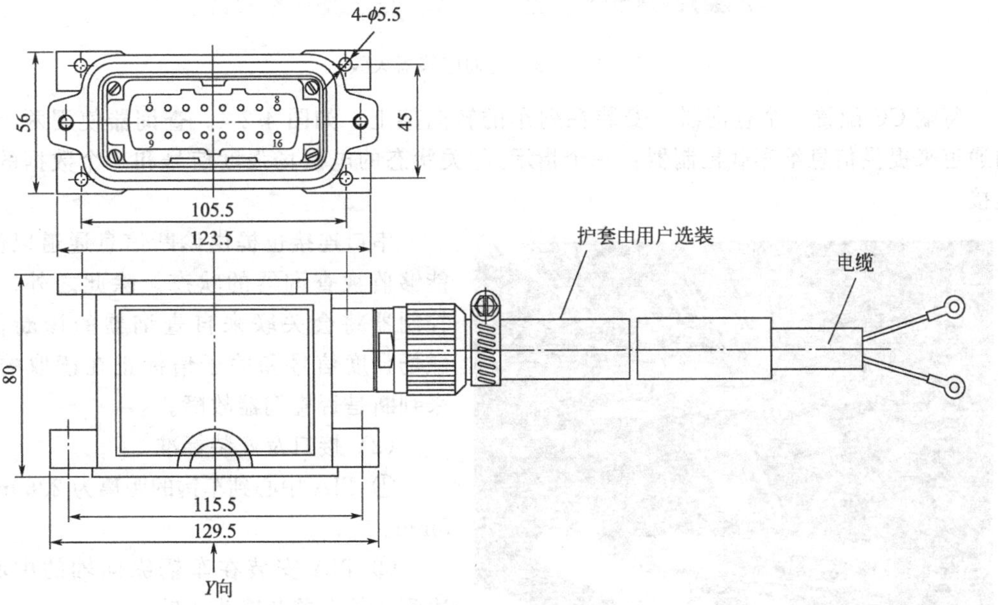

图 4-2-2　对接线

表 4-2-1　16 芯矩形插头/座针脚定义及外附导线接线表

16 芯矩形插头/座针脚号	16 芯矩形插头/座针脚定义	外接终端定义
11	UB1_2＋	通道 1、2 电源(＋)
12	UB1_2－	通道 1、2 电源(－)
3	SIG1	通道 1 脉冲输出
4	SIG2	通道 2 脉冲输出
13	UB3_4＋	通道 3、4 电源(＋)
14	UB3_4－	通道 3、4 电源(－)
5	SIG3	通道 3 脉冲输出
6	SIG4	通道 4 脉冲输出
15	UB5_6＋	通道 5、6 电源(＋)
16	UB5_6－	通道 5、6 电源(－)
7	SIG5	通道 5 脉冲输出
8	SIG6	通道 6 脉冲输出
2	Shield	电缆屏蔽层

2. 信标查询天线设备认识

(1) 外形及工作原理　应答查询器天线（TIA）使用 TransCore® AA3234 型轻轨天线，如图 4-2-3。

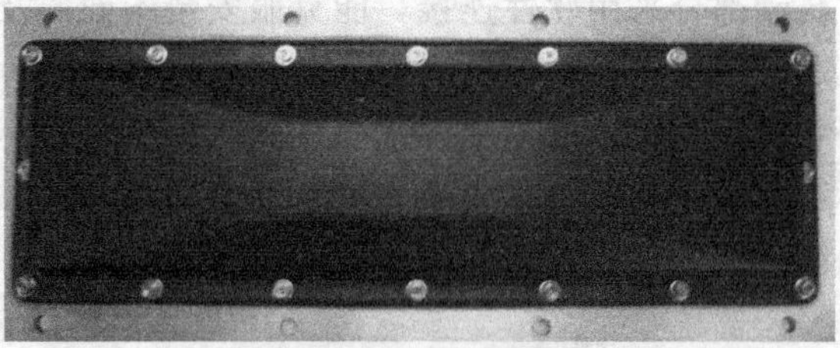

图 4-2-3 查询应答器天线

每端 CC 配置一个查询器，安装在列车的转向架上，如图 4-2-4。查询器使用两个不同的通道来提供信息给车载控制器：一个指示开/关状态的电磁场强度信号和一个数据的串口连接。

图 4-2-4 查询天线安装位置

串口连接也提供诊断信息通道以便 CC 能够监视查询器的状态。除此之外，车载控制器将会关联来自查询器的诊断信息，磁场强度信号和关于信标正在读取的信息来判断是否查询器故障。

(2) 接口及安装标准

① TIA 中心到车钩的距离为 2369mm±5mm。

② TIA 安装在车辆纵向轴的中心处，边到边的误差范围为±5mm。

③ TIA 的安装高度距离轨面为 300mm±10mm。

④ TIA 的同轴电缆直接连接到查询器主机。

使用十字水平仪检查 TIA 的纵向和水平方向的水平程度，在 TIA 接受信号范围内没有金属物质。

TIA 水平安装在带司机室拖车车厢上第一个转向架的末端，居中安装在车辆的纵向轴。从挂钩到 TIA 中心的距离为 5.4m±10mm 如图 4-2-5。天线应用 M8 螺栓安装。TIA 的边到边的安装误差是±5mm。

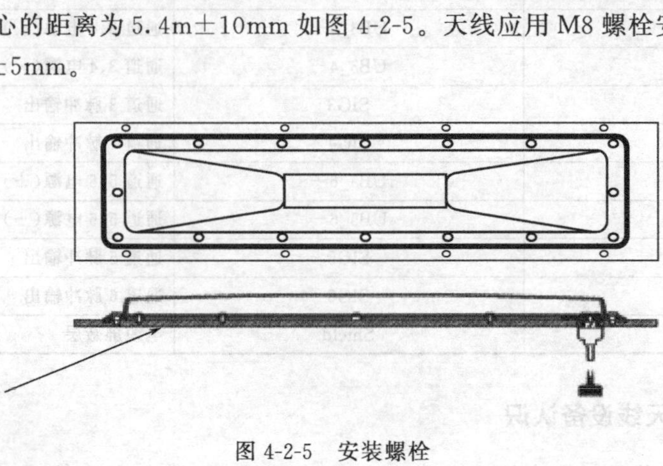

图 4-2-5 安装螺栓

TIA 设置高度为从轨道顶端（TOR）300mm±10mm。维护人员需定期测量 TIA 到

TOR 的距离。如果距离值超出了 300mm±10mm 的范围，则必须调整 TIA 的高度（例如，插入或拆除垫片），以便将距离调整到该范围。

3.车载通信网络设备认识

（1）外形及工作原理　车载 MR 设备是列车与地面控制系统通信的重要组成部分，车载 MR 通过无线通信，将列车信息发送到轨旁 AP，再通过有线网络传送到控制中心。同样，控制中心也需要把控制信息和监控信息通过车载 MR 传送到列车。

车载 MR 的组成主要是 AIR-BR1310G-A-K9-R 设备，AIR-BR1310G-A-K9-R 与轨旁使用的 AIR-LAP1310G-A-K9R AP 硬件上完全一样，只是软件不同，AIR-LAP1310G-A-K9R 是非自主 AP，其策略和配置信息需要控制器 Wism 下发到每个 AIR-LAP1310G-A-K9R，轨旁 AP 没有自己的任何配置命令。AIR-BR1310G-A-K9-R 是自主 AP，所有的配置和策略都是在独立的 AIR-BR1310G-A-K9-R 上实现。每个 MR 都有一台 AIR-BR1310G-A-K9-RAP，独立进行配置，完成功能实现。在无线说明中，MR 的 AIR-BR1310G-A-K9-R 也叫 WGB。每个列车都有两台 MR，为 A 网和 B 网，每台 MR 都连接车头的两个天线，CONSOL 接口采用标准的 RJ45 接口，用于 AP 的配置和调试使用。

4 个 LED 指示灯，和设备的指示灯相对应。MR 的 LED 指示灯与 AIR-BR1310G-A-K9-R 即 AIR-LAP1310G-A-K9R 指示灯一致。

（2）接口标准　电源接头采用 ITT 接头，以太接口采用 HARTING 接头，型号为 Part #21033712403，2 个 TNC 型接头为标准接头。

针对车载天线，采用八木天线，安装方案为：车体内安装，信号发射方向为准水平向前。

针对 A、B 双网的设计，车头车尾的每个驾驶室均需安装一个 MR，每个 MR 需安装两副天线，对称于车体中轴线安装在驾驶室上方。

车载天线采用面板安装方式，因此要求车辆为每个车载天线提供固定面积（底座面积）不小于 127mm×80mm（高×宽）的垂直金属安装板（此安装板应可靠地固定在列车上），并根据 MR 天线底座的规格预留必要的螺孔，提供所需的紧固螺栓。

对于车载 MR 天线安装位置，要求如下：在空间上，需安装在驾驶室上方（建议距轨面 3.2～3.8m，实际高度可按照实际情况调整）；在横向上，要求两天线对称于车体中轴线并尽可能靠近两侧布放（建议间距不小于 500mm）；在纵向上，要求尽量靠近车体前部。同时，车载 MR 天线和馈线安装位置的确定还需考虑到其可维护性，即在两天线和馈线附近需要预留开合或拆卸方便的门或板，以利于天线和馈线的调试和维修。车载天线安装如图 4-2-6～图 4-2-8。

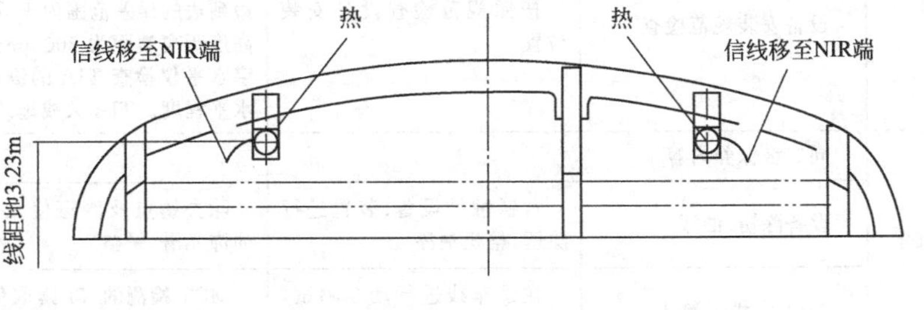

图 4-2-6　车载天线安装前视图

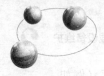

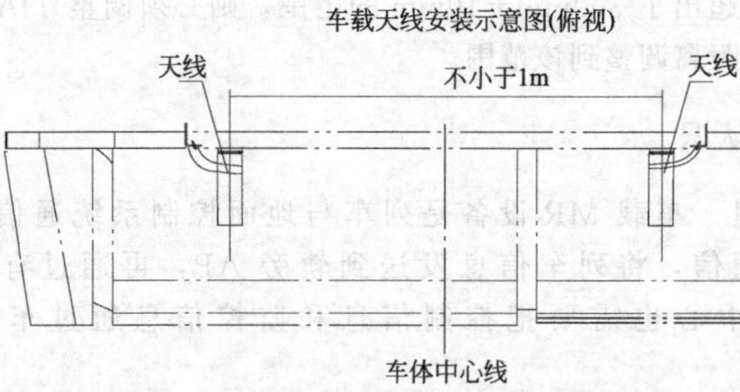

图 4-2-7　车载天线安装俯视图

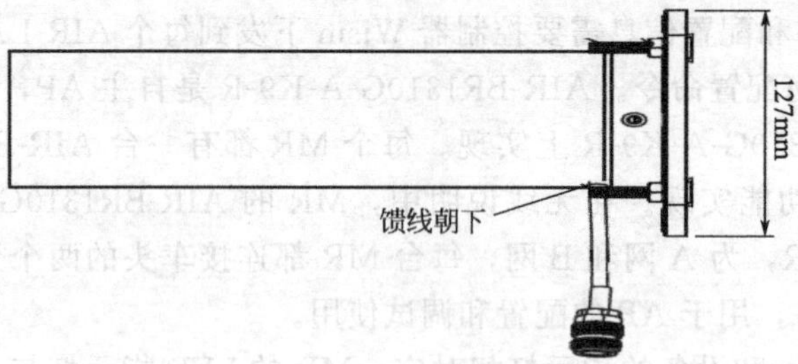

图 4-2-8　安装效果示意图

三、车载外围设备维护

1. 信标查询天线维护标准

如表 4-2-2。

表 4-2-2　信标查询天线维护标准

修程	周期	检修工作内容	检修步骤	检修标准
日常保养	每日	安装装置检查。检查设备外表。设备清洁	检查设备外表情况及清洁状况	设备固定良好,没有破损、脱漆、标识清晰正确,TIA 接受信号范围内没有金属物质
二级保养	每季	安装装置检查。检查设备外表。设备清洁。外观检查	手动检查安装装置的牢固情况,检查设备外表情况及清洁状况	设备固定良好,没有破损、脱漆、标识清晰正确
		同轴电缆线连接状态检查	手动检查同轴电缆线的连接情况	设备固定良好
		设备安装规范检查	按照规范检查设备安装位置	TIA 中心距车钩距离为 2369mm±5mm;TIA 安装在车辆纵向轴的中心处,边到边的误差范围为±5mm;TIA 的安装高度距离轨面为 300mm±10mm;使用十字水平仪检查 TIA 的纵向和水平方向的水平程度。TIA 天线地线检查
小修	每年	同二级保养内容		
		设备除锈、油漆	对锈蚀的设备、装置进行除锈,整机油漆	除去锈点及漆斑使设备无锈蚀平顺。油饰光滑、平整
		TI 工作状态测试	在试车线进行动车测试,测试需连接 MCT	MCT 检测的 TI 读取信标工作参数值正常

2. 速度传感器维护标准

如表 4-2-3。

表 4-2-3 速度传感器维护标准

修程	周期	检修工作内容	检修步骤	检修标准
日常保养	每日	安装装置检查。检查设备外表。设备清洁	检查设备外表情况及清洁状况	设备固定良好，没有破损、脱漆、标识清晰正确
二级保养	每季	安装装置检查。检查设备外表。设备清洁。外观检查	手动检查安装装置的牢固情况，检查设备外表情况及清洁状况	设备外部安装或固定螺丝紧固，没有破损、脱漆、标识清晰正确。连接电缆弯曲度检查
		接线端子导通性检查	使用数字万用表检查速度传感器各通道与 CC 的导通性	所有速度传感器接线端子与相对应的 CC 的 P2 端子均导通
小修	每年	同二级保养内容		
		绝缘电阻测试	通道对外壳及各通道间的检查	正常情况下≥500MΩ，极端湿热情况≥20MΩ
		设备除锈、油漆	对锈蚀的设备、装置进行除锈，整机油漆	除去锈点及漆斑使设备无锈蚀平顺。油饰光滑、平整
		速度传感器工作状态测试	在试车线进行动车测试，测试需连接 MCT	MCT 检测的速度传感器工作参数值正常

3. 无线 MR 维护标准

MR 安装在车载 CC 机柜内后，可以检查前面板 MR 指示灯的状态。面板从左向右指示灯依次为 R、S、E、I，如表 4-2-4，指示灯信息说明如表 4-2-5。

表 4-2-4 MR 指示灯含义

R	射频指示灯	E	以太网指示灯
S	状态指示灯	I	安装指示灯

表 4-2-5 指示灯信息说明

状态指示灯信息说明				
信息类型	以太网 LED	状态 LED	射频 LED	描述
启动状态	绿色	—	绿色	DRAM 内存检查
	—	黄色	红色	状态初始化
	—	闪烁绿色	闪烁绿色	Flash 内存检查
	黄色	绿色	—	以太网检查
	绿色	绿色	绿色	引导 Cisco IOS
协商状态	—	绿色	—	至少一个无线用户已经连接到 AP
	—	闪烁绿色	—	没有无线用户连接到设备检查 SSID 和 WEP 设置
操作状态	—	绿色	闪烁绿色	发送传输射频数据信息
	绿色	—	—	以太网链路正常
	闪烁绿色	—	—	发送传输以太网数据信息

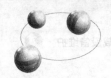

续表

状态指示灯信息说明				
信息类型	以太网 LED	状态 LED	射频 LED	描　述
启动错误	红色	—	红色	DRAM 内存检查失败
	—	红色	红色	文件信息错误
	红色	红色	—	以太网状态错误
	黄色	绿色	黄色	启动环境错误
	红色	绿色	红色	没有 Cisco IOS 系统
	黄色	黄色	黄色	启动失败
操作状态错误	—	绿色	闪烁黄色	最大重传错误或 buffer 溢出
	闪烁黄色	—	—	以太网传输错误
	—	闪烁黄色	—	通用告警
配置重启	—	黄色	—	重置出厂设置
失效	红色	红色	红色	硬件错误
系统升级	—	红色	—	重新引导新的版本
控制器状态	交替红色、绿色、黄色闪烁			连接到了控制器

以上信息可以判断 MR 的 AIR-BR1310G-A-K9-R（WGB）工作状态。同时，也可以通过网管软件查看 WGB 的运行状态信息

四、速度传感器故障分析和处理

(一) 所需工具

转速校验台、数字万用表、示波器。

(二) 传感器故障维修流程图

如图 4-2-9。

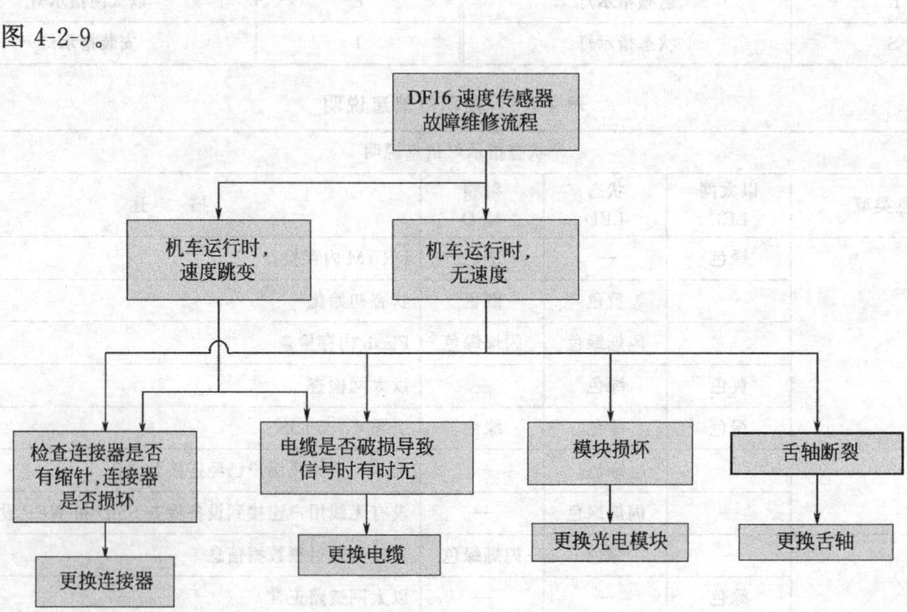

图 4-2-9　速度传感器故障处理流程

(三) 典型故障现象及分析

1. 舌轴断，轴卡死

原因是：传动机构同轴度差或长期磨损，疲劳损坏。

处理方法是：更换舌轴并调整轴箱盖与驱动法兰盘的同轴度，新的舌轴上须加适量的润滑油脂。检查舌轴长度是否与车型相匹配，更换轴长合适的 DF16 传感器。

2. 信号输出状态始终为高或低

原因是：光电模块损坏。

处理方法是：打开后盖，更换模块并重新测试。

3. 通电后，发现过流或短路

原因是：有超过正常供电电压输入，引起模块短路损坏。

处理方法是：更换模块并重新测试。

4. 芯插头损坏

原因是：插头外部受力。

处理方法：更换带内配线的 16 芯插头。

5. 传感器外配线断

原因是：电缆固定不当，在机车运行过程中受到外力拉扯或电缆弯曲半径太小造成疲劳损坏。

处理方法是：更换新的外配线。

6. 速度忽高忽低，甚至突然为零

原因是：传感器插头没有拧紧，或传感器插头受外力冲击而损坏，从而引起接触不良。

处理方法是：清洁插座和插针接触面，拧紧导线插头，或更换插头。

7. 掉速

即显示速度比正常值要偏低，但误差不大。将传感器放在校验台上测试，进行脉冲数测试，脉冲数低于正常值；或用示波器观察，脉冲有闪烁现象。

此故障原因是传感器腔内有油或灰尘堵住了光栅槽。

处理方法：打开传感器，用干净的软布将腔体和光栅擦拭干净。

8. 故障维修工作注意事项

传感器工作电源 DC12～30V，不允许直接接机车蓄电池。

直接引出电缆最小弯曲半径不得小于 165mm，否则会引起电缆损坏。

传感器安装在机车轴箱盖上，把轴箱端盖面清洁干净，确保安装面平整，安装时必须加上安装垫，安装必须牢固。舌轴插入机车轴端长方孔内，在舌轴上涂适量润滑油，保证长方孔与舌轴滑动灵活，延长使用寿命。

接线检查：仔细核对接线图（表），确保接线正确。

机车静止状态下，连接电连接器，加上工作电源，传感器未装入轴箱盖前，转动传感器方轴，观察测速系统信号输出，若有相应输出，说明传感器接线正确。

任务三 车载控制器 CC

CBTC 车载子系统的关键设备就是车载控制器（CC），它包括一个安全的带数字式输入/输出控制器的三取二处理器。这个子系统负责车辆位置的确定，列车速度监测，保证正确的必要制动顺序，控制模式管理以及根据轨旁区域控制器（ZC）提供的信息进行车辆控制。

一、车载控制器机柜组成

每个 CC 包含一个移动通信系统（MR），一个查询器主机（TI），两套自动列车防护和

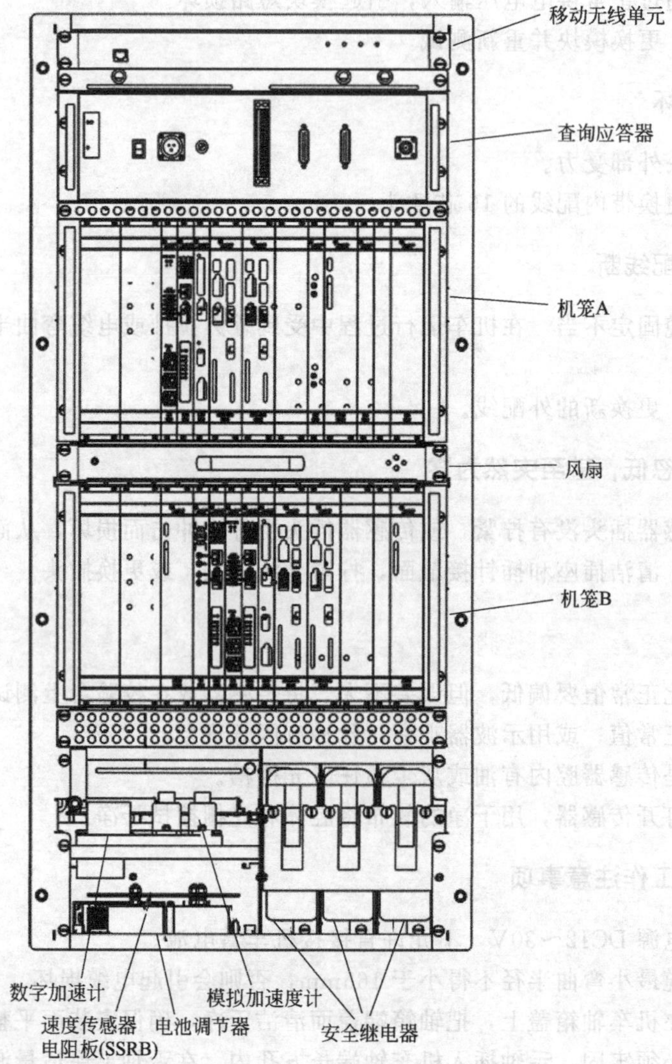

图 4-3-1 车载控制器设备机柜（正面）

运行（ATP/ATO）机笼，两个模拟加速度计，两个数字加速度计，三个安全继电器和连接器（用于和列车系统接口）。如图 4-3-1、图 4-3-2。

CC 包括一个安全的三取二处理器和数据有保证的输入/输出控制器。激活的 CC 负责确定列车位置、监控列车速度、确保所需的适当的制动顺序。

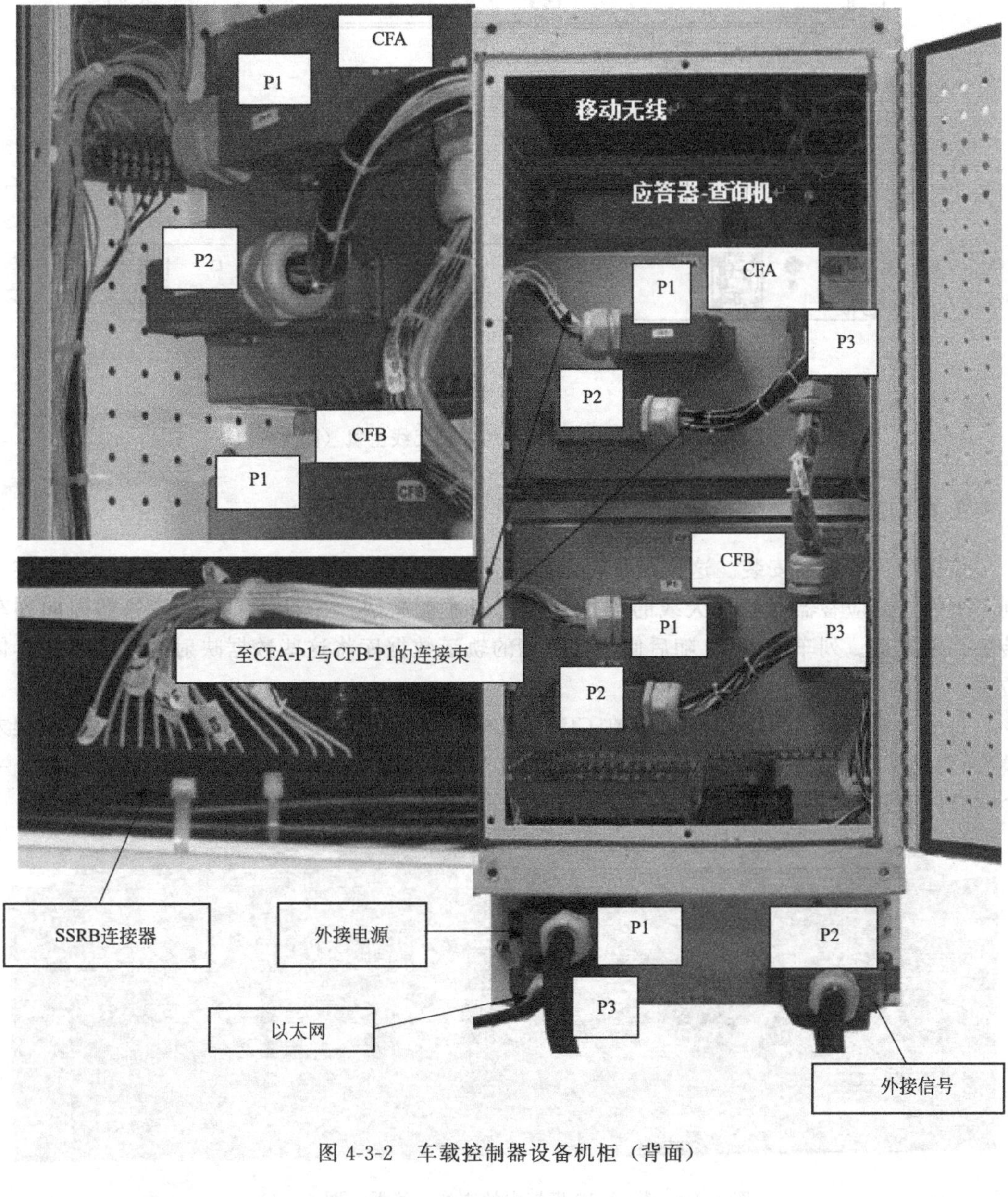

图 4-3-2　车载控制器设备机柜（背面）

二、车载控制器设备及功能认识

1. 移动无线单元

车载数据通信系统（DCS）的主要功能由移动无线主机（MR）及 MR 天线实现，每个 CC 机柜包含一个移动无线主机，用于车载和轨旁设备间的数据传播。MR 与 ATP 和 ATO

机笼之间通过两个独立的以太网连接。以太网扩展器（装于以太网交换扩展器 PCB）通过双绞线提供端对端网络通信。所有车载设备均可通过车载以太网络进行连接。如图 4-3-3。

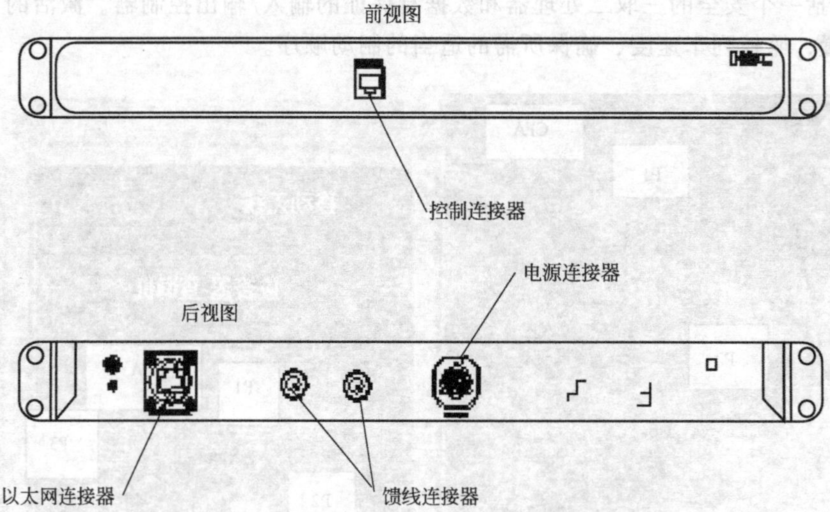

图 4-3-3　安装于 CC 机柜上的移动无线主机（图 4-3-1）

2. 查询应答器

信标沿道床方向安装。这些设备有无源的，也有有源的（动态）。只有在接收到安装于列车上的查询应答器（TI）天线的信号之后它们才被激活。一旦查询到，应答器即向列车传输识别数据。列车上的 TI 随后使用已存储的轨道数据库将这些数据映射至道床边的具体位置。

每个司机室包括一个 TI（安装在 CC 机柜内）和一个 TI 天线（安装在第一个转向架末端）。每个 TI 提供一个 RS-232C 接口、一个用于 STROBE 和 RF 信号的输入/输出接口、一个与 TI 天线的同轴电缆接口和一个电源接口。如图 4-3-4 和图 4-3-5。

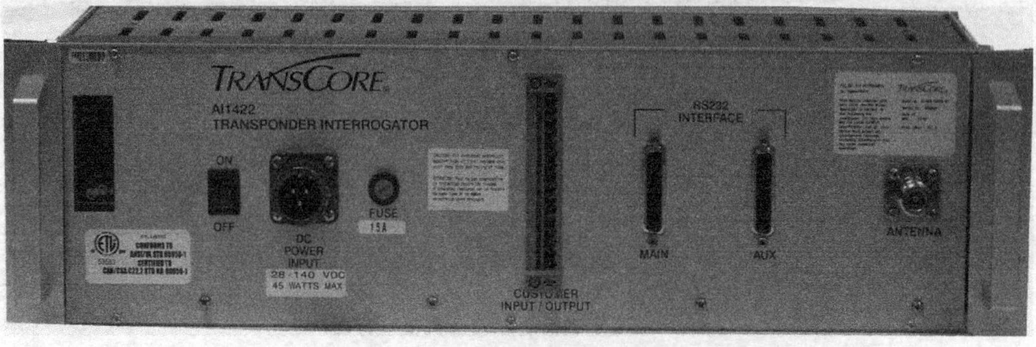

图 4-3-4　装于 CC 机柜内的查询应答器（图 4-3-1）

3. 机笼 PCB 模块

CC 机柜包括两个为 ATO/ATP PCB 模块提供的机笼（A 上方；B 下方），如图 4-3-6、图 4-3-7；风扇安装在 CC 机柜，如图 4-3-8；机笼 B 安装在 CC 机柜内，如图 4-3-9。下面列出了各机笼的内部模块并描述各模块的功能。

图 4-3-5 查询应答器天线

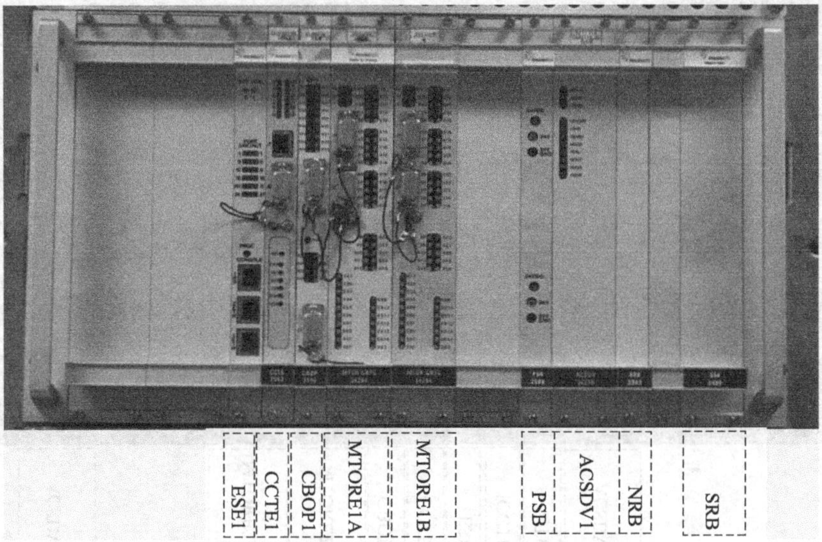

图 4-3-6 安装于 CC 机柜内的机笼 A（图 4-3-1）

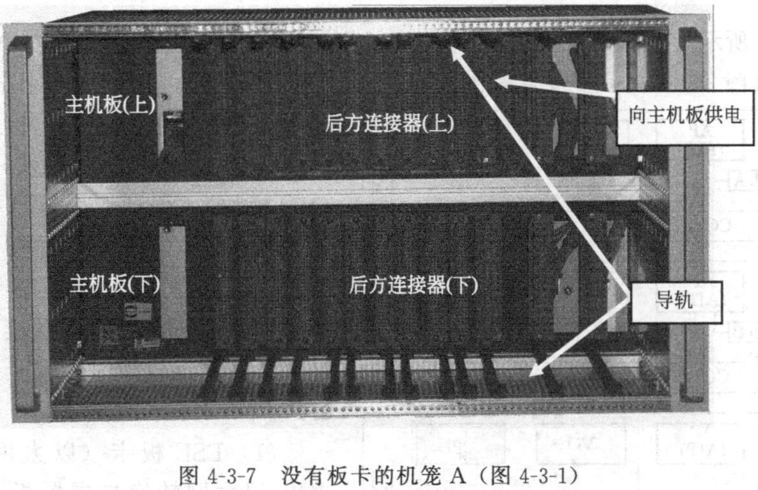

图 4-3-7 没有板卡的机笼 A（图 4-3-1）

主处理器包含有四个模块，ME：存储互换模块，AP：应用模块，VO：表决器模块，CPL：耦合器模块。

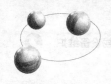

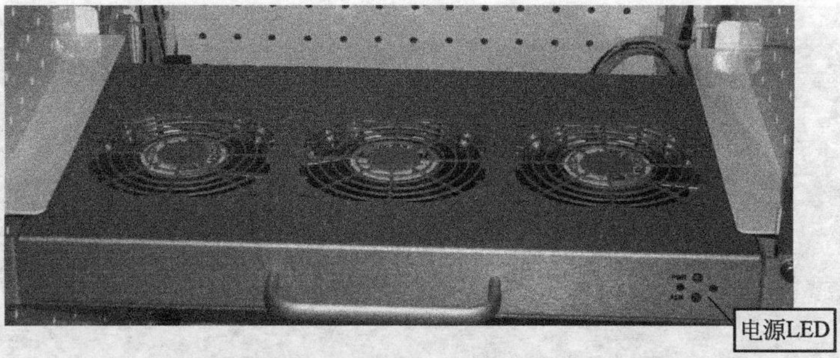

图 4-3-8　CC 机柜内的风扇组合（图 4-3-1）

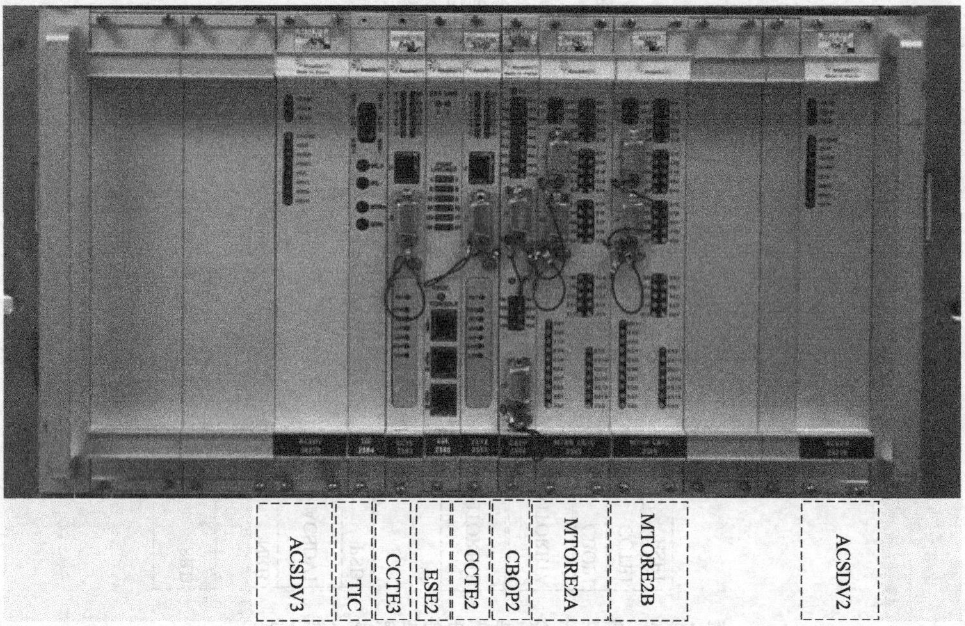

图 4-3-9　安装在 CC 机柜的机笼 B（图 4-3-1）

图 4-3-10 所示为三取二 CCTE 设计的高级别的部件图。这些 CCTE 是冗余的控制器，在每个单个故障发生时，它都会提供安全的列车防护/安全。它们通过各自的应用模块（AP）模块的独立运算，相互通过存储交换模块交换结果（ME 模块），再通过表决（VO 模块），保证三个计算机至少有两个的结果一致，来实现上述功能。如果表决同意，CCTE 通过 PMC 模块，发送控制信号给列车，允许列车继续运行。这也就是保证在单点故障时的安全运行的冗余的方式。

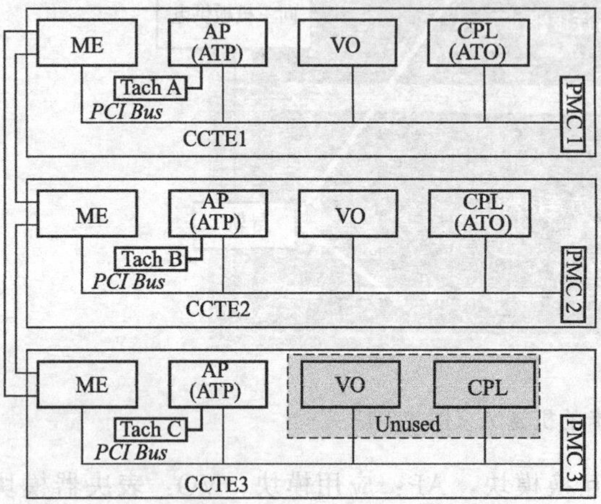

图 4-3-10　三取二 CCTE 设计的高级别部件图

（1）ESE 板卡（以太网交换和扩展器）以太网转换扩展器板面（ESE）上，这些 LED 灯表示司机室 A 和 B 之间是否存在数字用户线连接（主/备），如图 4-3-11。

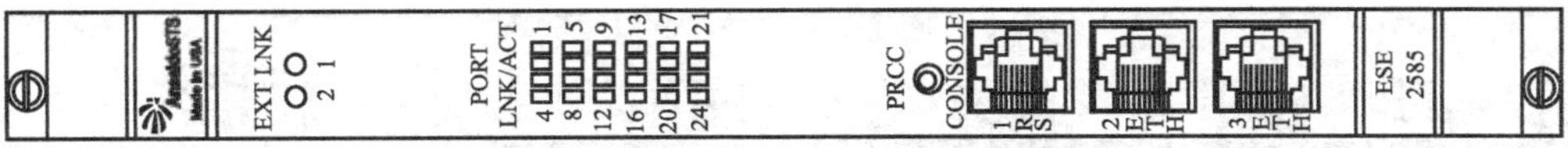

图 4-3-11 ESE 板卡正面接口和指示灯

若数字用户线连接不存在，LED 灯闪烁。若 DSL 连接存在，LED1 为主控司机室和 LED2 备用司机室都持续亮灯。

端口 1～24 为连接/活动 LED（一个 LED 配一个端口）。当检测到有效连接的完整信号后每个 LED 保持灯亮（意味着连接可用但不是必须有效）。与以太网接口建立连接后以及两个装置达到相同的速度时会出现这种情况。它同时表明该端口可用并将成为交换机机构的一部分。当有数据活动时 LED 灯闪烁；接收或发送动作都会使 LED 灯闪烁。

PRCC：这一 LED 说明处理器正有效运行，无处理器发生错误。LED 在正常情况下处于开启，当处理器有错误时关闭。

① 串口控制台端口：这一 LED 说明处理器正有效运行，无处理器发生错误。LED 在正常情况下处于开启，当处理器有错误时关闭。

② ETHO 带外管理端口：此为 10/100 快速以太网带外管理端口。

③ 光纤网络端口：快速以太网光纤端口。

(2) CCTE1、2、3 板卡（主处理器） Carte Compact Traitment ERTMS（用于 ATP 处理的小型面板）前面板上有设备状态指示器（不同颜色 LED）。LED 灯显示初始化状态以及工作状态。CCTE 主处理板如图 4-3-12。

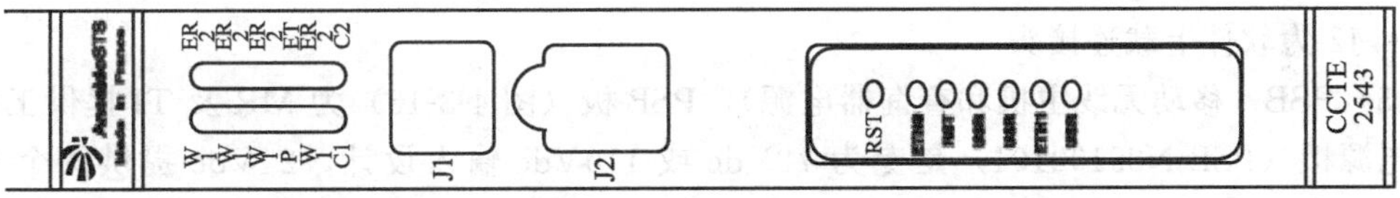

图 4-3-12 CCTE 主处理板

W：WatchDog 数据状态。在所有 4 区域中显示。

Er：错误显示器。在所有 4 区域中显示。

J1 是 Ethernet 以太网；J2 是串口连接；PMC 是附于 CCTEPCB 子板，管理 CCTE 以太网通信以及传感器输入；CCTE 前面板开口允许 PMC 上显示 LED 灯。

(3) CBOP（主处理器外部存储器） CBOP 存储器板存储 CCTE 和 MTOREPCB 模块的参数，如图 4-3-13。

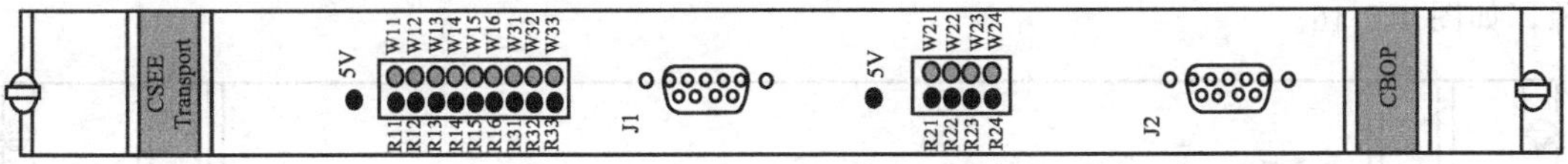

图 4-3-13 CBOP 存储器板

Power 电源：存在 5V。

绿色及红色 LED 灯显示 CBOP 内存状态，若绿色灯亮起，相应 CSEE 外部存储板（CBOP）通电。若绿色 LED 灯闪烁，表示读取内存；若红色灯亮起，相应 CBOP 内存存在问题。

(4) MTOR CBTC［输入/输出（I/O）］ I/O 板管理 CC 和其他车载系统间安全和非安全的输入/输出，如图 4-3-14。

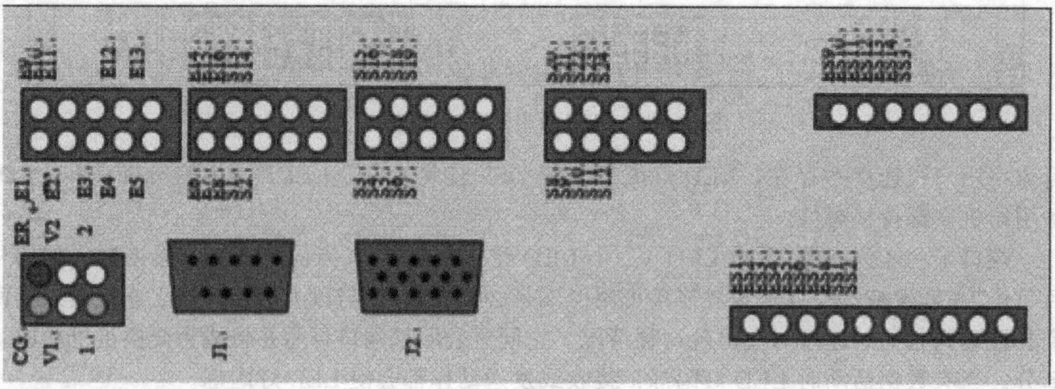

图 4-3-14　I/O 板

- CG：监控器
- ER：故障板
- V1：现场总线 1
- V2：现场总线 2
- 1 和 2：可编程状态
- ES1 到 ES8：安全输入
- SS1 到 SS2：安全输出
- J1 为启动模式配置连接头
- J2 为软件上载连接头

(5) PSB（移动无线主机和查询器电源）　PSB 板（图 4-3-15）为 MR 及 TI 提供工作电源。电源板（PSB-N29102101）是专为 72Vdc 或 110Vdc 输入设计，24Vdc 提供两个 60W 的独立输出。电源 1110IMX35D12D12-8 转换器是独立电源列车核心。

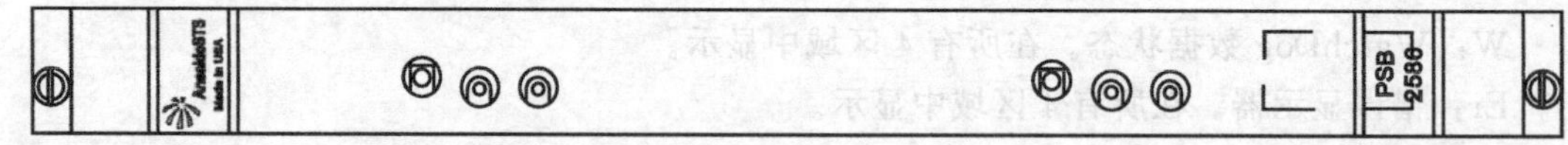

图 4-3-15　PSB 板

两套电源指示：每套有一个绿色 LED 灯表示电源输出正常，两个测试插座输出 24V。

(6) ACSDV（机笼模块电源）　ACSDV 机笼模块电源为 CC 机笼 PCB 模块提供工作电源，如图 4-3-16。

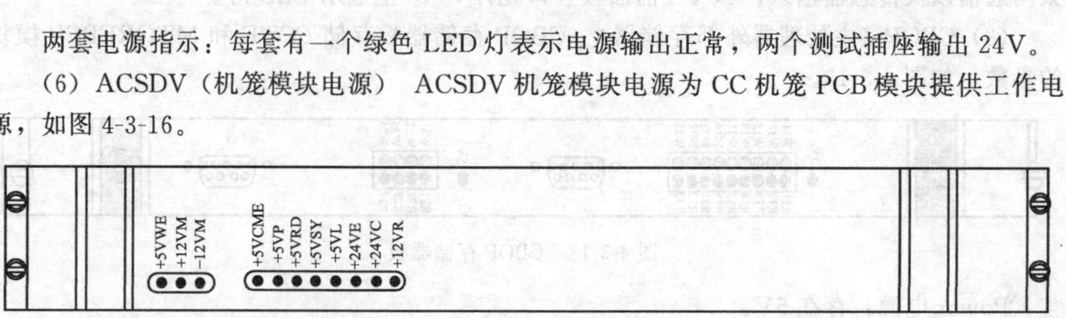

图 4-3-16　ACSDV 机笼模块电源

机笼模块电源板电压对应指示灯含义如表 4-3-1 所示。

(7) NRB（非安全继电器板）　用于输入/输出的 10 个非安全继电器。非安全继电器板 (NRB) 接口：NRB 有 20 个继电器组成，这些继电器由独立 MTORE 板控制。理想 NRB

表 4-3-1　指示灯含义

电　压	含　　义
+5VME	CCTE 板电源，VME 总线以及 CODOU 板
+12VME	CCTE 板电源，VME 总线以及 CODOU 板
−12VME	CCTE 板电源，VME 总线以及 CODOU 板
+5VSY	CCTE 板电源，VME 总线以及 CODOU 板
+5VL	调制解调器，无线电连接以及记录连接电源
+5VP	通过 CCTE 板现场总线电源
+12VE	+12VR 系统布线使用+12VR COR 板电源
+24VME	输入、传感器、回路、环线以及无线电和记录器电源
+12VS	MTORE 板安全输出电源

不包含除继电器以及少量无源元件外智能元件。NRB 是无源元件，提供 10 对非安全继电器用以将 MTORE 与车辆接口。继电器板不进行处理，并且在 MTORE 与列车线间提供电隔离。非安全继电器板是使用两个相连继电器 SIL-0 相容板面，使用跳线在冗余 MTORE 以及车辆 I/O 间提供单独接口。每个继电器使用两个常开接点，一个用于电气开关，另一个提供核查。

(8) SRB　安全继电器板　用于安全输入/输出的 8 个安全继电器。安全继电器板 (SRB) 由 8 对（总共 16 个）继电器组成，每对继电器由独立 MTOREI/O 控制。每个继电器使用一个常用关闭（NC）接头以及常用开放（NO）接头中的两个。NC 接头为继电器更改状态提供反馈状态。NO 继电器提供 I/O 控制器及车辆间接口。继电器最终输出将作为平行 NO 接头布线的安全输出。

(9) TIC　查询应答器转换器　TIC 板验证及转换由 TI 发送给 CCTE 处理的信号 (PMC 子板)，如图 4-3-17。应答器（TIC）板提供与 AMTECH 应答器子系统和 CC 传感器输入板之间接口。

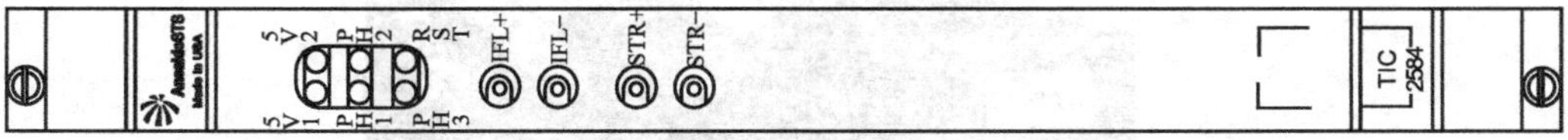

图 4-3-17　TIC 板

4. 安全继电器

CC 机柜包含三个 PN-159B（PN-N436788）安全继电器。ATP 启动这些继电器以启用 ATO，防止 ATP 强行制动。三个安装在 CC 机柜的 PN-159B 安全继电器如图 4-3-18。

5. 加速度计

CC 机柜底部设备架包括两个数字加速度计（J7050570101）以及两个模拟加速度计 (J7050570100)。如图 4-3-19。数字和模拟加速度计安装在 CC 机柜内（图 4-3-1 中）。模拟加速度计在空转和打滑情况下使用。因加速度计由不同制造商制造且运行方式不同，所以两个加速计同时出现的故障可能性很小。

图 4-3-18　三个安装在 CC 机柜的 PN-159B 安全继电器（图 4-3-1）

图 4-3-19　数字以及模拟加速度计

如图 4-3-19 左边两个块为两个数字加速度及后面的数字连接器。右边两个块为两个模拟加速度计及模拟连接器。

三、CC 机柜接口

1. CC 机柜内部通信

如图 4-3-20 的中间的虚线框内的设备及连接情况。

① ESE 作为通信板卡，通过双绞线实现车头车尾（端对端）通信；

② 每端 2 个 ESE 板卡与 CCTE1、2、3 的子卡 PMC1、2、3、MTORE1A、1B、2A、2B 板卡等通过以太网口实现车载局域网 A、B；

③ CCTE1、2、3 通过 ME1、2、3 以太网两两通信，实现 ATP 三取二技术安全表决。

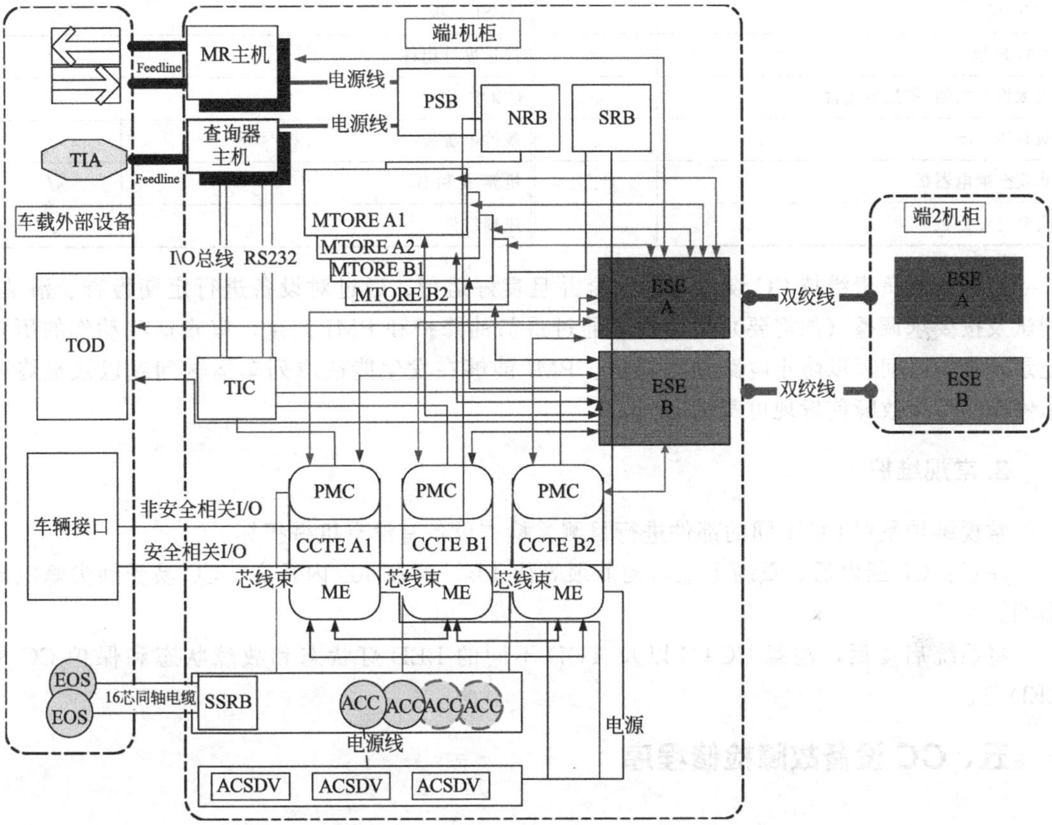

图 4-3-20　CC 机柜内部、外部接口图

2. CC 机柜外部接口

如图 4-3-20 的中间虚线框与两端虚线框的连接情况。

① 查询器与 TIC 板卡通过一个 RS-232C 接口、一个用于 STROBE 和 RF 信号的输入/输出接口通信，同时 PSB 板为查询器提供电源接口；

② 速度传感器通过 16 芯同轴电缆与 RSSB 板连接，通过芯线束与 CCTE 的 PMC 接口通信。

③ MR 通过馈线与两个八木天线连接，通过以太网口与 ESE 板卡通信。

④ TOD 通过双以太网口与两个 ESE 板卡分别通信。

四、CC 设备维护

CC 在最低可更换单元（LRU）上进行修理。与 CC 相关的 1 级 LRU 参考表 4-3-2。

1. 预防性维护

定期预防性维修检查（PMI）能够预防故障以及系统故障。

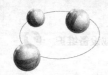

表 4-3-2 CCLRUs 表格

硬件	LRU	硬件	LRU
移动无线广播	√	电源板	√
查询应答器	√	查询应答器转换板	√
PMC 板	√	ACSDV 板	√
TACH 板	√	加速度计组件	√
以太网转换器/扩展器组件	√	CBOP 板	√
MTORE 板	√	条件电源板	√
非安全继电器板	√	机笼 A 和 B	√
安全继电器板	√	风扇组件	√

维护人员负责维持 CC 设备总是安全并且良好运行。通过对设备进行定期检查、清洁、测试及按要求调整（如需要）来实现。通过最新的修护和 PMI 记录，审查这些动作的历史记录，维护时间表以防止电路性能降低。PMI 能够在发生能造成列车运输问题以及最终列车停驶的重大故障前发现可疑情况。

2. 常规维护

常规维护是对 CC 不同的部件进行目测，检查设备有没有机械损坏。

注意：CC 断电后，重新上电启动前须等待 40s。若在 40s 内重启，CC 易受到尖峰电流影响。

将系统启动后，注意 CCTE 以及 TOD 不同的 LED 灯状态和故障状态和保护 CC 板 LED 灯。

五、CC 设备故障检修程序

1. 安全相关

进行车载系统故障排解时，注意避免人身伤亡。避免做任何有可能使自己或他人遭受电击或由于移动设备而造成伤害的事情。在裸露电线以及电子器件的设备周围工作时须格外小心。在离开无人看管的设备前警告他人。若设备无人看管，切断电源。

当系统工作时，列车能非预期的移动，可能会造成损伤或伤害。由于列车能够在未得到通知的情况下移动，故警告他人远离列车。根据你所掌握的有关问题的严重性和类型，你可以断开 CC 系统与外部系统的连接以便在安全的环境下进行工作。

2. 排除电源故障

当排除故障时，若无明显故障，分析问题的第一步必须测量电源电压。

(1) 首先检查电源　如果电源电压不是规定值，须检查。如果提供的电源不正确，系统将无法正常工作。电源电压低可能是系统某些部分故障导致。

(2) 负载下测量电源电压　测量完整系统下的电源，已安装所有电板，已连接所有电缆。若电源无电压输出，检查明显的可能性，如开关故障，保险丝熔断或断开。

(3) 检查输入电源的稳定性　当检查电源时，也要检查输入电源的稳定性。某些故障就是由于瞬间断电或电压值降低导致。中央处理器（CPU）/内存条以及其他电子电路都易受电压波动的影响。

3. 常规故障排除准则

排除故障前要考虑这些准则。遵守以下准则将能够快速解决问题。

(1) 故障在什么环境下发生 是否发生在静态发车测试、正常运行、预防性维护和诊断程序的过程中？这有助于重复（重现）故障并且隔离故障。

(2) 是否做了一些更改 系统之前是否正常工作或是否是启动问题？若系统一直工作正常，你是否做过任何更改？是否有任何硬件、软件或接线的更改？

(3) 确认问题 检查主要功能（通过已安装的 LED 指示器）来验证是否真的存在问题。

注意：CC 断电后，必须等待 40s 后才能重新通电启动。如果在 40s 之前重新对 CC 通电，CC 易遭受尖峰电流。

(4) 关闭电源 40s 允许单元完全复位，然后打开电源，再试一次。可能只是暂时性的问题或仅出现一次的问题。如果问题仍然存在，进一步处理。

(5) 先尝试简单的事情 关闭电源的情况下，拆下卡并重新安装板卡。当拆除板卡时，观察是否有过热点和灼痕等明显问题。检查所有连接器，确定其牢固。检查电缆是否有损坏和磨损的迹象。

(6) 避免将问题复杂化 排除故障时，要避免将问题变得更难识别。避免造成新的问题，这样会存在多个症状，出现更难解决的情况。

(7) 问题是否与嘈杂的电气环境有关 某些故障可能是电磁干扰造成的。例如，CPU 故障和内存错误可能是由电源线上的电噪声或外源噪声引起的。这种类型的问题很难追踪，需要耗费很长时间，还可能需要特殊技术和测试设备。对于这类故障的追踪不属于本手册的范围。

4.一般诊断程序

单一的诊断程序并不能保证快速、成功地处理 CC 系统的每个问题。以下只是一般的做法，是尽可能追踪到问题根源的逻辑顺序。

第 1 步：彻底分析症状

症状对找出故障来说可能很有帮助，但要注意其他人的症状报告。最可靠的分析是要通过亲自去再现症状而得出。

第 2 步：观察面板指示器

大部分系统故障信息都可从电路板的 LED 上得到。打开 CC 系统的柜门，观察 LED 和其他显示。

第 3 步：排除逻辑顺序故障

当确信仅是硬件的问题后，才能继续进行故障排除。拆掉盖板，首先测量电源电压。通过这步，可将问题的范围缩小到一块或两块板上，或某个主要组件上（如安全继电器、速度传感器等）。

5. 排除故障的其他考虑因素

开始排除 CC 系统故障之前，请注意下面的建议。

(1) 采用有利的 CC 冗余 至少为 CC 密封机笼中的每块板卡准备一个备用板卡和一个备用安全继电器（型号 PN-159B）。当故障定位到板卡或继电器时，可以快速替换。

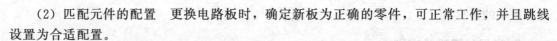

（2）匹配元件的配置　更换电路板时，确定新板为正确的零件，可正常工作，并且跳线设置为合适配置。

（3）正确安装板卡　确定将板卡正确地安装进机笼。每块板都装在机笼特定的槽内。此外，板卡名在每个槽轨末端的母板上有标示。不要强行将板插入错误的槽中。

（4）使用静电防护　当在 CC 上工作时，一定要戴接地腕带，否则可能严重损坏 ATC 设备。

6. 推荐的测试设备和工具

下面是推荐用于 CC 系统现场维护和故障排除用的部分测试设备和工具的列表：

① 数字万用表　Fluke 8050A；

② 便携式示波镜　Tektronix Type 323 或同级设备；

③ 车轮磨损计量器或胶带；

④ 扩展板；

⑤ 标记笔（白色）；

⑥ CC _ MCT 虚拟。

7. 通过症状排除故障

下面将指导你在没有可靠事件信息的情况下帮助你确定问题并追踪问题。下述症状是你能够观察到的典型问题。下面列举了这些问题的故障排除过程，有助于解决问题的一些推荐操作。

（1）彻底死机　无反应，无指示，无活动迹象。这可能是由于主电源断电或配电电路中发生的重大故障。面板指示器断电可判断是死机的现象。

（2）部分死机　特征包括完全或部分没有 LED 指示，或通过复位 CPU 循环。遵循排除电源故障。

（3）显示不正确，但功能正确　系统正确工作（至少观察或感觉上），但指示与执行不相符（如速度显示错误或无速度显示）。

（4）TOD 上的 ATP 故障指示器点亮　CPU 已停止工作，且没有有效的事件信息。

思考题 ▶▶▶

4-1　车载系统主要包括哪些具体设备？设备的主要功能是什么？

4-2　车载人机界面可以显示哪些基本的信息？

4-3　车载设备的日常检修维护包括哪些内容？

4-4　车载主机包含哪些部分？各部分分别具有哪些功能？

4-5　哪些驾驶模式之间可以实现转换？需要满足什么转换条件？

4-6　车载设备采用什么冗余方式保证设备的可靠工作？

参 考 文 献

[1] 林瑜筠. 城市轨道交通信号设备［M］. 北京：中国铁道出版社，2006.
[2] 贾文婷. 城市轨道交通列车运行控制［M］. 北京：北京交通大学出版社，2012.
[3] 张喜. 城市轨道交通信号与通信概论［M］. 北京：北京交通大学出版社. 2012.
[4] 何宗华，汪松滋，何其光. 城市轨道交通通信信号系统运行与维护［M］. 北京：中国建筑工业出版社，2007.
[5] 张玮，吴昕慧. 城市轨道交通列车运行控制系统维护［M］. 成都：西南交通大学出版社，2012.
[6] 毛建华. 城市轨道交通的列车控制系统及发展趋势［J］. 现在城市轨道交通，2004 (4) 43-45.
[7] 张振兴. 城市轨道交通中的列车定位方法研究［D］. 北京：北京交通大学，2008.